*Hanns Kurth*

# MENSCHENKENNTNIS AUF DEN ERSTEN BLICK

*Hanns Kurth*

# MENSCHENKENNTNIS AUF DEN ERSTEN BLICK

Eine praktische Anleitung zur Charakterdeutung

Mit 199 Zeichnungen von
Hans Arlart

ARISTON VERLAG · GENF

Andere Verlagswerke des Ariston Verlages finden Sie am Schluß
dieses Buches verzeichnet


Deutsche und französische Ausgabe im Ariston Verlag

Printed in Austria 1975
ISBN 3 7205 1007 7

# VORWORT

Jeder Mensch trägt seinen Charakter offen zur Schau. Unbewußt natürlich. Denn es fällt ihm nicht auf, daß er sich mit seinen Handbewegungen, seinem Schritt, seiner Art sich zu bewegen und zu benehmen, mit seiner ganzen äußeren Erscheinungsform wie überhaupt in tausend kleinen Dingen verrät. Untrügliche Kennzeichen erlauben es einem scharfen Beobachter, ihn in seiner Persönlichkeit und seiner individuellen Eigenart zu erfassen.

Kennen Sie die Merkmale, die es Ihnen ermöglichen, den Charakter Ihres Mitmenschen auf den ersten Blick zu erkennen? Wie Sie Rückschlüsse auf den wahren Kern Ihres Gegenübers ziehen und in sein Inneres hineinsehen können? Es ist wichtig für jedermann, ein sicheres Urteil über den anderen fällen zu können – für den Chef über den neuen Bewerber, für den Freund über die Freundin, für die Braut über den zukünftigen Ehemann und für uns alle.

Tiefes Vertrauen in den Nächsten mag lobenswert sein. Aber man bezahlt dafür oft einen hohen Preis. Die Enttäuschungen, die uns der Mitmensch bereitet, in den wir größere Hoffnungen setzten, als er verwirklichen konnte, der unseren Glauben an seine Vertrauenswürdigkeit Lügen strafte, sind ernüchternd und bitter. Es ist klüger, diesen Fehlschlägen auszuweichen, indem man Charakterfehler und Schwächen des anderen rechtzeitig erkennt und sich ihm gegenüber entsprechend verhält.

Jeder kann Menschenkenner sein. Man muß nur wissen wie.

*Hanns Kurth*

# *Inhaltsverzeichnis*

## *II. Organanalyse von Hand bis Fuß*

## *III. Bewegung und Verhalten*

## IV. Reaktionen und Charakteristika



## V. Graphologie, Charakter und Krankheit

## *VI. Zeichen im Blut und in den Sternen*



## *Schlußwort*

# Einführung in die Menschenkunde

*Gewöhne dich nicht an das Bild,*
*das du dir von den Menschen gemacht hast,*
*sie werden dich enttäuschen.*

Ursula Steinbrinker

Nichts ist interessanter im Leben als die Analyse des Menschen, die Erforschung seiner Persönlichkeit, seines Charakters und seiner Wesensart. Wie aber stellt man es im Leben an, um einen Menschen auf den ersten Blick zu durchschauen, um zu wissen, was mit ihm „los" ist? Gehen wir unverzüglich zur Praxis über!

## Jeder ein Detektiv

Der elegante grauhaarige Herr beugt sich über die Reling und schaut zum Kai hinüber. Er plaudert mit einem Mädchen.

Wir stehen im Hintergrund und spielen Detektiv. Wenn der größte Detektiv aller Zeiten, Sherlock Holmes (diese genial erdachte Gestalt des Schriftstellers Conan Doyle), gegenwärtig wäre – was würde er von diesem Herrn an der Reling auf den ersten Blick sagen? Und was von dem Mädchen? „Sehen Sie, dieser Herr ist Angler. Er hat einen Bruder in Amerika und war längere Zeit in den Tropen. Er ist Bastler und interessiert sich besonders für Probleme der Fotografie. Er ist ein unterhaltsamer Partner. Er zieht die Pfeife der Zigarre oder Zigarette vor. Er hat ein großartiges Gedächtnis, eine sehr scharfe Beobachtungsgabe. Er weiß heute noch Gedichte aus seiner Schulzeit zu zitieren. Er genoß eine ausgezeichnete Erziehung, die er durch den ihm angeborenen natürlichen Adel der Gesinnung abrunden konnte!"

Wie ist es einem Sherlock Holmes von heute möglich, all diese Feststellungen auf einen einzigen Blick zu treffen und daraus sofort seine Schlußfolgerungen zu ziehen?

○ Auf dem Ärmelaufschlag des Herrn war eine Anzahl Fäden aufgerauht und ausgezogen. Das findet man häufig bei Anglern, die die Angelhaken der Einfachheit halber auf dem Ärmelaufschlag zum Trocknen einhaken. Beim Abnehmen reißt dann hier und dort ein Faden aus.

○ Die Schuhe weichen in Farbe und Machart von in Europa üblichen Modellen ab, solche Schuhe werden in den Südstaaten der USA getragen. Da aber der betreffende Herr in seiner Sprache keine Amerikanismen aufweist, liegt die Vermutung nahe, daß er einen Bekannten, vielleicht einen Bruder, in Amerika hat, der ihm als Kuriosum Schuhe über den Ozean schickte.

○ Die feinen Fältchen um die Augen sagen an, daß diese Augen sich zusammenkneifend gegen grellen Sonnenschein schützen mußten; während die Haut des Gesichts im allgemeinen verrät, daß Wind und vor allem sehr heiße Sonne die Lederhaut stärker auslaugten, als es die Sonne unserer Breiten oder des Mittelmeerraums vermag.

○ An den Nagelecken seiner Hände sind feine Säurespuren zu erkennen; vielleicht hantiert der Mann mit Säuren, wie diese etwa beim Entwickeln von Filmen Verwendung finden.

○ Der Pfeifenraucher verrät sich durch den leicht nachgedunkelten Daumen, der benutzt wird, um die Asche der Pfeife etwas fester anzudrücken; die sonst üblichen „Raucherspuren" zwischen Zeigefinger und Mittelfinger, die den Zigarrenraucher und Zigarettenraucher anzeigen, fehlen.

○ Die starken Höcker über dem Nasenbein, zwischen den Augenbrauen, kennzeichnen das gute Gedächtnis, während die Wülste über den Augen die sehr scharfe Beobachtungsgabe verraten.

Und das Mädchen, die junge Frau an der Seite dieses Mannes?

„Es gilt nur festzustellen, bei wem sie als Hausgehilfin tätig ist. Das Kleid bekam sie geschenkt; es wurde wenig fachmännisch dort zurechtgemacht, wo es nicht ganz richtig saß. Aber offenbar paßten ihr die Schuhe der Arbeitgeberin nicht. Sie zog also ihre eigenen Schuhe an, die aber weder in der Art noch in der Farbe zu dem Kleid passen. Die Hände verraten häufigen Umgang mit heißem Wasser, zumal die Finger im Bereich der Nägel aufgedunsen sind . . ."

So kann man Menschen auf den ersten Blick zu analysieren versuchen. Aber ganz so leichthin wie im Beispiel dieses unseres Detektivspiels gelingt eine solche Analyse natürlich nicht. Es bedarf doch einigen Rüstzeugs – eben der Grundkenntnisse dessen, was von der allgemeinen Menschenkunde geboten wird. Dabei ist freilich mancherlei zu lernen und zu bedenken.

## Eine Wissenschaft, die nie abgeschlossen ist

Keine wissenschaftliche Disziplin kann man als abgeschlossen bezeichnen. Aber von keinem Gebiet der Forschung gilt das Wort von der immer von neuem möglichen Ausweitung und Vertiefung unserer Erkenntnisse in höherem Maße als von der Menschenkunde, der Charakterologie.

Wenn wir uns zu Menschenkennern entwickeln wollen, müssen wir nicht nur ein gewisses Grundwissen mit auf den Weg nehmen, sondern auch versuchen, unsere Studien auf der Straße, im Kaffeehaus, im Restaurant, im Theater, auf dem Sportplatz fortzusetzen und auf Grund sorgfältiger Beobachtung unser eigenes Material zur Charakterologie und Physiognomik zu sammeln.

Allein schon aus dem Gehaben eines Menschen, aus der Art, wie er sich bewegt, kann man manche Schlüsse ziehen in bezug auf das, was in einem Menschen vorgeht:

○ Blickt jemand nach unten, also zu Boden, dann denkt er fast immer an etwas Vergangenes;

○ blickt er aufwärts, dann besteht hochgradige Wahrscheinlichkeit, daß er an etwas Zukünftiges denkt;

○ schaut er geradeaus, dann kreisen seine Gedanken um Probleme der Gegenwart;

○ blickt er sich häufig um, schaut er in die Spiegelscheiben, um die Menschen zu beobachten, die hinter ihm stehen, dann leidet er an Verfolgungswahn, hat ein schlechtes Gewissen oder – sucht Anschluß.

Wir müssen uns allerdings vor zwei Gefahren hüten, denen wir leicht erliegen, wenn wir von unserem Wissen gar zu überzeugt sind:

Wir müssen vermeiden, einzelne Erkenntnisse zu überbewerten, aus einer einzelnen Absonderlichkeit allzu harte und insgesamt verurteilende Schlüsse auf den ganzen Menschen zu ziehen; denn es gilt, alle Beobachtungen zusammenzufassen, den Gesamteindruck zu prüfen und dann erst ein Urteil zu fällen.

Der Mensch ist geneigt, Schlagworte zu verwenden und auf sie selbst hereinzufallen, weil er sie hundertfach vernahm und deshalb leichtfertig für Wahrheiten nimmt. Wir alle kennen solche Schlagworte. „Die Längsten sind immer die Dümmsten!“ – „Hüte dich vor denen, die der Herr gezeichnet hat!“ – „Lange Haare, kurzer Verstand!“

Wir brauchen nur in der Geschichte nachzuforschen, um zu erkennen, daß solche Schlagworte regelmäßig von Menschen geprägt wurden, die damit einen persönlichen Gegner treffen wollten, sofern der Slogan nicht einfach zustande kam, weil sich darauf etwas reimte.

Es stimmt zwar, daß viele große Männer von kleiner Gestalt waren. Das trifft auf Alexander den Großen zu, auf Attila, Napoleon, Friedrich den Großen und, quer durch die gewaltige Armee der Geistesgrößen, auf Kant, Schopenhauer, Alexander von Humboldt, Mozart, Beethoven, Mommsen, Einstein.

Im übrigen befinden wir uns auf dem Gemeinplatz verbotener Verallgemeinerungen. Denn es gab auch Geistesgrößen von beträchtlichem Körperwuchs – Karl den Großen, Leonardo da Vinci, Schiller, Bismarck, Hebbel, um nur einige zu nennen.

## Wichtige Leitgedanken

Nachstehend finden Sie eine Anzahl von Leitgedanken. Diese müssen wir uns einprägen, weil sie wichtige Ausgangspunkte für die Beurteilung unserer Mitmenschen sind.

*Das Gesicht* deutet Seelenzustände an, die von den feinsten Regungen unseres Gemüts bis zu den gröbsten Äußerungen des Jähzorns, der Wut, der Rachsucht und der Eifersucht gehen können.

*Die Stirn* kennzeichnet Ruhe und Unruhe des Gemüts, den Grad der Aufmerksamkeit und der Neugier, je nachdem ob die Stirn glatt oder gefurcht, gespannt oder gerunzelt, zusammengezogen in Leidenschaft und Anstrengung, finster und verzerrt durch Kummer und Verdruß ist.

*Die Nase* spiegelt alles wider, was in uns an Stolz und Hochmut, Eitelkeit und Selbstgefälligkeit nach Ausdruck verlangt. Die Nasenöffnungen weiten sich, wenn Begierden, Neugier und angespannte Aufmerksamkeit uns beherrschen.

*Der Mund* spiegelt unser leidenschaftliches Begehren in aufgeworfenen Lippen wider, während die gestraffte Oberlippe konzentriertes Denken verrät und zusammengepreßte Lippen Wut, Zorn und Neid erkennen lassen.

*Das Auge* ist der interessanteste und beachtenswerteste Spiegel aller menschlichen Regungen und Stimmungen; es enthüllt dem aufmerksamen Beobachter in einem Blick oft mehr als ein stundenlanges Gespräch.

Erinnern wir uns in diesem Zusammenhang auch an das Temperament als Erscheinungsform des Körpers, das – nach klassischer Lehre des Altertums – im Anschluß an Hippokrates und die von ihm herausgestellte Bedeutung der Körpersäfte vier spezifische Formen der Verhaltensbereitschaft im Bereich des Gefühls-, Trieb-, Willens- und Ausdruckslebens unterschied:

○ *Der Phlegmatiker* ist langsam in allem, was er tut; kaltblütig und schwer ansprechbar zeigt er kaum je eine merkliche Erregung und neigt zu Stoffwechselkrankheiten, Rheuma und Zucker.

○ *Der Choleriker* ist streitsüchtig, jähzornig, unzufrieden mit sich und anderen, nervös, leicht aufbrausend; er neigt zu Herzstörungen sowie Leber- und Gallenerkrankungen.

○ *Der Melancholiker* neigt, tiefgründig und schwermütig, zur Traurigkeit und Unzufriedenheit mit dem Leben, hat Anlagen zu nervösen Seelenleiden, verzagt leicht und ist dann völlig verzweifelt.

○ *Der Sanguiniker* ist jener leichtblütige und leicht ansprechbare Menschentyp, der das Leben bejaht, der oft zur Ausgelassenheit neigt, mutig und entschlossen ist, weil eigentlich der Leichtsinn seine stärkste Eigenschaft ist, so daß von ihm sogar Krankheiten auf die leichte Schulter genommen werden.

Die neuere Lehre von den Temperamenten hat diese überlieferte Vierzahl zum Teil zu begründen versucht (Kant, Wundt), teils sie ergänzt oder auf anderer Grundlage erneuert (z. B. E. Kretschmer mit seiner Konstitutionslehre oder K. und W. Enke u. a. m.). Andere Forscher gingen völlig neue Wege.

## Kohlenstoff-, Fluor- oder Phosphor-Mensch?

Alles in uns, von der Freude bis zur Wut, vom Schlaf über die Lebensbejahung bis zur Bequemlichkeit – alles ist letztlich ein chemischer Vorgang. Er spielt sich in erster Linie in jenen seltsamen Zellen – den Batterien– ab, die unsere Hirnmasse darstellt; er findet seine Fortsetzung in den Zellen unseres Körpers. Charakter und Wesensart sind permanente chemische Abläufe in unserem biologischen Haushalt.

Neueste Untersuchungen ergaben, daß drei Grundstoffe ausschlaggebend sind, je nachdem was in der Abstimmung der Zellen und der Gehirnbatterien das Übergewicht hat.

Man unterscheidet auf Grund dieser modernen Charakterlehre Kohlenstoff-, Fluor- und Phosphor-Typen.

Der Kohlenstoff ist der wichtigste Grundstoff für die Ermöglichung des Lebens, da schließlich alle aufbauenden Stoffe im Pflanzen- und Tierkörper, d. h. also auch in uns, aus Kohlenstoff-Verbindungen bestehen. Kohlenstoff ist ein Grundstoff, den wir im Diamanten, im Graphit, in der Kohle, aber auch in der Schuhwichse, der Druckerschwärze oder der Holzkohle wiederfinden.

Der *Kohlenstoff-Typ* hält sich sehr gerade, läßt selten den Kopf hängen. Sein Unterarm bildet nicht die Fortsetzung des hängenden Oberarms, sondern mit diesem einen offenen Winkel. Der Kohlenstoff-Typ tritt mit dem Absatz auf. Er sitzt gerade auf einem Stuhl. Er ist meist ein hervorragender Arbeiter, der allerdings langsam und mit Methode schafft und sich um keinen Preis bei seiner Arbeit stören lassen will. Er spricht wenig, liebt keine Schaumschlägerei, ist diszipliniert und bei aller Intelligenz fügsam in ständigem Streben nach einem festen beruflichen Platz.

Den chemischen Grundstoff Phosphor kennen wir alle. Phosphor läßt mitunter Gegenstände im Dunkeln leuchten. Wir kennen Phosphor aus zahlreichen wichtigen chemischen Verbindungen. In diesen tritt er auch im Körper in Erscheinung.

Der *Phosphor-Typ* ist freundlich, nicht allzu hart, geht leicht und beschwingt. Frauen des Phosphor-Typs haben immer gut geformte Beine. Zum Oberarm bildet der Unterarm genau einen rechten Winkel, wenn der Phosphor-Typ seinen Arm hochhält. Ihm graut vor jeder monotonen, also eintönigen Arbeit. Er möchte eigentlich jede Arbeit schon beendet haben, bevor er sie begann. Er hat viel Geschmack für Eleganz, für Modefragen und Rhythmik. Er kann wundervoll ein Auto lenken. Aber er verliert rasch den Mut und bedarf dauernd eines Menschen, der ihn gewissermaßen seelisch „aufmöbelt". Beim Phosphor-Typ findet man häufig Drüsenstörungen. Auch wechselnde Launen lassen sich immer wieder feststellen und bedürfen der Bekämpfung.

Seit einiger Zeit spricht man viel von Fluor im Zusammenhang mit der notwendigen Beimischung von Fluor zum Trinkwasser zur Vermeidung des Zahnverfalls. Fluor ist ein einwertiger Grundstoff, ein nicht frei vorkommendes gelbgrünes Gas, das aber im Wasser in Form der Flußsäure vorkommt.

Menschen, die zum *Fluor-Typ* gehören, sind etwas ungleichmäßig in ihrer Art zu leben. Man findet unter ihnen häufig Menschen, deren obere Zahnreihe über die untere hinausragt. Die Art zu arbeiten, ist bei Fluor-Typen ebenso ungeordnet wie die Gangart. Aber vielleicht ist der Fluor-Typ gerade deshalb zu übermenschlichen Leistungen imstande. Die meisten Genies dürften dem Fluor-Typ angehört haben. Der Fluor-Mensch ist auch ein scharfer psychologischer Beobachter. Er sucht den Reichtum und ist vom Luxus besessen, er ist ehrgeizig und strebt schnellen Erfolg an. Zahlreiche große Rechtsanwälte und Politiker gehörten der Gruppe der Fluor-Menschen an. Übernervosität, Magenstörungen, Ohrenleiden und rheumatische Störungen gehören zu den Leiden, mit denen sich der Fluor-Mensch vorwiegend herumschlagen muß.

Wir haben diese Typenlehre hier näher besprochen, weil sie neu ist und weitgehend unbekannt sein dürfte. Das Prinzip der Kohlenstoff-, Fluor- und Phosphor-Menschen wurde erstmals im Jahr 1966 von dem aus der Chemie kommenden Biologen R. L. Hoover (Portsmouth) entwickelt (dessen These übrigens eine überraschende Bestätigung durch die im Jahr 1971 mit dem Nobelpreis ausgezeichneten Arbeiten des amerikanischen Physiologen Prof. Dr. med. Earl Wilbur Sutherland erfuhr). Wo immer aber wir von der Charakterkunde oder einer modernen Typologie eingeordnet werden, so bleibt für uns als Individuen selbstverständlich klar: Es kommt darauf an, daß wir das Leben so angenehm und für uns und unsere Umwelt so erträglich wie möglich von einem guten Anfang zu einem ebenso guten Ende führen. Denn die Aufladung bekamen wir letzten Endes mit auf den Lebensweg. Was wir daraus machen – ist unsere Sache.

Das alles müssen wir wissen, um jeden von uns erst einmal zu klassifizieren. Zum Menschenkenner können wir erst durch sorgfältiges Studium werden. Dem dient dieses Buch.

# I. Moderne Physiognomik

## Die wichtigsten Kopfformen

Unter Physiognomik versteht man Ausdrucksdeutung: die Kunst, aus der äußeren Erscheinung, besonders dem Gesichtsausdruck, auf innere Eigenschaften zu schließen. Besondere Bedeutung kommen dabei der Kopfform und dem Gesichtsausdruck zu.

Wenn man einen Menschen anschaut und seine Kopfform prüft, dann weiß man schon in etwa, „wes Geistes Kind" er sein könnte.

Abb. 1

Abb. 2

Abb. 3

Abb. 4

Abb. 5

Der *Quadratschädel* verrät Energie, sicheres Urteil, Willensfestigkeit, Begabung für exakte Wissenschaften (Abb. 1).

Der *Rundschädel* sagt Initiative, rasches Urteil, Hilfsbereitschaft und Umgänglichkeit an (Abb. 2).

Der *ovale Kopf* ist das Bild eines beweglichen Geistes mit geistiger Elastizität, der sich nicht gern von anderen beherrschen läßt (Abb. 3).

Der *dreieckige Kopf* verrät Klugheit, List, Diplomatie und Schlagfertigkeit (Abb. 4).

Der *konische Trapezschädel,* der unten breiter ist als oben, zeigt sachliches Urteil, starke Begabung zur Lösung praktischer Aufgaben, Umgänglichkeit und eine meist recht unkomplizierte Lebensphilosophie (Abb. 5).

Diesen positiven Eigenschaften sind natürlich die entsprechenden negativen Zugaben zuzugesellen. (Die Abbildungen finden Sie umseitig.)

## Das Antlitz und seine Teile

Das menschliche Antlitz kann man in drei Teile zerlegen:

die Stirn, die gerade, hoch, breit, schmal, gewölbt oder fliehend sein kann,
die Nase mit den Augen als Zentralpartie des Antlitzes mit den vielen Dutzend Varianten, die Nasenform und Augenform bieten,
Mund und Kinn als Gegengewicht zur Stirn, zum eigentlichen Haupt, wobei der Mund die dominierende Stellung in der unteren Gesichtshälfte für sich beansprucht.

Wenn die einzelnen Teile, also Stirn, Nase und Kinn in ihren Ausmaßen gleich sind, wenn ein Gleichgewicht zu beobachten ist, dann gilt auch der Typ des betreffenden Menschen als ausgewogen, ausgeglichen. Er hält sich in seinen Veranlagungen, in seinen Wünschen und in seinen Ansprüchen, die er an das Leben stellt, selbst die Waage. Gedanken und Wünsche verteilen sich im Antlitz wie folgt:

Die *Stirn* verbirgt das Hirn, die Gedanken, die Geistesarbeit.

*Nase* und *Augen* sind die Bezirke, die die Umweltkontrolle besorgen und mit Gesichts- und Geruchssinn Eindrücke aufnehmen, Gefahren rechtzeitig erkennen lassen, gewissermaßen als Wachtposten des Wesens, dem diese Augen und diese Nase gehören.

*Mund* und *Kinn* sind die Zonen der Nahrungsaufnahme, der Sprache und, wie daraus abgeleitet werden kann, der egoistischen Ansprüche zur Lebensbehauptung, zur Sicherung aller Annehmlichkeiten, die mit Essen und Trinken und sonstigen Freuden des Daseins – bis zum Sprechen und Singen – verbunden sind.

Überwiegt das Kinn, ist der Mund, der zu diesem Kinn gehört, zu stark, tritt die Stirn mit der dahinter verborgenen Geistigkeit zurück hinter dem breiten Kiefer der Selbstbehauptung, dann setzt der Träger eines solchen Antlitzes sich rücksichtslos durch.

Wer mit einer langen hängenden Nase, die gewissermaßen aus dem Gesicht herausragt wie ein Rüssel, an die Umwelt herangeht, sie im wahren Sinne des Wortes „beschnüffelt", der wird, über das Beobachten und das normale Wissen um die Geschehnisse hinaus neugierig und ewig suchend, Welt und Menschen zu enthüllen und zu enträtseln bemüht sein.

Wir führen hier diese einfachsten Erkenntnisse der Physiognomik an, um zu zeigen, daß auch in dieser Wissenschaft alles logisch aufgebaut ist.

## Die Deutung der Kopfformen

Unser Antlitz ist ein Teil unseres Kopfes. Zwischen dem Kopf an sich und dem Antlitz bestehen bestimmte Proportionen. Denn ein großes Gesicht zu einem winzigen Kopf wäre eine groteske Verzerrung.

Zu langen Gesichtern gehören lange Köpfe. Zu einem breiten Antlitz kann man meist einen runden, kugeligen Kopf erwarten. Aber es ist nicht immer so. Wir nennen nachstehend die wichtigsten Richtlinien für die Beurteilung der *Kopfformen.*

1. *Lang und schmal* = ideenreich, phantasiebegabt, mehr der Theorie als der Praxis zugeneigt, oft verbissen und fanatisch, häufig schwärmerisch, mitunter unpraktisch und nicht dem Boden verbunden.
2. *Breit und kurz* = nüchternes Denken, praktisches Handeln, reales Ausnutzen aller Vorteile, manchmal egoistisch, oft arm an neuen Ideen, zäh, widerstandsfähig, meist erfolgreich.
3. *Kugelrund* = gleichmäßig, durchschnittlich, kaum die Umwelt überragend, einem geordneten Dasein verschrieben, gesunder Egoismus, nach außen hin im Gleichgewicht.
4. *Viereckig* = unruhig, ewig suchend und strebend, Ausschau haltend nach neuen Möglichkeiten und nach Bewegung, oft bereit zur Selbstaufopferung, häufig jähzornig, in allen Fällen energisch und sich durchsetzend.
5. *Vorderkopf stark* = gutes Gedächtnis, praktische geistige Fähigkeiten im Übergewicht, gesunde praktische Intelligenz.
6. *Mittelkopf hoch* = Überlegung tritt zurück zugunsten des Gefühls. Triebleben fast immer stark entwickelt, gefühlsmäßige Reaktionen bestimmen das Handeln.

7. *Hinterkopf stark* (oben) = Egoismus stark entwickelt, oft Anmaßung, fast immer Stolz, Eitelkeit, Streben nach Geltung, verbunden mit Machtwillen.
8. *Hinterkopf stark* (unten) = Triebleben stark, häufig Süchtigkeit, Neigung zu Verheimlichung, Geiz, Rücksichtslosigkeit, manchmal starker Familiensinn.

Diese kompromißlosen Angaben gelten natürlich nur für den in der Praxis eher seltenen Fall, daß der Kopf in der genannten Region übermäßig entwickelt ist. Meist weist die individuelle Kopfform, mehr oder weniger stark ausgeprägt, verschiedene der oben herausgestellten Kriterien auf, so daß die Attribute des Einzelmenschen in ein gesundes oder wenigstens für die Umwelt erträgliches Verhältnis gebracht sind.

## Die Deutung der Gesichtsformen

Wenn die Kopfform des Menschen schon mancherlei über seine Persönlichkeit und deren Charakter verraten kann, wird das Bild noch deutlicher, wenn wir das Gesicht, die Züge und die Form des Antlitzes zu Rate ziehen. Wir unterscheiden folgende *Gesichtsformen:*

1. *Schmal und lang* = beweglich, gut talentiert, großzügig, talentvoll, nicht immer praktisch, bisweilen schwärmerisch und dadurch unstet (Abb. 6).
2. *Breit und rund* = sparsam, real denkend, meist egoistisch, Liebhaber materieller Genüsse, besonders guter Getränke und vortrefflicher Nahrung, in jeder Weise nüchtern, meist kleinlich und eifersüchtig (Abb. 7).
3. *Eckig, scharf geschnitten* = kühl, nach außen hin sauber, angriffslustig, voller Initiative und Tatkraft, sachlich, willensstark, zäh (Abb. 8).
4. *Rundlich weiblich* = gesprächig bis geschwätzig, anpassungsfähig, ohne geistige Schwungkraft, zärtlich, liebebedürftig, meist gut gelaunt, doch auch Stimmungsschwankungen unterworfen: himmelhochjauchzend – zu Tode betrübt (Abb. 9).

So sieht, auf den kürzesten Nenner gebracht, die Charakterisierung des Gesichts aus, wobei die Kopfform das Gesagte eventuell unterstreicht oder je nachdem mildert und in seiner Bedeutung neue Aspekte eröffnet. (Die Abbildungen finden Sie auf der folgenden Seite.)

Zum Thema der Asymmetrie des Gesichts sagen Prof. Dr. H. Pfeifer und Dr. A. Stahl (Heidelberg):

„Leicht asymmetrische Gesichtszüge werden meist als ästhetisch empfunden; vollkommen symmetrische und stark asymmetrische dagegen als störend oder entstellend; bei diesen beginnen die therapeutischen Probleme.“

Im allgemeinen sind nur Asymmetrien des Untergesichts operativ korrigierbar, die des Obergesichts nicht oder nur in beschränktem Maß. Meist waren sowohl in der väterlichen als auch mütterlichen Ahnenreihe der Patienten Gesichtsasymmetrien und Unregelmäßigkeiten in den Zahnreihen und das Überragen eines Kiefers über den anderen in größerer Anzahl aufgetreten, was als primäre Ursache der Fehlbildung genetische Faktoren annehmen läßt. Nach Ansicht der Autoren können Gewohnheiten, wie zum Beispiel das Kinn beim Lesen, Schreiben, Schlafen einseitig abzustützen, Traumata in früher Jugend oder auch Mittelohrerkrankungen in der Kindheit, die Ausprägung der Asymmetrie fördern. Sie berufen sich z. B. auf Don Carlos (1545 bis 1568), der zeitgenössischen Berichten zufolge eine einseitig manifeste Progenie (starkes Vorspringen des Kinns) aufwies, während die anderen Habsburger durch Progenie ohne Asymmetrie des Gesichts gekennzeichnet waren.

Abb. 6

Abb. 7

Abb. 8

Abb. 9

## Zerlegte Gesichter enthüllen den Menschen

In dem Bemühen, hinter die Seelenkulisse unserer Mitmenschen zu schauen und uns selbst zu erkennen, suchen wir ständig nach neuen Methoden, die uns in der Fülle unseres personalen Seins enträtseln und uns verraten, was gut und böse in uns und an uns ist. Die bis zum Augenblick erfolgreichste

Methode ist jene der Enthüllung der beiden Seelen in uns, und zwar auf dem einfachen Wege der Zerlegung unseres Gesichts in zwei Hälften, um dann jede Hälfte mit sich selbst „gekontert“ zu ergänzen.

Zur Begründung der Methode sei einiges kurz erklärt.

Es heißt in ostasiatischen Schriften, daß der Mensch zwei Seelen habe – eine Alltagsseele und eine Feiertagsseele. Der Grad menschlichen Glücks sei abhängig davon, ob die Feiertagsseele das Übergewicht besitze. Die Seele aber findet im einen und im anderen Fall Ausdruck im Antlitz.

Die moderne Physiognomik, die Lehre von der Deutung des menschlichen Antlitzes, weiß von dem Doppelwesen, das in uns schlummert, und von dem ständigen Ringen, den das eine Wesen mit dem anderen auskämpft.

Wir sind – mit anderen Worten – alle in uns gespalten. Wir haben

zwei Körperhälften,

zwei Hirnhälften,

zwei Gesichtshälften, die sich stark voneinander unterscheiden, wie ein Blick in den Spiegel und die Prüfung einer Fotografie verraten.

Aus der Anatomie und der Physiologie wissen wir, daß der ganze Mensch gewissermaßen über Kreuz vom Gehirn aus gesteuert wird. Die rechte Hälfte des Hirns steuert unsere linke Körperhälfte. Die linke Hirnhälfte lenkt, beeinflußt und steuert die rechte Körperhälfte.

Wenn aber die Gesichtshälften verschieden sind und im Zusammenspiel der beiden Gehirnteile und der Körperhälften ein ständiger Kampf abläuft, dann ist dieser Kampf in seinem Resultat unser „Charakter“, unser Verhalten gegenüber uns selbst und gegenüber der Umwelt.

Von diesen Erkenntnissen aus ist es nicht mehr allzuschwer, die Methode zu verstehen, nach welcher wir den einen Menschen in uns dem anderen gegenüberstellen, wenn wir uns ein möglichst objektives Bild unserer Gesamtpersönlichkeit machen wollen.

Wir nehmen eine Fotografie, die unser Gesicht ganz von vorn zeigt, wie der Fotograf sagt, ein En-face-Bild. Wir schneiden nun dieses Bild genau in der Mitte durch und lassen die rechte Gesichtshälfte noch einmal fotografieren – aber so, daß wir sie „gekontert“, d. h. umgedreht als linke Seite an die rechte Hälfte ankleben können. Dann haben wir ein ganzes menschliches Antlitz, das nur aus unserem rechten Wesen besteht.

Machen wir mit der linken Hälfte das gleiche Experiment, dann steht sich der Mensch doppelt gegenüber: einmal so, wie er links ist; und einmal so, wie er rechts ist.

Mancher, der dieses Experiment machte, wollte an sich verzagen, so erschreckend sah er in der Aufteilung aus. Aber beruhigen wir uns: Auch jene

Männer, die als Politiker oder Erzieher oder Richter uns zu führen vorgeben, sehen nicht schöner oder angenehmer oder beruhigender aus.

Frauen, die mehr Zeit vor dem Spiegel verbringen als Männer, waren schon vor den Physiognomikern darauf aufmerksam geworden, daß jeder Mensch zwei Seiten, zwei Gesichter hat, die sich sehr voneinander unterscheiden. Jeder Fotograf kann bestätigen, daß Frauen immer genau wissen, welche Seite die günstigere ist. Sie sind mit ihren Wünschen deutlich und zielbewußt, wenn sie verlangen:

„Bitte, fotografieren Sie mich von rechts. Das ist meine bessere Seite!"

Folgt man den Untersuchungen des amerikanischen Physiognomikers Professor Dr. Waldemar Wolff, dann kann man aus dem Linksgesicht eines jeden Menschen nicht nur Eigenschaften herauslesen, die der Betreffende vor der Welt zu verdunkeln versucht, sondern vor allem auch die Dispositionen zu Triebanlagen, zu Leidenschaften, die, balanciert durch die rechte Gesichtshälfte, kaum sichtbar werden, die von der rechten Gesichtshälfte überspielt werden, so daß der Mensch ganz einfach „sein Gesicht" hat, obwohl sich die eine Hälfte von der anderen wie Tag und Nacht unterscheidet. In besonders krassen Fällen glaubt Prof. Dr. W. Wolff effektiv von Taggesichtern und Nachtgesichtern sprechen zu können, die wohlverstanden der gleichen Person gehören, je nachdem, ob man die rechte oder linke Gesichtshälfte auf die geschilderte Art nach der entsprechenden Gesichtsproduktion sezierte.

## Marlene Dietrich als Mutter- und Vamp-Typ

Marlene Dietrich bietet der Welt ein Gesicht, das jeder kennt. Aber wenn wir es zerschneiden, zerfällt es auf der einen Seite in eine Frau von sichtbarer Mütterlichkeit. Diese Seite der weltberühmten Schauspielerin konnte sich nur nicht ausleben, wie sie ursprünglich wohl gemocht hätte (immerhin ist sie auch Großmutter). Auf der anderen Seite aber sehen wir einen Vamp, wie wir ihn aus dem *„Blauen Engel"* kennen, eine Bardame, die auch heute noch in der Lage wäre, eine ganze Aufsichtsratssitzung älterer Herren bestens zu unterhalten oder auch völlig durcheinanderzubringen.

Sehr schnelle Auffassungsgabe, zurückhaltende Beredsamkeit, sehr viel mehr Gefühl, als sie selbst zugeben will. Trotz der chronischen Schlaflosigkeit, die aus den tiefliegenden Augen spricht, energischer, als man dem „blauen Engel" und dem Cowboy-Girl von Anno dazumal wie auch der Großmutter zutraut.

Der Ernährungstrieb ist an sich gut entwickelt. Marlene Dietrich mußte also ihr Leben lang Diät halten.

Ein geschickter Manager war unerläßlich, weil das Weibliche in ihr trotz aller Raffinessen nicht ausreichte, mit den Direktoren von Hollywood und den Chefs der Showzentren fertigzuwerden.

Abb. 10: Der „blaue Engel"

Abb. 11: Zweimal die rechte Gesichtshälfte

Abb. 12: Zweimal die linke Gesichtshälfte

## Muskel-, Atmungs-, Ernährungs- oder Gehirn-Typ?

Die Form des Kopfes ist unter normalen Verhältnissen und wenn nicht eine „Mißgeburt" vorliegt bestimmend für das Gesicht. Man findet nur selten ein schmales Gesicht unter einem sehr breiten Kopf. Es ergäbe sich auch eine Disproportion zwischen einem breiten Gesicht und einem schmalen Hochkopf. Die Gegensätze sind so kraß, daß sie nur in ungewöhnlichen Fällen und als „Irrtümer der Natur" vorkommen.

Wir haben uns alle nicht selbst gemacht, sondern bekamen den Kopf wie unser Gesicht als ein Vermächtnis des Schicksals mit auf den Weg. Allerdings sagen die Physiologen in bezug auf den Ausdruck des Gesichts, daß der Mensch sein Antlitz bis zum 40. Lebensjahr „gemacht" haben müsse, wenn er nicht als unfertiges Wesen mit einem Kindergesicht auf einem alternden Körper oder mit den Zügen der eigenen „Verworfenheit" oder der „Sünden" seiner Ahnen durchs Leben gehen will.

In jüngster Zeit ist man zu der Überzeugung gekommen, daß die Einteilung der Menschen in vier Kategorien und damit in vier von der klassischen Einteilung abweichende Temperamente das Richtige sei. Die diesbezügliche Aufteilung der Gesichter entspricht einem vernünftigen Gedankengang. Der Physiologe Prof. Dr. G. Sigaud, der Begründer der Ecologie, entwickelte eine Einteilung der Gesichter der Menschen nach neuen Gesichtspunkten: er unterscheidet den Muskeltyp, den Atmungstyp, den Ernährungstyp und den Gehirntyp.

Untersuchungen in den westeuropäischen Ländern zufolge gehören wir alle von unserem 20. Lebensjahr an in eine dieser vier Gruppen eingestuft, und der westeuropäische und der nordamerikanische Mensch würden sich prozentual folgendermaßen aufteilen:

Muskeltypen 47 %

Atmungstypen 30 %

Ernährungstypen 14 %

Gehirntypen 9 %.

Wir dürfen nun nicht dem Irrtum verfallen, die obenerwähnten Typenbezeichnungen wörtlich zu nehmen und etwa zu glauben, der Muskelmensch sei unbedingt jemand, der sein Dasein mit der Kraft seiner Hände bestreite, oder der Ernährungstyp tue buchstäblich nichts anderes, als seinen Magen zu füllen. Es handelt sich um Grundbegriffe, die wie folgt erläutert werden:

*Muskeltyp = Quadratschädel*

Alles an diesem Muskelmenschen ist in irgendeiner Form viereckig. Auf die Frau übertragen, ist dieser Typ nicht sehr graziös, sondern meist ein klein wenig hart oder männlich, was sich im Gesicht natürlich besonders klar ausprägt. Psychologisch gesehen ist der Muskelmensch meist langsam, aber in seinem Charakter stabil, beharrlich und von ungewöhnlicher Arbeitskraft sowohl in körperlicher als auch geistiger Beziehung. Dabei versteht aber der Muskelmensch mit seinen Kräften vernünftig zu haushalten.

Bei geborenen Sportsmenschen, bei Männern, die zwischen der geistigen und der körperlichen Tätigkeit einen Ausgleich zu schaffen verstehen, finden wir die Typen der Muskelmenschen schlechthin.

*Atmungstyp = Rundkopf*

Der Geist ist beweglich, der Typ ist impulsiv und gesprächig. Die geistige Aktivität, oft auch die Talentierung in künstlerischer Beziehung, ist bemerkenswert.

Die Unternehmungsbereitschaft, die Begeisterungsfähigkeit ist beachtenswert. Aber wir müssen dabei gleichzeitig berücksichtigen, daß die Seele bei allem Ehrgeiz poetisch und deshalb ein wenig unstet und sich selbst auch wohl manchmal untreu ist.

Menschen mit solchen Köpfen neigen, um die negativen Seiten zu erwähnen, zu Überspitzung, zu Unzuverlässigkeit, zu rascher Geschmacksänderung und leben somit vom ersten bis zum letzten Tag ihrem stark angewachsenen Egoismus.

*Ernährungstyp = Trapezkopf*

So wie der Kopf ist auch der Rumpf irgendwie trapezförmig oder konisch aufgebaut. Wir haben es mit Menschen zu tun, die ein sachliches Urteil mit ins Leben bringen, die eine gesunde Lebensphilosophie vertreten.

Sie können ausgezeichnet rechnen, vor allem in die eigene Tasche, und besitzen die Fähigkeit, mit erstaunlicher Anpassungsgabe praktisch mit jedem Menschen ihrer Umgebung zurechtzukommen. Der Optimismus, den wir bei diesen Menschen immer wieder beobachten, ist stark genug, jeweils die besten Seiten des Lebens zu erfassen und für sich selbst auszunutzen.

Allerdings ist mit einer solchen Einstellung immer eine gewisse Selbstüberschätzung verbunden, häufig auch eine starke Eitelkeit. Sie verstehen es, als die großen Menschenfreunde durch die Geschichte zu gehen, während sie in Wirklichkeit unter dieser Menschenfreundlichkeit ihren Egoismus tarnen.

*Hirntyp = umgekehrter Dreieckskopf*

Wir finden diesen Kopf nur bei Intellektuellen, namentlich bei Personen, die in der wissenschaftlichen Forschung arbeiten, in Universitäten, in Hochschulen, wo im Durchschnitt 73 % aller Lehrpersonen solche Gesichter und solche Schädel haben.

Es ist bezeichnend, daß unter den Schädelfunden prähistorischer Menschen solche Schädel nicht vorkommen und sich wohl auch kaum finden werden – es sei denn, wir stießen auf die Vertreter einer großen versunkenen Kultur, die vielleicht der unseren überlegen war.

Die Eigenschaften der Träger dieser Köpfe: vielseitige geistige Elastizität, rasche Auffassungsgabe, Klugheit, Diplomatie – aber unter Umständen auch in Überspitzung der genannten Eigenschaften eine Tendenz zur Überbewertung der Phantasie, eine Neigung, Wünsche für Wahrheit zu nehmen. Manchmal überschneiden sich zwei dieser Typen. Aber grundsätzlich können wir die Menschen einer dieser Klassen zuordnen.

## Wie die Lippen, so der Charakter

Dichter haben seit Jahrtausenden den schönen Mund der Frau besungen. Sie wußten, daß Lippen und Mund ein Spiegel der Seele sind. Ein anmutiges Lächeln, ein zartes Wort, das über die schönen Lippen kommt, können Männer betören. Die Lippensprache ist Liebessprache, solange die Lippen nicht lügen. Schon Lavater, einer der ersten und größten Physiognomiker, stellte fest: „Wie die Lippen, so der Charakter!“ Auf Grund neuerer Forschungen glaubt man sogar sagen zu können:

Der Mund ermöglicht in strenger Beurteilung klare Rückschlüsse, die sich auf das gesamte Innenleben beziehen.

Die Oberlippe kennzeichnet das Geistesleben.
Die Unterlippe betrifft das Gefühlsleben.

Dabei ist eine weitere Spezialisierung möglich, indem die Oberlippe mit den zarteren Gemütsempfindungen, gewissermaßen mit dem Seelischen, in Beziehung gebracht wird, während die Unterlippe dem Körperlichen entspricht, der Materie, dem Weltlichen, der Sinnesfreudigkeit. Doch das sind allgemeine Feststellungen; der Physiognomiker weiß mehr!

## Grundsätzliches über den Mund

Wir wiesen mehrfach auf das Gleichgewicht hin, das immer im Leben und immer am menschlichen Körper zu finden sein muß, wenn der äußeren Schönheit innere Ausgeglichenheit entsprechen soll. Wir wissen, daß die Stirn so hoch sein soll, wie die Nase lang ist, während die Länge der Nase dem Mund und dem Kinn entsprechen soll.

Wenn wir uns mit dem Mund und den Lippen beschäftigen wollen, dann sind wir wiederum gezwungen, grundsätzliche Erwägungen anzustellen und Proportionen zu berücksichtigen, die sich allerdings einfach behalten lassen: Die angenehmste Breitenform eines Mundes soll diejenige sein, die der eineinhalbfachen bis zweifachen Breite des Auges eines Menschen entspricht. Das Bild des Mundes muß in jedem Fall in das Gesamtgemälde des Gesichts hineinpassen. Man muß sich also davor hüten, aus isolierten Feststellungen in bezug auf den Mund den ganzen Menschen zu beurteilen oder zu verurteilen.

Wir wissen, daß es Menschen gibt, die mit einem „großen Mund" und andere, die mit einem zierlichen Mündchen versehen sind; wobei das „große Mundwerk" nicht in seiner symbolischen Bedeutung verstanden werden soll. Grundsätzlich läßt sich in bezug auf die Mundform folgendes festhalten:

1. *Großer Mund:* Kräftiges Gefühlsleben, Überschwenglichkeit in den Gefühlsäußerungen, häufig genußsüchtig, vor allem, wenn der Mund gleichzeitig dicke Lippen aufweist. Sind bei einem großen Mund die Lippen dünn, schmal, gewissermaßen lippenlos, dann ist die Überschwenglichkeit und die Kraft des Gefühls mehr auf die eigene Person gerichtet als auf die Umwelt. Die Liebe erstickt an der eigenen Herzlosigkeit. Das Leben mag geordnet sein, aber das Temperament ist eiskalt und berechnend.

2. *Kleiner Mund:* Ruhiges Gefühlsleben, oft Anspruchslosigkeit, Ängstlichkeit, Schüchternheit, vorausgesetzt natürlich, daß der Mund nicht künstlich klein gehalten wird, wie es schönen Mädchen von besorgten Müttern früher systematisch beigebracht wurde. Aber auch ein kleiner Mund kann mit kräftigen Lippen und in einer gewissen Weichheit Sinnlichkeit und Genußsucht widerspiegeln, verbunden mit schwachem Charakter und geringer Widerstandsfähigkeit.

3. *Oberlippe vorstehend:* Meist gute intellektuelle Anlagen, Schlagfertigkeit, Geschicklichkeit im Umgang mit anderen, Anpassungsfähigkeit, gleichzeitig aber auch Neigung, dem Mitmenschen – und sei's der Partner -

einen Streich zu spielen, also manchmal ein wenig Verlogenheit und Falschheit.

4. *Unterlippe vorstehend:* Härte, oft Gefühlsroheit, klares, materialistisches Denken, Boshaftigkeit, in jedem Falle rücksichtsloses Durchsetzen der eigenen Wünsche – selbst wenn man „über Leichen" gehen muß.
5. *Mundwinkel nach oben:* Lebensbejahung, Optimismus, gesellschaftliche Gewandtheit, Selbstgefälligkeit bis zur Eitelkeit.
6. *Mundwinkel hängend:* Verneinung des Lebens, mißbilligende Einschätzung der Umwelt, Unzufriedenheit, oft auf Grund schlechter Erfahrungen Menschenhasser.
7. *Zusammengepreßte Lippen:* Starke Verdrängungen im Gefühlsleben, kalte Überlegung, hochgradiger Egoismus, mangelnde Offenheit, oft sogar Unaufrichtigkeit, also Lippen, vor denen gewarnt werden muß; zumal der dauernd fest geschlossene Mund außerdem auf rechthaberisches Wesen, Trotz und Eigensinn schließen läßt.
8. *Spitzer Mund:* Angriffslust, Verwegenheit, schnelle Entschlußkraft, immer bestrebt, den anderen zu überspielen, ehe dieser sich seiner Situation bewußt geworden ist.
9. *Offener Mund:* Wenn nicht durch stark vortretende Zahnreihen bedingt, ein Zeichen für gedankliche Trägheit, Armut an Einfällen, Oberflächlichkeit, vorausgesetzt, daß nicht ein Ohrenleiden oder gesundheitliche Vorgänge, die vom Gehirn ausgehen, die Ursache dieser Mundhaltung sind.

## Wenn der Mund sich verzieht . . .

An dieser Stelle müssen wir wiederholen, was wir schon andeuteten: Ein gutes Zeichen ist alles das, was ein harmonisches Bild bietet. Gefährlich wird, was über eine Veränderung der Mundstellung zu einer Verzerrung führt, die eine ursprüngliche Schönheit der Züge entstellt. Es ist so, daß wir Lippen und Mund erst dann beurteilen können, wenn beide sich beim Sprechen, beim Lächeln, beim Lachen oder beim Weinen – bewährt haben. Unangenehme Mundveränderungen besagen aber nach der Lehre der Physiognomik:

*Mund, der sich bei Bewegung* (beim Sprechen oder Lachen) *unangenehm verzerrt:* Selbst wenn alle anderen Zeichen positiv sind und das Gesicht ein freundliches Wesen zu verraten scheint, ist Vorsicht geboten, weil hinter der schönen Larve sich Egoismus verbirgt, der nur den eigenen Interessen Rechnung trägt, auch wenn das nach außen hin wohl getarnt wird.

*Scheinbar harmonische, aber unangenehm wirkende Form des Mundes:* Mißgunst, Eifersucht, Intrige, Berechnung, gefährliche Kulissenarbeit, Disharmonie im Umgang mit der Welt.

*Mund einseitig verzogen:* Wenn nicht gesundheitliche Vorgänge, die vom Gehirn kommen, eine Rolle spielen, unbedingt ein Zeichen für Neigung zum Spott, verächtliches Verhalten zur Umwelt, meist krasses Gefühl der Überlegenheit, große Einbildung, häufig sogar Gewissenlosigkeit, die bis zur Gemeingefährlichkeit gehen kann.

Abb. 13:
Der schauspielernde Mund

Abb. 14:
Der unabhängige Mund

Abb. 15:
Der erfolgreiche Mund

Abb. 16:
Der liebende Mund

Abb. 17:
Der ideale Mund

Wir sehen also, daß der Mund mancherlei verrät. Alles aber wird im Ungünstigen noch unterstrichen, wenn zwischen der Oberlippe und der Unterlippe ein großes Mißverhältnis besteht, die Oberlippe also viel zu stark ist – verglichen zur Unterlippe – oder umgekehrt. Die Bewegung des Mundes beim Sprechen, beim Lachen oder Lächeln, bietet den besten Schlüssel zur richtigen Erkenntnis der Bedeutung von Mund und Lippen. Die Kenntnis des Lächelns und Lachens ist aber auch in anderer Beziehung aufschlußreich, wie wir sehen werden.

## Der Lippentest nach Dr. J. H. Ockert

Eines Lippentests bedient sich der Frankfurter Psychologieprofessor Doktor J. H. Ockert, um den Charakter eines Menschen zu bestimmen. Der Gelehrte hat diese Methode als Teil eines komplizierten Psychogramms für die Auswahl von Führungskräften für Wirtschaft und Industrie entwickelt. Prof. Ockert ist der Ansicht, daß die hervorstechendsten Charaktereigenschaften, wie sie aus der Beschaffenheit der Lippen abzulesen sind, nicht unbedingt offen in Erscheinung zu treten brauchen. Der Erfinder des Lippentests ist sogar davon überzeugt, daß die durch die Beschaffenheit der Lippen nahegelegten Charaktereigenschaften zu mindestens 90 Prozent, unter der Oberfläche schlummernd, tatsächlich nachweisbar sind.

Wir zitierten seine Deutung, weil sie sich von anderen Auslegungen unterscheidet:

○ Ein großer Mund mit schmalen Lippen weist bei einer Frau auf einen mutigen, manchmal geradezu rebellischen, aber sehr phantasievollen Charakter hin. Äußerlich zeigt dieser Mensch eine gewisse Gleichgültigkeit, ist aber in jedem Fall ein interessanter Gesprächspartner (Abb. 18).

Beim Mann verrät ein großer Mund mit recht schmalen Lippen Kritik und Enthaltsamkeit mit einer gelegentlichen Neigung zu Zynismus und Herrschsucht (Abb. 19).

○ Eine stark betonte weibliche Unterlippe ist als ein Beweis für Phantasie, Anpassungsfähigkeit, Selbstsicherheit und Fairneß anzusehen. Eine gewisse Launenhaftigkeit ist nicht von der Hand zu weisen (Abb. 20).

○ Aufgeworfene kräftige Lippen besitzt eine optimistische und fleißige Frau. Sie ist zwar eigenwillig, aber dennoch außerordentlich gesellig (Abb. 21).

○ Beim Mann ist ein breiter Mund mit leicht vorstehender Unterlippe als Hinweis auf eine gefühlsbetonte, konservative, jedoch ziemlich humorlose Persönlichkeit zu betrachten (Abb. 22).

Abb. 18

Abb. 19

Abb. 20

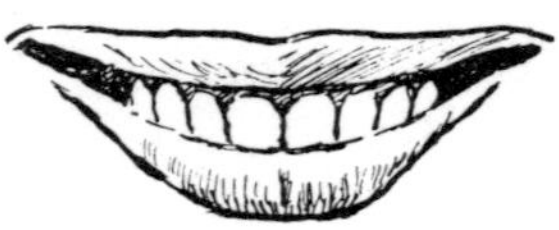
Abb. 21

Abb. 22

## Der Mund gibt Signale

Der Psychologe Ernst Korff vertritt die Ansicht, daß von den Lippen, vom Mund, unbewußt oder bewußt, ständig Signale ausgehen, die man auswerten kann.

○ *Der gelöste, entspannte Mund mit vollen Lippen:*

| positiv: | negativ: |
|---|---|
| freundlich | verlegen |
| liebenswürdig | befangen |

○ *der gespannte Mund, mit ausgestülpten Lippen*

| positiv: | negativ: |
|---|---|
| prüfend | hämisch |
| schmeckend | begierig |

○ *der gespannte Mund, mit meist schmalen Lippen*

| positiv: | negativ: |
|---|---|
| verhalten | verschlossen |
| abwartend | entsagend |

○ *der verkrampfte Mund, mit eingekniffenen Lippen*

| positiv: | negativ: |
|---|---|
| durchsetzungsfähig | rücksichtslos |
| entschlossen | ungesellig |

## Was der Arzt an der Mundhaltung und den Lippen ablesen kann

Der Arzt und der physiognomische Spezialist können meist mit einem einzigen Blick auf die Mundhaltung erkennen, welche gesundheitlichen Voraussetzungen für eine ungünstige Mundhaltung maßgebend sind. Wir deuteten dies bereits kurz an, als wir auf den offenstehenden Mund hinwiesen. Dieser offenstehende Mund ist aber für den Arzt gegebenenfalls das Signal schwerer Erschöpfung, einer ernsten Erschlaffung des Organismus, eines Erschöpfungszustandes, der eventuell in eine Lähmung übergehen kann.

Zucken und Zittern des Mundes sind ein Alarmzeichen für hochgradige Nervosität, ein Warnzeichen, das zur Vorsicht mahnt, da sich Hysterie und Neurasthenie daraus entwickeln können.

Einseitige Schiefheit des Mundes ist meistens ein Symptom eines Gehirnschlages oder eines Gehirnleidens unter besonderer Beteiligung des Hirnteils, der der dem hängenden Mundwinkel gegenüberliegenden Seite zugeordnet ist. Also hängender linker Mundwinkel verrät Veränderungen in der rechten Gehirnhälfte.

Für die Diagnose des Arztes ist von größtem Interesse auch die Färbung der Lippen:

○ Weiße, blasse Lippen treten auf bei tiefer Ohnmacht, eventuell aber auch bei Scheintod;

○ dunkelrote Lippen sind ein Zeichen für Herzstörungen, oft verbunden mit anatomischen Veränderungen;

○ blaue Lippen stellen sich ein bei Herzschwäche, manchmal aber auch vor Gehirnschlag;

○ braune Lippen sind ein Zeichen für eine schwere innere Erkrankung, die eine Gefährdung des Lebens nach sich ziehen kann.

## Die Kinnform bestimmt den Typ

Es ist immer notwendig, das Verhältnis zwischen der Mund-Kinn-Partie und der Nase und der Stirn zu vergleichen. Jener Teil des Gesichts hat das Übergewicht, der aus der Proportion des Gesichts am stärksten herausfällt:

also geistige Funktionen für die Stirn, spekulative Funktionen in bezug auf die Nase und Tatkraft in bezug auf Mund und Kinn.

Wir müssen ferner das Profil des Menschen prüfen und dürfen uns nicht nur auf den Eindruck beschränken, den ein Gesicht in der Vorderansicht macht: Je weicher das Profil wirkt, um so wichtiger ist das Kinn bei der Gesamtbeurteilung eines solchen Kopfes.

*Voll und rund:* Tatkraft, mäßige Energie, oft Neigung zum Wohlleben, gelegentlich Bequemlichkeit und Lässigkeit.

*Spitz* und länger, als die Proportion es verlangt: Geist, aber oft verbunden mit List, Geiz, der sich verschlagen und raffiniert immer wieder durchzusetzen weiß, oft Härte, Falschheit und Treulosigkeit. Bei sonstiger Ebenmäßigkeit des Kinns zum mindesten spöttisches Verhalten gegenüber der Umwelt bis zu mehr oder weniger angriffslustiger Boshaftigkeit (Abb. 23).

*Lang, breit und starkknochig:* Härte, Heftigkeit, Starrsinn bis zur Grausamkeit, Rücksichtslosigkeit, verbunden mit Falschheit, wenn zu diesem langen und breiten Kinn noch eine entsprechend lange Nase hinzukommt.

*Plump,* also jenseits aller Proportionen (Habsburger Kinn), wenn nicht eine schwere Drüsenerkrankung auf Grund vererbter Schäden vorliegt: Ständige Schwierigkeiten in der Auseinandersetzung mit der Umwelt, Mangel an Anpassungsfähigkeit (Abb. 24).

*Klein und gut geformt:* Zurückhaltung im Umgang mit der Umwelt, Schüchternheit, oft Furchtsamkeit.

*Übermäßig klein,* also einem Schrumpfkinn vergleichbar: Gefahr, in der Auseinandersetzung mit dem Leben und der Menschheit Rückschläge zu erleiden, die zu Komplexen führen, ferner Gefahr, unter die Diktatur eines anderen Willens zu geraten (Abb. 25).

*Glatt,* d. h. ohne Zeichnung, ohne Einbuchtung, Grübchen oder dergleichen: Kälte, vorsichtig zurückhaltendes spekulatives Wesen, meist trocken, etwas gefühllos und nicht immer restlos sympathisch.

*Eckig,* ohne plump zu wirken: Klugheit, Scharfsinn, Festigkeit.

*Fett,* mit Neigung zur Verdoppelung oder zur Verdreifachung (oft auch bei sonst nicht fetten Menschen zu beochachten): Neigung zum Wohlleben, Phlegma, das bis zur Faulheit gehen kann, Neigung, anderen Menschen die Arbeit zu überlassen, sich aber die Früchte jener Arbeit zunutze zu machen.

*Vorspringend,* aber in der Mitte zurückfliehend, also gefurcht, so daß das Kinn im Profil gesehen scharf hervorspringt: Zeichen für einen klugen, meist auch auf seine Ehre bedachten Menschen. Der Verstand soll um so klarer, aber auch um so stärker sein, je tiefer der Einschnitt ist.

Abb. 23

Abb. 24

Abb. 25

## Zusammenhänge zwischen Jochbein und Kinn

Dr. Leo Herland, Zürich, entwickelte die These, daß zwischen dem Jochbein des Menschen und dem Kinn ein enger Zusammenhang bestehen muß.

*Jochbein und Kinn stark:* Mit offenen Zügen – Wirklichkeitssinn und Selbstgefühl; mit abgedeckten Zügen – Willenskraft, Selbstbehauptung, Tüchtigkeit, Selbständigkeit, Energie, Tatkraft und Stolz; mit negativer Abdeckung – auf die Lippen beißend in verhaltener Wut, knirschend in ohnmächtigem Schmerz.

*Jochbeinansatz stark, Kinnansatz schwach:* Im positiven Sinn – Tollkühnheit, Abenteuerlichkeit, Unberechenbarkeit; im negativen Sinn – innerer Kampf, Zweifelsucht, Grübeln, Zwiespältigkeit, Stimmungswechsel.

*Jochbein und Kinn zart:* Mit offenen Zügen – Zartheit im Gefühl, Geistigkeit, aber auch Kindlichkeit, Gewaltlosigkeit und Weiblichkeit; mit abgedeckten Zügen – List und Schlauheit, vor allem bei Männern, oft auch Beeinflußbarkeit, Unentschlossenheit, Planlosigkeit, Ziellosigkeit.

## Glossomatie – die Wissenschaft von der Zunge

Die Physiologen behaupten schon lange, die Zunge sei unter Umständen ein interessantes Objekt, um den Charakter eines Menschen zu enträtseln. Diese neue Menschenkunde an Hand der verschiedenen Zungenformen wurde in Italien entwickelt. Man nennt diese Wissenschaft Glossomatie. Es wird behauptet, die Araber hätten schon vor 1500 Jahren diese Methode der Menschenanalyse gekannt.

Sieht nicht eine Zunge aus wie die andere? Schließlich ist die Zunge jenes lange schmale Gebilde, das wir in unserem Mund tragen und das den Zweck erfüllt,

die Speisen, die wir im Mund aufnehmen, zu steuern und zu schleusen,

die Sprache dadurch zu ermöglichen, daß wir zwischen Kehlkopf, Stimmbändern, Zahnreihe und Zunge ein geschicktes (automatisches) Spiel entwickeln, das als die menschliche Sprache, als der menschliche Gesang bekannt ist.

Die Zungenwurzel ist mit dem Kehlkopf durch drei Schleimhautfalten verbunden. Man unterscheidet die Zungenwurzel und den Zungenkörper.

Die Zungenpapillen sind nicht so gleichförmig wie die Papillen der Haut. Es gibt deren große und kleine. Die Schleimhaut der Zunge und die Mundschleimhaut sind nichts anderes als eine Fortsetzung der Schleimhaut im Magen und im Darm.

Diese Feststellung erklärt, daß die Zungenschleimhaut sich verändert, wenn im Magen und im Darm oder in anderen Körperorganen krankhafte Veränderungen auftreten.

Die belegte Zunge ist seit Jahrtausenden das Zeichen dafür, daß die Schleimhaut des Magens oder des Darms nicht in Ordnung ist. Es genügt, daß man sich den Magen verdorben hat oder ein Darmkatarrh uns quält: schon ist die „Tapete“, nämlich die große Schleimhautfläche, die den ganzen Verdauungskanal auskleidet, in ihrer Färbung und in ihrem Aufbau verändert.

Aus der Einheit Mund, Magen und Darm und aus der Einheitlichkeit ihrer Auskleidung erwachsen jene Reaktionen, auf die sich der Zungendiagnostiker stützt.

Die Zungenschleimhaut hat drei Arten von Drüsen: die serösen Drüsen, die Schleimdrüsen und die gemischten Drüsen an der Zungenspitze. Die Nerven der Zunge sind durch feinste Verzweigungen mit den Ausläufern des Verdauungsapparates verbunden.

Dadurch werden Reize, die von den Verdauungsorganen ausgehen, auf die Nervenendgeflechte der Zungenschleimhaut übertragen, wo sie dann Veränderungen auslösen.

## Von unten nach oben alle Symptome

Die Zungendiagnostik spricht von einer Zungentopographie der Verdauungsorgane:

Tief im Schlund liegen auf der Zunge die Zonen, die sich auf den Darm beziehen. Ein kleines Stück höher findet man die Zone der Leber, sorgfältig geschieden nach dem linken und dem rechten Lappen. In der Zungenmitte liegt der Magen, der sich allerdings im Feld bis in die Nähe der Zungenspitze erstreckt. In der Zungenspitze liegt nach den Erfahrungen der Zungendiagnostiker das Gebiet, das unmittelbar mit der Speiseröhre und dem Kehlkopf in Kontakt steht.

Die ärztliche Erfahrung sagt über Zungenveränderungen:
Das Bild der dickbelegten trockenen und borkigen Zunge entsteht, wenn zu Magen- und Darmveränderungen ein starker Flüssigkeitsmangel im Körper hinzukommt.

Eine sehr glatte Zunge mit einer anomalen Glätte der Schleimhaut mit einzelnen hochroten kleinen Bezirken entwickelt sich bei perniziöser Anämie, also bei der gefährlichen Form der Blutarmut.

In leichterer Form und verbunden mit dem sogenannten Zungenbrennen beobachtet man dieses Zeichen immer bei Blutarmut.

Deutliches Hervortreten der kleinen und stark geröteten Zungenpapillen, so daß die Zungenoberfläche das Aussehen einer Himbeere erhält, ist charakteristisch für Scharlach.

Eine sehr bildhafte und eindrucksvolle Veränderung der Zungenoberfläche (Landkartenzunge) mit streifenförmigen weißlichen Verdickungen ist eine Veränderung, die durch Verabfolgung von Vitamin B 12 behoben werden kann.

Merkwürdige Schleimhauterhebungen im hinteren Zungenabschnitt, so daß es aussieht, als ragten kurze Fäden aus dem Zungenrücken hervor, die sich dann schwärzlich verfärben, haben dieser Zungenveränderung den Namen „schwarze Haarzunge" eingetragen. Es handelt sich um eine sogenannte Verhornung, die nicht Ausdruck einer unmittelbaren gesundheitlichen Indisposition zu sein braucht.

Tragisch und wichtig zugleich ist die Tatsache, daß die schwersten Erkrankungen des Magens – Magengeschwüre und Magenkrebs – keinerlei Veränderungen der Zunge zur Folge haben. So beschränken sich die diagnostischen Möglichkeiten, die in der Zungentopographie liegen, auf die unmittelbaren Schlüsse, die auf unser kleines alltägliches Kranksein oder Wohlbefinden gezogen werden können. In dieser Beziehung ist die Zunge als Hilfsmittel der Diagnostik nicht zu übersehen!

## Erfahrungen der Glossomatie

Die Zunge ist für den Wissenschaftler, der sich über das Gesagte hinaus mit der sogenannten Glossomatie beschäftigt hat, aufschlußreich. Nachstehend zitieren wir die Feststellungen, die von Physiologen zusammengetragen und in der Biologie und in der Psychologie inzwischen ihre Bestätigung erfuhren:

Wenn eine Zunge lang und rund ist, ist der Träger dieser Zunge meist gefühlvoll, im übrigen aber offenherzig.

Ist die Zunge lang und sehr breit, muß man damit rechnen, daß der Mensch, der eine solche Zunge im Mund hat, vor Egoismus überquillt, im übrigen auch noch leichtfertig ist.

Ist die Zunge sehr kurz und ganz rund, muß angenommen werden, daß der Mensch jenes Feingefühl im Alltag nicht aufbringt, das ihn erst zu einem geschätzten Zeitgenossen macht. Gewöhnliche, d. h. plumpe Menschen, haben solche Zungen.

Ist die Zunge schmal und kurz, dann ist es dem Träger einer solchen Zunge meist nicht möglich, sich selbst in der Gewalt zu haben. Er übertreibt, er übersteigert sich selbst.

Wer das Unglück hat, eine lange Zunge zu besitzen, die gleichzeitig schmal und gewölbt ist, muß wissen, daß man seine Zunge eine sogenannte Schlangenzunge nennt. Dem Träger dieser Zunge sagt man Grausamkeit, Feigheit, Anmaßung und Heuchelei nach.

## Wenn man anderen die Zunge zeigt

Die Bedeutung der menschlichen Zunge geht, wie man weiß, über die mit dem Essen und Sprechen verbundenen Aufgaben hinaus, denn das Zeigen der Zunge kann auch eine Form des Flirts sein. Im allgemeinen zeigen Frauen die Zunge öfter als der Mann. Die „Sprache der Zunge“ ist nach Ansicht der Verhaltensforschung eine orale Geste. Die Zunge wird kurz vorgestreckt, bleibt ein wenig in einem Mundwinkel und bewegt sich dann zwischen den feuchten Lippen flüchtig hin und her.

Über die erotische Bedeutung hinaus hat das Zeichen der Zunge den Sinn einer typischen Übersprungshandlung, d. h. das Verhalten kann im Grunde völlig ohne jeden Sinn sein. (Andere unbewußte Handlungen dieser Art sind das Kratzen des Kopfes, das Zupfen am Ohr.) Dieses Verhalten zeigt sich besonders in einer angespannten, unsicheren Situation und soll offenbar aufgestaute nervöse Spannungen auf eine harmlose Art und Weise ableiten.

Das Zungenspiel wäre also in dieser Sicht nur ein unbewußter Versuch, innere Spannungen zu beheben.

Anderseits hat das demonstrative Zeigen der Zunge, d. h. das Herausstrecken der Zunge, den Charakter einer bewußten Beleidigung, die freilich gleichzeitig das Prestige dessen, der die Zunge herausstreckt, erheblich beeinträchtigt.

Das Zeigen der Zunge in intimer Zweisamkeit ist jedoch von diesem Makel frei.

## Die Bedeutung der Zähne

Das Antlitz und die Mundform des Menschen werden nachhaltig durch seine Zähne beeinflußt. Prof. Dr. Fritz Lange meint zu diesem Problem: „Wenn man die Bilder des zahnlosen Mundes eines Säuglings, des Mundes des Kindes und des Erwachsenen und schließlich das Gesicht des Greises, bei dem die Zähne ausgefallen und die Kiefer geschwunden sind, nebeneinander legt, dann erkennt man die Bedeutung von Kiefer und Zähnen für das Mundbild mit einem Blick.“ Für manchen wurden die Zähne zum Schicksal, weil hier die Grenze zwischen Schönheit und Häßlichkeit verläuft. Die Zähne gestatten uns darüber hinaus einen tiefen Einblick in das Wesen des Menschen. Sie sind ein wichtiger Teil des Menschen selbst, solange er keine Prothese trägt.

## Die Zähne gehören zu den Verdauungsorganen

Die Physiologen wissen, daß zwischen den Zähnen und dem Gehirn, den Zähnen und den Drüsenfunktionen, dem Gebiß und der Hypophyse ein unmittelbarer Zusammenhang besteht.

So seltsam es klingen mag, die 32 Zähne des Menschen werden entwicklungsgeschichtlich zu den Verdauungsorganen gerechnet, obwohl sie in der Anatomie unter den Knochen aufgeführt werden.

16 Zähne sitzen im Oberkiefer, 16 im Unterkiefer, festgehalten durch die enganschließenden Knochen und die noch dazwischenliegende doppelte Schicht Knochenhaut.

Schon im zweiten Monat der Entwicklung des menschlichen Embryos haben sich die Zähne in Form von mit Flüssigkeit gefüllten Säckchen mehr oder weniger ausgeprägt.

Jeder weiß und hat es erlebt, daß auf die Milchzähne die richtigen Zähne folgen, denen häufiger als wir annehmen, bei alten Leuten eine dritte Zahnung folgen kann.

Es gibt Kinder, die mit zwei Zahnreihen zur Welt kommen, ein Vorgang, den man sonst nur bei den Haien findet, bei denen mehrere nacheinander zur Verwendung kommende Reihen von Zähnen im Zahnfleisch liegen.

Die ärztliche Wissenschaft weiß von Menschen, die mit einer erheblichen Überzahl von Zähnen im späteren Leben rechnen konnten und denen man die Doppelzähne in oft sehr schwierigen Operationen entfernen mußte.

Sehr oft treten auch Verwachsungen von Zahn zu Zahn auf, Mißbildungen, die in der Legende der Völker immer wieder Anlaß zu allen möglichen Deutungen gaben.

## Anzeichen für Hirndefekte und psychische Störungen

Anomal geformte Zähne können bei Kindern unter Umständen auf verborgene Hirnschäden hindeuten. Ein hoher Prozentsatz geistig zurückgebliebener Kinder weist solche Mißbildungen der Zähne auf.

Die Forscher nehmen an, daß in solchen Fällen schon vor der Geburt anlage- oder umweltbedingte Einflüsse sowohl die geistige Entwicklung als auch gleichzeitig das Wachstum der Zähne beeinträchtigen.

Der Arzt, Zahnarzt und Kieferorthopäde Prof. Dr. med. dent. Wilhelm Balters versichert, daß es ihm möglich sei, die Lebensprobleme eines Menschen von seinen Zähnen abzulesen. Die Ordnung der Zahnreihen zueinander, ihre Artikulation, die in der Bahn des Lebens ihre Entsprechung findet, lassen die Übereinstimmung der inneren und äußeren Harmonie erkennen. Der Zahnarzt kann die gestörte Beziehung von Anlage und Lebensanforderung aufdecken, die sich an den Kauorganen nachweisen läßt. Je stärker der Milieueinfluß, um so höher die Spannung einzelner Muskelgruppen.

Je aktiver die Erlebnisbereitschaft des Menschen, desto stärker die Ausbildung seiner Kaumuskulatur.

Der Aufschub lebensnotwendiger Entscheidungen führt zum verminderten Kaudruck, zum Wandern der Zähne und zu ihrer Lockerung.

## Zähne analysiert, Zähne gedeutet

Wenn die Zähne die Gesichtsform bestimmen, wenn zwischen den Zähnen und dem Gehirn ein unmittelbarer Zusammenhang besteht, dann ist es nicht abwegig, den Physiognomen zu folgen, die versichern, daß die Zähne in vielen Fällen unerläßlich sind zur Vervollständigung eines Charakterbildes. In Vergleichsuntersuchungen kam man zu folgenden Ergebnissen, die als Lehrsätze der Charakterlehre von den Zähnen bezeichnet werden:

*Lange, sehr schmale Zähne:* Zeichen für Zaghaftigkeit und Schwäche, vor allem dann, wenn diese Zähne sehr weiß erscheinen oder perlmutterfarben (Abb. 26).

*Kurze kräftige Zähne:* Charakteristisch für energische Personen, die sich durchzusetzen wissen, manchmal etwas rücksichtlos sind, bei denen aber die gesundheitliche Verfassung dem Durchsetzungswillen entspricht, vor allem dann, wenn die Zähne elfenbeinfarbig sind, also etwas ins Gelbliche hinüberspielen.

*Vorderzähne des Oberkiefers groß:* Sind diese Vorderzähne größer als die übrigen Zähne des Oberkiefers, dann sind sie ein Zeichen für hochgradige Sensibilität, starke literarische oder künstlerische Veranlagung, mitunter aber auch für religiöse Schwärmerei.

*Hervortreten der oberen Zähne über die unteren:* Das ist nur möglich, wenn eine entsprechende Verformung der Kiefer vorliegt, z. B. der Oberkiefer spitzer geformt ist als der runde Unterkiefer. Nur auf Grund einer starken Typen- und Rassenmischung ergeben sich diese Formunterschiede, die ein Zeichen dafür sind, daß die Träger solcher Kiefer sich ihrer Sache nicht sicher fühlen, oft tückisch sind, manchmal hinterlistig und rachsüchtig (Abb. 27).

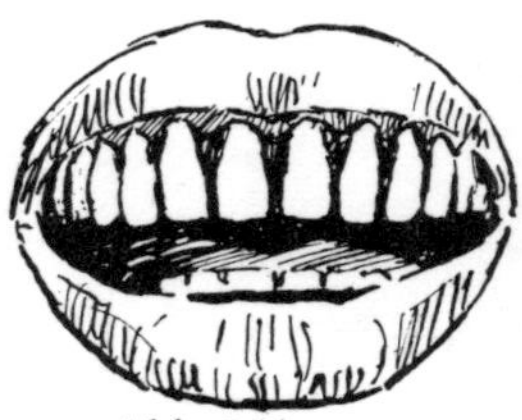

Abb. 26

Abb. 27

*Hervorragen der unteren Zahnreihe über die obere:* Fast immer verbunden mit einer stärkeren Entwicklung des Unterkiefers bzw. Nachfolgeerscheinung einer früheren Rachitis oder sonstigen Knochenveränderung. Nach den gemachten Erfahrungen ist die über die obere Zahnreihe hervorragende untere Reihe ein Zeichen für starkes Selbstbewußtsein, Egoismus, rücksichtsloses Vorgehen im Kampf um wirkliche oder vermeintliche Rechte.

*Kleine weiße Zähne:* Vor allem, wenn diese ganz eng aneinander sitzen und ungefähr wie Reiskörner geformt sind, kann man immer damit rechnen, daß die Träger solcher Zähne eine ungewöhnliche Lebenskraft besitzen, also Strapazen und Krankheiten überstehen, an denen andere zugrunde gehen. Französische Charakterologen sagen Menschen mit einem Reiskörnergebiß Gehässigkeit nach (Abb. 28).

*Augenzähne schmal:* Vom Zahnfleisch bis zur Spitze schmal verlaufend, während gleichzeitig diese Zähne etwas aus der Reihe treten, nach vorn rücken und länger sind als die benachbarten Zähne – fast immer ein Zeichen für starke Unverträglichkeit, rücksichtslose Wahrnehmung der eigenen Interessen, Heraufbeschwörung von Zwischenfällen, auch wenn dies nicht nötig wäre, Eifersucht und Rachsucht.

*Augenzähne breit:* Vom Zahnfleisch her breit und dann wie ein Dreieck spitz verlaufend – Zeichen für Vertrauswürdigkeit, Zuverlässigkeit, Treue, Liebenswürdigkeit (Abb. 29).

Abb. 28

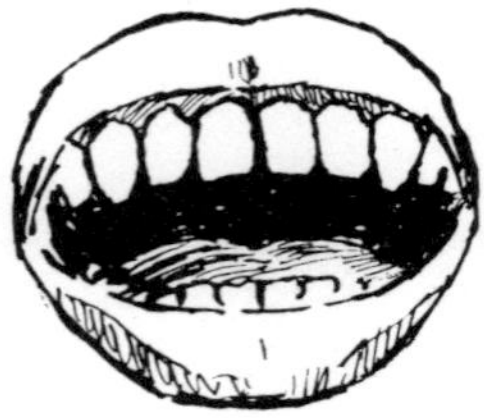

Abb. 29

*Backenzähne:* Eng aneinandergerückt, zu eng in den Kiefer gezwängt, während die Vorderzähne auseinanderrücken und Lücken zeigen – häufig ein Zeichen für einseitige geistige Begabung, oft aber auch Kennzeichen für geistige Funktionen, die leicht unter dem Durchschnitt liegen.

## Wenn der Arzt auf die Zähne sieht

Aus der ärztlichen Praxis ergibt sich ein Leitsatz: Je schöner die Zähne, um so besser die Gesundheit des Menschen.

Tatsächlich ist es so, daß der Verfall der Zähne oft schon viel früher einsetzt als der Zusammenbruch des übrigen Organismus. Es stimmt eben doch, was der Biologe erkundete, daß nämlich die Zähne ursprünglich nicht zu den Knochen, sondern zu den Verdauungsorganen gehörten.

Aus seinem Erfahrungsschatz aber kann der praktische Arzt folgendes ableiten:

Nicht die schönen weißen Zähne sind gesund, sondern die gelblichen Zähne mit einem leichten Schimmer zum Elfenbein, die zu unterscheiden sind von schmutzig-gelben Zähnen.

Gelbe Zähne beobachtet man sehr oft bei ernsten Störungen im Bereich der Gallenblase und überhaupt bei Verdauungsstörungen, abgesehen natürlich von der gelblichen Teerfärbung, die man bei starken Rauchern sieht.

*Perlmutterfarbene Zähne* sind leicht brüchig, verraten oft eine Anlage zur Tuberkulose, aber man findet sie auch bei Personen, die infolge starker Blutarmut anfällig sind.

*Braune Zähne* sind ein beachtenswertes und oft gesundheitliche Gefahr kündendes Zeichen, da man diese bräunlichen Zähne bei Personen beobachtet, die unter Schwächezuständen ernstester Art leiden.

*Zähneknirschen* wird bei hochgradig nervösen Personen beobachtet. Es muß besonders beachtet werden, wenn eine akute Krankheit vorliegt. Bei Kindern deutet das Zähneknirschen oft auf Würmer hin.

*Zahnschmerz bei Berührung* beobachtet man, wenn eine Entzündung der Wurzel vorliegt.

*Zahnschmerzen,* die bei Druck aufhören, sind nervösen Ursprungs.

## Zähne, die der Liebe im Wege stehen

Mit großer Entschiedenheit verkündete die 18jährige Sibylle ihren Eltern das Ende ihrer Freundschaft mit einem ernsten Bewerber. „Ich habe jetzt endgültig Schluß gemacht", antwortete sie auf die Einwände ihrer Mutter. Die Eltern, die sich über die Wahl ihrer Tochter gefreut und in Rüdiger einen wohlerzogenen, tüchtigen zukünftigen Schwiegersohn gesehen hatten, konnten diese Entscheidung einfach nicht verstehen. Endlich vertraute Sibylle ihren Eltern den wahren Grund an: „Rüdigers Vorderzähne stehen schief und sind so scharf, daß sie mir beim Küssen weh tun."

Den meisten Menschen fällt es schwer, mit einem scheinbar so unbedeutenden Grund die Auflösung einer Verbindung zu rechtfertigen. Tatsächlich aber ist das menschliche Zusammenleben viel häufiger durch störende Kleinigkeiten belastet als durch schwerwiegende Fehler. Über diese spricht man sich gewöhnlich aus oder findet sich mit ihnen ab. Schiefstehende Zähne will man jedoch vor sich und seiner Umwelt nicht als Grund für einen so schwerwiegenden Entschluß eingestehen. Um so wichtiger also, daß die Eltern gerade in dieser Hinsicht schon das Wachstum ihrer Kinder verfolgen.

Zahnstellungsfehler bräuchten beim heutigen Stand der Zahnmedizin kaum noch vorzukommen. In den meisten Fällen können die Mütter einer Fehlentwicklung durch die Wahl des richtigen Saugers bereits im Säuglingsalter erfolgreich vorbeugen. Ist einmal dieser Zeitpunkt verpaßt, so kann ein Kieferorthopäde während der Schulzeit noch Korrekturen vornehmen. Ist man aber erst erwachsen, so werden bestehende Fehler gewöhnlich erst durch die dritte Zahngarnitur ausgeglichen. Bis dahin hat man unter den Mängeln zu leiden, ob man sich nun dessen bewußt wird oder nicht.

## Die Eigenwilligkeit an der Nasenspitze abgelesen

Seit jeher sehen die Menschenkenner in den Nasen ein Barometer der Eigenwilligkeit. Wie die Nase eines Menschen, so sein Wille zur Tat, seine Einstellung zur Umwelt. Die Nase ist die Fortsetzung der Stirn und deshalb ein Merkmal des Geisteslebens. Freilich gab es Genies mit kurzen Nasen; aber sie sind in der Minderzahl. Außerdem handelt es sich dabei meist um Menschen, die zwar auf ihrem Spezialgebiet, auf welchem sie genial waren, Ungewöhnliches leisteten, aber in der Auseinandersetzung mit dem Leben versagten.

Die gut durchgebildete Nase eines erwachsenen Menschen soll gerade oder gebogen sein, nicht allzu spitz und nicht allzu fleischig. Alle anderen Formen sind Abarten oder Anomalien.

Je ebenmäßiger eine Nase geformt ist, desto harmonischer ist meist auch die Einstellung des betreffenden Menschen zu seiner Umwelt, zum Leben.

## Grundformen – unverkennbar!

Zu einem harmonischen Gesicht gehört eine Nase, die genau ein Drittel der Gesichtsabmessungen ausmacht.

Das erste Drittel des Gesichts bildet die Stirnhöhe.

Der zweite Teil wird von der Nase bestritten, d. h. von der Nasenwurzel bis zur Nasenspitze.

Das letzte Drittel ist der untere Teil des Gesichts, also vom Nasenansatz bis zur Kinnspitze.

Je gleichmäßiger die drei Teile sind, um so größer ist die Harmonie zwischen den Kräften des Verstandes und den Regungen des Gemüts.

Lange galten die Nasen der Römer und Griechen als die typischen „edlen Nasen". Heute weiß man, daß es kaum noch „reinrassige" Nasenformen gibt. Fast alle Nasen sind sogenannte Mischformen. Oftmals beobachtet man an einer einzigen Nase drei verschiedene Formansätze. Es ist nicht immer leicht, sich in einem solchen Gemisch von Nasenformen zurechtzufinden. Aber durch Beobachtungen und Vergleiche ist es dennoch möglich, hinter die Kulissen der Wesensart eines Menschen zu schauen – wenn man seine Nase betrachtet.

Die Grundformen sind unverkennbar:

*Dünn, lang und spitz:* Gefühlsarmut, oftmals Geiz, Kälte, Egoismus.

*Abgerundet, fleischig,* aber nicht zu dick und aufgedunsen: Tiefe Gefühle, Mildherzigkeit, Mitleid, grundsätzlich menschliche Einstellung zu allen Problemen des Daseins.

*Dick und übermäßig fleischig:* Stark sinnlich, oftmals willensschwach, in den Auffassungen schwankend, nicht sehr widerstandsfähig, weder in psychischer noch in physischer Hinsicht.

Abb. 30: Lange galten die Nasen der Römer und Griechen als die typischen „edlen Nasen“

*Platt und breit:* Mit Vorsicht zu bewerten, rücksichtslos in der Einstellung zum Nächsten durch eine primitive Grundhaltung. (Bei primitiven Rassen oft ein Zeichen für Unterentwicklung.)

*Fleischig mit Falten und Rillen,* meist verbunden mit einer hängenden, nach unten absinkenden Spitze: Verschlossenheit, oftmals Neid, Boshaftigkeit, manchmal Grausamkeit.

*Aufgeworfene Nase* mit vorspringenden Lippen und starkem Kinn: Menschen, die dazu neigen, in ihrer Auffassung hartnäckig zu beharren und sich als Diktatoren zu gebärden.

*Stups- oder Stumpfnase:* Häufig zu beobachten bei Menschen mit Lebensklugheit, aber verbunden mit Eitelkeit und Anmaßung – oft ungewöhnlicher Optimismus, Kindergemüt in einem erwachsenen Körper.

Das sind die Normalformen, die wir in unserer Umgebung immer wieder beobachten können.

Es ist nun unsere Sache, aus dem vorstehend Gesagten abzuleiten, was sich aus der Mischung der einzelnen Formen ergibt (vgl. Abb. 31–37).

Abb. 31

Abb. 32

Abb. 33

Abb. 34

Abb. 35

Abb. 36

Abb. 37

## Auf die Nasenöffnungen achten!

Wichtig ist die Form der Nasenlöcher. Wir sollten, wenn wir eine Nase begutachten, immer prüfen, ob eine Person, deren Nasenform wir kennen, große oder kleine Nasenöffnungen hat.

Kleine Nasenlöcher sind Ausdruck eines verängstigten Charakters. Oft sind auch kleine Nasenlöcher verbunden mit Schwächlichkeit und mangelnder Widerstandskraft (Abb. 38).

Große Nasenlöcher findet man bei Menschen, die zu Extremen neigen, die in vielem maßlos sind (Abb. 39).

Nasenöffnungen, die sich ständig verändern, die sich bewegen, verraten, daß der Mensch in seinen Gefühlen vielen Schwankungen ausgesetzt und nicht immer in der Lage ist, seine Gefühle so in Schach zu halten, wie es notwendig wäre, um allen Komplikationen mit der Umwelt auszuweichen (Abb. 40).

Abb. 38

Abb. 39

Abb. 40

## Kuriosa von vorn und von der Seite gesehen

Es ist notwendig, noch einige Absonderlichkeiten zu kennen, die uns immer wieder begegnen und deren Kenntnis überraschende Schlüsse zuläßt.

*Bändchen der Nasenscheidewand* (gemeint ist das sogenannte hängende Nasenbändchen, wobei die Nasenflügel höher liegen als die Nasenscheidewand, so daß man von der Seite etwas in die Nase hineinschauen kann): Dieses Bändchen bedeutet, daß man imstande ist, die Schwächen des anderen für eigene Zwecke auszunutzen, während dem Träger einer solchen Nase meist nichts Menschliches unbekannt ist. Geschäftssinn und Scharfsinn verbinden sich oft mit diesem Wissen um die schwachen Seiten des anderen.

*Gespaltene Spitze:* Wenn verbunden mit kräftiger Nase, ein Zeichen für praktischen Verstand und große Geistesschärfe, vor allem dann, wenn die Stirnpartie der betreffenden Person gut entwickelt ist. Bei fliehender Stirn bedeutet die gespaltene Nase meist Rücksichtslosigkeit.

*Hängende Nasenspitze,* also viel länger als normal: Zeichen starker Neugier, das Bestreben, hinter alles zu kommen, Geheimnisse auszukundschaften, auch wenn diese einen gar nichts angehen.

*Schiefe Nasenwurzel:* Fast immer ein Zeichen großer Aktivität, also starken Tätigkeitsdranges, zu beobachten bei Personen, die genug Energie und Rücksichtslosigkeit aufbringen, sich durchzusetzen, Eindruck zu machen, aber auch unter Umständen jene zu vernichten, die sich ihnen in den Weg stellen.

*Scharf geschnitten, mit Biegung:* Kalte Kalkulation, viel Energie, Diplomatie, Arbeitskraft, vor allem dann, wenn auch unmittelbar vor der Nasenspitze noch einmal eine Einbiegung im Profil sichtbar ist.

## Gesundheitliche Störungen an der Nase erkannt

Der Arzt kann manches, was dem Menschen fehlt, an der Nasenspitze ablesen. Wir zitieren nachstehend einige der wichtigsten ärztlichen Erkenntnisse, die seit altersher bestätigt sind. Denn schon Hippokrates kannte einige von ihnen:

Die eingefallene, sehr spitze Nase, vor allem dann, wenn sie vorher fleischig war, läßt auf einen sehr raschen Kräfteverfall und einen tödlichen Ausgang einer Krankheit schließen.

Rote Anschwellung der Nasenspitze deutet auf eine Fehlfunktion der Eingeweide bzw. Unterleibsorgane. Man beobachtet diese Schwellung bei Zuckerkranken, aber auch bei Verdauungsbeschwerden und Unterleibsleiden.

Die sogenannte Kupfernase, vor allem, wenn sie mit dunklen Punkten besetzt ist, zeigt Leberleiden an bzw. krankhafte Veränderungen im Bereich von Galle, Leber, Magen und Milz.

Schwellungen im Bereich der Nasenwurzel verraten Polypen, geschwürige Vorgänge im Bereich der Nasengänge, manchmal aber auch Disfunktion der Nieren, die bis zur Wassersucht gehen kann.

Die Knotenbildung in der Nase läßt auf tuberkulöse Vorgänge schließen. Niesen zu bestimmten Zeiten, sich immer wiederholend, verrät nervöse Störungen.

Häufiges Auftreten von Nasenbluten ist oft ein Zeichen für Lungenerkrankungen oder Störungen der Leber. Jedenfalls sollte kurzfristig häufig auftretendes Nasenbluten Anlaß sein, einen Arzt aufzusuchen.

Jucken in der Nase verrät oft Wurmerkrankungen.

Kleine Äderchen auf den Nasenflügeln, vor allem wenn sie blaurot sind, lassen Herzstörungen und Leberleiden vermuten.

## Wie der Porträtmaler Quadras die Nasen schöner Frauen bewertet

Der spanische Prominentenmaler Alejo Vidal Quadras hat eine Nasen-Theorie entwickelt, die in der Feststellung gipfelt: wie die Nase so der Mensch. Quadras hat die Mitglieder zahlreicher Fürstenhöfe und Millionärsfamilien in Öl gemalt. Er gelangte beim Studium seiner Modelle zu der Auffassung, es gebe kein zuverlässigeres Merkmal zur Deutung von Wesen und Charakter eines Menschen als dessen Nase.

Die schönste und vollkommenste Nase hat nach seiner Meinung Fürstin Gracia Patricia von Monaco, die deshalb auch sein bevorzugtes Porträtmodell ist. Die Nase der Fürstin strahlt, wie Quadras behauptet, Intelligenz, Güte, Sanftmut und Treue aus.

Die Nase von Sophia Loren ist Ausdruck ausgesprochen fraulicher Würde. Dagegen weise sich die Filmschauspielerin Monica Vitti durch ihre Nase als vorzügliche Lebensgefährtin aus. Die intelligenteste Nase unter allen französischen Stars habe Brigitte Bardot. Auf annähernd gleicher Stufe reiht Quadras auch die Nase von Jeanne Moreau ein.

Eine Art „Nasenverwandtschaft" entdeckte der Maler zwischen zwei berühmten Engländerinnen. Die verstorbene Filmschauspielerin Vivien Leigh *(Vom Winde verweht)* besaß eine ebenso harmonisch gewachsene und verführerische Nase wie die durch *Treibgut der Leidenschaft* berühmt gewordene Filmschauspielerin Joan Collins.

## Was die Augen verraten

Was haben die Dichter nicht alles über die Schönheit der Augen gesagt! Wie wurden die Augen besungen – als Unterpfand der Treue, als Feuerkrater des Hasses, als Symbol der Lebenskraft und als Fenster der Seele. Wir wollen klare Angaben aneinanderreihen, die wir, abseits aller Poesie, an unseren Mitmenschen nachprüfen können. Denn „wenn es darauf ankommt, in den Augen einer Frau zu lesen, sind die meisten Männer Analphabeten" (Heidelinde Weis).

## *Positionen und Formen*

Zwei Möglichkeiten sind, wenn wir die Augen eines Menschen betrachten, in ihrer Position im Antlitz gegeben:

*eng zusammenstehend* = idealistisch bis zum Fanatismus, rasch begeisterungsfähig, mitfühlend, erheblich der Theorie verschrieben, oft der Praxis ganz und gar abhold (Abb. 41);

*weit auseinanderliegend* = kühle, nüchterne Überlegung, eiskalte Berechnung, praktischer Sinn, nur das, was man greifen kann, zählt (Abb. 42).

Abb. 41

Abb. 42

Was die Form der Augen angeht, sollte nach den Schönheitsbegriffen die Breite eines Auges doppelt genommen derjenigen des Mundes entsprechen – zumindest beim Mann. Im übrigen weiß man von der Form der Augen:

*groß und breit* = willensstark, zuverlässig, meist sprachbegabt, energisch in der Durchsetzung gefaßter Entschlüsse;

*klein und zusammengekniffen* = beeinflußbar, nicht immer zuverlässig, etwas oberflächlich, schwankend, Suggestionen erliegend;

*unterschiedlich in der Größe* (evtl. ein Auge höher stehend als das andere) = fast immer ein Zeichen für vielseitige Begabung, klares Denken, bedeutsame geistige Leistung.

Aber nicht die Position im Gesicht und nicht die Form des Auges ist entscheidend für den Eindruck, den das Auge eines Menschen auf den anderen macht, sondern der Blick, von dem man zu sagen pflegt, er sei bei dem einen Menschen gutmütig, freundlich oder stechend und bei dem anderen müde, unruhig oder krank.

## Auf den Blick kommt es an

Eine kurze Übersicht wird uns lehren, wie wir den Blick des Menschen zu bewerten haben. Hier die wichtigsten Blickarten:

*offen* = menschliche Einstellung, Zuverlässigkeit, Aufrichtigkeit, manchmal allerdings Naivität (Abb. 43);

*verschleiert* = Argwohn, Mißgunst, Eifersucht, Mißtrauen, oft verbunden mit Unzuverlässigkeit; wenn umherschweifend, oft verbunden mit innerer Leere, Gleichgültigkeit und Zerstreutheit (Abb. 44);

*kalt und durchdringend* = Härte, Strenge, Fanatismus, oft Grausamkeit, mitunter Bösartigkeit; nur erträglich, wenn nicht auf den ersten Blick unangenehm wirkend; denn häufig gleichzeitig Ausdruck von Scharfsinn und geistiger Elastizität (Abb. 45);

*erstaunt, verzückt* = große Ängstlichkeit oder raffinierte Heuchelei, verbunden mit Berechnung und Unselbständigkeit, manchmal Veranlagung zu nervöser Überspannung oder Hysterie;

*Silberblick* = meist erwachsend aus leichtem Schielen (einseitig) und einer sogenannten Verschleierung im Blick durch ungleiche Sehfähigkeit beider Augäpfel. Fehlendes seelisches Gleichgewicht macht geneigt zu Intrigen. Psychologische Labilität läßt rücksichtslos eigene Interessen auch dann an die erste Stelle treten, wenn man über Leichen gehen müßte (Abb. 46);

*wild, zornig* = wenn Dauerausdruck, Kennzeichen für Kampfeslust, schnelle Erregbarkeit, erhöhten Blutandrang zum Kopf mit allen daraus zu erwartenden Konsequenzen.

Natürlich hat jeder von uns schon erstaunt und ein andermal zornig geblickt. Für die Beurteilung eines Menschen kommt es selbstverständlich nicht auf einen Zufallsblick in dieser oder jener Extremsituation an. Wir gehen hier auf die Normalhaltung des Blicks, seine alltägliche Art und allgemeine Tendenz ein.

Abb. 43

Abb. 44

Abb. 45

Abb. 46

## Was Blicke auch verraten können

Der aufmerksame Beobachter erkennt am Blick nicht nur augenblickliche Gefühlsregungen, sondern – wie gesagt – Grundsätzliches über das Wesen und den Charakter eines Menschen. Ist dieser krank, so schlägt sich dies im Blick nieder. Deshalb ist das Studium des Auges und seines Ausdrucks oft auch für die Frühentdeckung einer Krankheit nützlich. Hier einige Indizien (die natürlich nur Anhaltspunkte sein können):

*Auge*

| | |
|---|---|
| matt | = Schwäche, Herzerkrankungen |
| glänzend | = Impulsivität, Freude, Fieber |
| glasig | = höchste Schwäche |
| hohl | = Lebensgefahr, Darmkrankheit |
| glotzend | = Basedow oder Herzerkrankung |
| rot | = Gemütsbewegungen, Fieber |
| gelb | = Gallenstörungen, Gelbsucht |
| perlmutterfarben | = Tbc oder Anämie |
| ruckweise bewegt | = sehr schlechte Erbmasse |
| wäßrig | = krankhafte Gemütsbewegung |
| verzweifelt | = oft bei Unterleibsleiden |
| Umgebung runzlig | = Leber und Nieren gefährdet |
| matt, vernebelt | = Lebensgefahr |
| bräunlich, umringt | = Kreislaufstörungen und Säfteverlust |
| bläulich, umringt | = innere Blutverluste |
| Augenlider braun | = Anämie |
| Augenlider geschwollen | = Nierenstörungen |

## Von Mensch zu Mensch – mit den Augen sprechen

Die Augen sind geeignet, wortlos Botschaften zu übermitteln. Die Psychologen bringen der Augensprache wachsendes Interesse entgegen, vor allem im Hinblick auf die Entwicklung der menschlichen Persönlichkeit.

Der britische Wissenschaftler Dr. Kenneth Strongman von der Universität Exeter widmet sich seit Jahren der Ergründung der Sprache der Augen. Auch an den Universitäten Melbourne, Ohio und New York wurden Untersuchungen zu diesem Thema durchgeführt. Insgesamt ergab sich folgendes feststehendes „Vokabular" für die Augensprache:

*Häufiges Blinzeln:* Zeichen von Angst und Nervosität.

*Dunkelfärbung:* tritt ein bei Angst und Schmerz. Blauäugige können Schmerzen besser als andere ertragen.

*Brennen, Jucken:* Berufsärger, Geldsorgen oder unglückliche Liebe.

*Wegblicken:* Im Gespräch sehen die Menschen einander an. Der „Augenkontakt" hält sich aber nur zwischen 10 und 70 Prozent der Gesprächsdauer. Beim Zuhören schaut man dem Partner öfters in die Augen als beim Sprechen. Zu Beginn eines Gesprächs besteht die Neigung zum Wegschauen, um erst Gedanken zu sammeln. Zum Schluß der Ausführungen sieht man dem Gesprächspartner lange in die Augen, um festzustellen, welche Wirkung das Gesagte hatte.

*Zärtlicher Ausdruck:* „Ich liebe dich."

*Leidensausdruck:* „Mache Schluß mit der Qual!"

*Streitbarer Ausdruck:* „Nimm dich in acht!"

Die Psychologen der Exeter-Universität haben u. a. einen Versuch mit zehn Personen durchgeführt, die einander nicht kannten und sich zu diesem Zweck freiwillig zur Verfügung gestellt hatten. Jeweils zwei der Testpersonen wurden reihum gebeten, Kontakt miteinander aufzunehmen. Hierfür wurde ihnen eine Zeit von zwei Minuten gegeben. Während die Versuchspersonen kurz miteinander sprachen, nahm eine versteckte Filmkamera die Bewegungen ihrer Augen auf.

Auf diese Weise war eine genaue Messung der Zeit, während der die beiden Personen einander in die Augen blickten, möglich. Die Zeit des Augenkontakts schwankte zwischen weniger als einer Sekunde und zehn Sekunden.

Nach diesen kurzen Gesprächen hatten alle Testpersonen bereits eine feste Vorstellung, welche der kennengelernten Personen sie als sympathisch empfanden – dies nach zwei Minuten eines zwischen bisher Unbekannten geführten, zwangsläufig eher belanglosen Gesprächs. Zur Entscheidung hatte wesentlich die Augensprache beigetragen.

## Die Bedeutung der Farbe der Augen

Welche Bedeutung aber hat die Augenfarbe für den Charakter? Ganz abgesehen davon, daß die Augenfarbe sich von einer Minute zur nächsten verändern kann, je nach der Durchblutung des Kopfes und des Auges, vertritt die Physiognomik heute den Standpunkt, daß die Augenfarbe allein nicht zur Begutachtung des Charakters herangezogen werden kann, sondern höchstens zusammen mit anderen Feststellungen, die das bestätigen müssen, was alte Lehren in bezug auf die *Augenfarben* behaupten. Hier – mit diesem Vorbehalt – einige uralte Anhaltspunkte:

| | | |
|---|---|---|
| schwarz | = | Tatkraft, Angriffslust, manchmal Unbeherrschtheit; |
| blau | = | Mildherzigkeit, Nachgiebigkeit, friedfertig, sanftmütig; |
| grau | = | hart, kalt, berechnend, zu allem entschlossen, alles überblickend; |
| grün | = | leidenschaftlich, veränderlich, mutig, oft energisch und heftig; |
| braun/ dunkelfarbig | = | starkes Gefühlsleben, mehr innerlich, manchmal unbeherrscht, fast immer leidenschaftlich. |

Die Farbe der Iris wechselt bei manchen Menschen je nach dem Lebensalter oder der Stimmungslage. Der Farbwechsel kommt zustande durch Unterschiede in der Durchblutung der zarten Gefäße, die der Iris die Schattierung geben. Nun ist der Grad der Durchblutung aller Organe häufig ein Gradmesser für charakterliche und physiologische Impulse. Auf keinen Fall sind obige Anhaltspunkte wörtlich zu nehmen. Man kann unmöglich jemanden als „falsch" bezeichnen, weil er grüne Augen hat, oder als grausam, weil er graue Augen hat. Obwohl im allgemeinen doch etwa die Tendenz besteht, daß Menschen mit grünen Augen heftig und leidenschaftlich sind in der Stellungnahme zu eigenen Problemen, lebhaft und feurig im Umgang mit dem Mitmenschen, veränderlich in der Stimmungslage; immer aber sind sie mutig!

## Über die Iris der Augen – Einblick in Charakterschwankungen

Seit vielen Jahren gibt es die Iris-Diagnostik. Sie geht davon aus, daß man aus den Zeichen und den Verfärbungen der Regenbogenhaut gesundheitliche Veränderungen und Krankheiten ablesen könne – im Hinblick auf die Annahme, daß jedes Organ unseres Körpers mit feinsten Ausläufern des Nervensystems, aber auch des ganzen Kreislaufapparates bis in die Iris hineinreicht. Man glaubte darum, die Iris in Organfelder einteilen zu können, wobei jedes Organfeld einem anatomisch genau festgelegten Körperteil zugeordnet ist.

Dieser Gedankengang erscheint gar nicht so abwegig, wenn man bedenkt, daß der gesamte menschliche Organismus in einem Sammelrhythmus schwingt, dessen Ausschläge und dessen Auswirkungen überall dort sichtbar werden, wo man gewissermaßen Einblick in den Körper erhält. Schauen wir nicht durch den Glaskörper des Auges in ein Stück Nervensystem unseres Körpers hinein? Dabei müssen die Augen ja nicht gerade – wie überspitzt formuliert wurde – nach außen gestülpte Gehirnzellen, also ein Stück, ein Teil des Gehirns sein!

Die Iris-Diagnose ist bekämpft worden. Vielleicht deshalb, weil manche Vertreter dieser Lehre sich anmaßten, nur gestützt auf die Iris, die Regenbogenhaut und ihre Zeichen, alle Leiden des Menschen durchschauen zu können, ganz abgesehen von gefährlichen Quacksalbern. Andererseits zeigte es sich, daß man in der Iris-Diagnose ein zusätzliches Hilfsmittel gefunden hatte, dessen sich heute auch viele Ärzte zu bedienen wissen.

Dr. med. Johannes G. Hille, Reutlingen, versichert:

„Als ich vor mehr als 20 Jahren einem hervorragenden Facharzt für Innere Medizin, Kinder- und Frauenkrankheiten Vorhaltungen machte, sagte er: ‚Du urteilst über etwas, das du nicht verstehst.' Seitdem verwende ich die Iris-Diagnostik mit Kritik und bestem Erfolg . . . Ich habe schon oft mit ihrer Hilfe Diagnosen finden können, auf die man in wochenlangen Klinik-

Rechte Iris

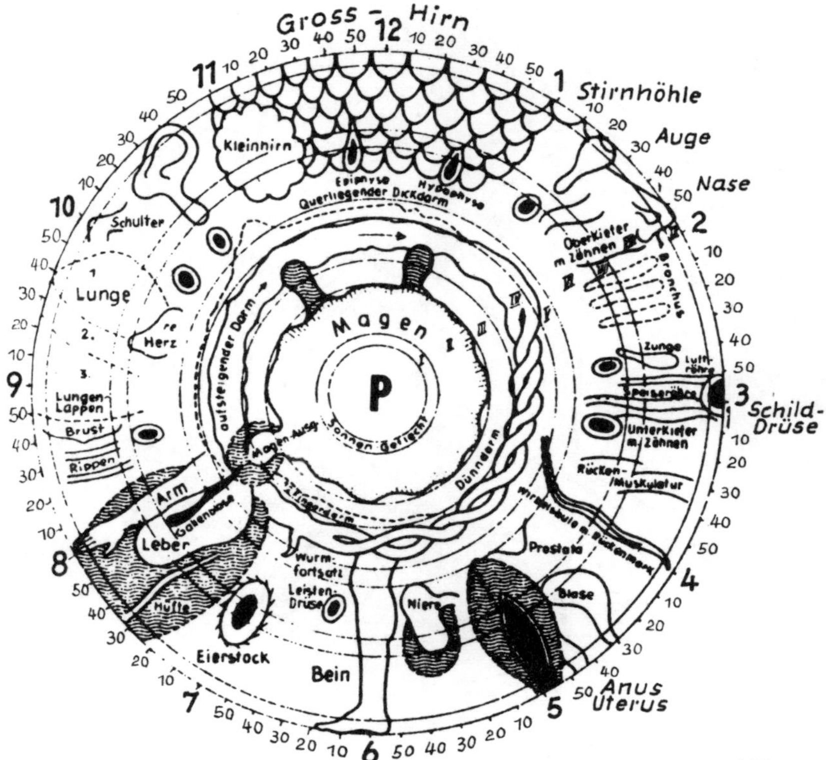


Abb. 47

aufenthalten nicht gekommen war. Der Grund ist leicht einzusehen: es kommt darauf an, was man unter einer Diagnose versteht. Man muß unterscheiden zwischen Krankheiten als wissenschaftlichen Abstraktionen, die lehrbuchmäßig niemand haben kann, und Kranksein oder Leiden, die in ihrer Einmaligkeit kaum beschrieben werden können. Krankheiten kann man irisdiagnostisch nicht feststellen; aber die Iris kann Einblick geben in das personale Kranksein, und darauf allein kommt es an."

Um dieses „personale Kranksein" geht es hier. Denn wir wollen hier nicht eine Methode erläutern, nach welcher körperliche Leiden ermittelt werden können, sondern wir wollen versuchen, aus den Zeichen der Regenbogenhaut auf den Charakter des Menschen und auf das, was er im Lebenskampf zu erreichen vermag, Schlüsse zu ziehen.

Setzen wir einmal voraus, daß jedes ernstliche körperliche Kranksein ein Zeichen in der Regenbogenhaut des Auges hinterläßt, nehmen wir ferner davon Kenntnis, daß in allzu vielen Fällen körperliches Kranksein die Folge

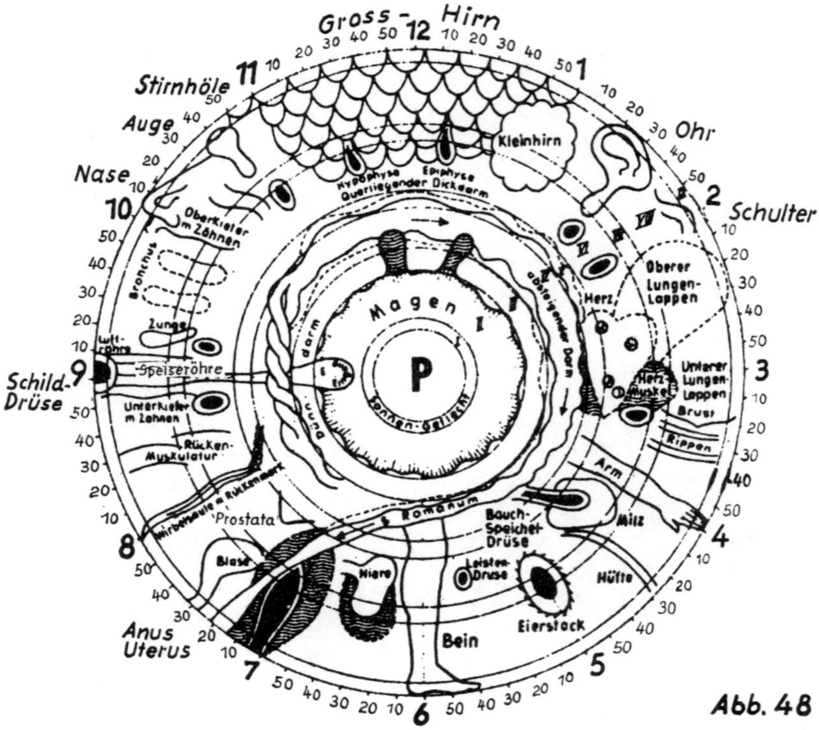

Abb. 48

einer seelischen Gleichgewichtsstörung ist, dann müßte es gelingen, aus den Zeichen der Regenbogenhaut den Menschen zu enträtseln: in seinen seelischen Qualen und charakterlichen Schwankungen.

Folgt man der Iris-Diagnose, dann liegt in der Iris oben – also zur Stirn hin – das Organfeld für das Gehirn. Rechts und links davon verteilen sich dann die Organfelder für das Auge und die Nase, für die Ohren und den Hals.

Auf gleicher waagrechter Höhe wie die Pupille, der schwarze Punkt in der Mitte der Iris, liegen die Organfelder für die Bronchien bzw. für das Brustfell.

Absteigend sehen wir dann die Organe, die sich im Unterleib zusammenfinden, um dann senkrecht unter dem Organfeld für das Gehirn – also unten auf der Iris – das Feld für die Beine und die Füße zu finden.

Diese Hinweise dürften schon etwa über die Lokalisierung des Körpers und der einzelnen Organe in der Iris einen gewissen allgemeinen Aufschluß geben. Da wir anhand der Zeichen den Charakter und die Stimmungen analysieren wollen, müssen wir wissen, wie sich die einzelnen gesundheitlichen *Störungen* auf den Charakter auswirken:

| | |
|---|---|
| Milz: | Launenhaftigkeit (spleen = englisch Milz) |
| Leber: | Jähzorn, Mißtrauen, Depressionen, Verstimmungen |
| Herzinfarkt: | unter Umständen totale charakterliche Veränderung. |

Die Erkundung dieser Vorgänge steckt noch in den Anfängen. Und vieles wissen wir noch nicht. Wie oft weiß auch kein Mensch, warum jemand „auf einmal so ganz anders" geworden ist. Vielleicht hilft uns ein Fleck auf seiner Iris auf die richtige Spur.

## Wie die Augenbrauen, so das Wesen, das Temperament, die Stimmung

Die Urform der Augenbrauen ist in der Erbmasse begründet. Aber die ererbte Grundform ist nicht unwandelbar. In dem Maß, wie sich die Augenbrauen eines Menschen verändern, verschiebt sich auch sein Charakterbild. Oder vielmehr: ein veränderter Charakter, die schwankende Stimmungslage eines Menschen, kommt früher oder später auch im Wuchs seiner Augenbrauen zum Ausdruck.

Ein Bildhauer erklärte uns, daß die Natur die Augenbrauen ganz offensichtlich mit viel Liebe gestaltet habe, sie aber nicht nur zur Verschönerung des Antlitzes formte, sondern ihnen gewissermaßen ein selbständiges Leben einhauchte. Denn die Augenbrauen sitzen auf wichtigen Muskeln, die eine willkürliche oder ungewollte Veränderung ihrer Form und ihrer Lage erwirken können.

Wenn der Mensch zur Welt kommt, dann sind in den ersten Lebensmonaten die Augenbrauen nur ganz zart angedeutet. Man entdeckt nur einzelne Härchen, die eine genaue Abgrenzung der Linie der Augenbrauen nicht gestatten.

Die Augenbrauen sind um diese Zeit noch nicht die Grenzlinie zwischen den Augenhöhlen und der Stirn. Erst später, wenn der Mensch zwischen Sinneskräften und Geist, zwischen Wahrnehmen und Denken zu unterscheiden beginnt, wird die Grenze durch die Augenbrauen schärfer gezogen. Meist kann man erst vom siebenten Lebensmonat an die Augenbrauen in ihrem Schwung und in ihrer Begrenzung deutlich erkennen. Je älter das Kind wird, um so deutlicher ist die Form der Augenbrauen.

## Korrekturen – weshalb?

Sehr häufig sind die Augenbrauen ungleich stark entwickelt, d. h. die linke Braue ist stärker und dichter oder ganz anders in der Form gezeichnet als die rechte.

Für den Durchschnitt gilt die Feststellung, daß der Mensch Augenbrauen besitzt, die drei bis vier Zentimeter lang und ein Zentimeter hoch sind.

Schon sehr früh scheint den Frauen aufgefallen zu sein, daß nicht jede Form der Augenbrauen der Schönheit eines Gesichts zuträglich ist und die Brauen manchmal viel zuviel über den wahren Charakter verraten. Deshalb begannen die Damen schon lange vor der Glanzzeit des alten Roms, sich die Augenbrauenhaare zu rasieren oder auszuzupfen und „schöner", d. h. anders nachzumalen.

Aber der Beobachter vermag fast immer bei einer Frau, die ihren natürlichen Augenbrauenwuchs beseitigte und statt dessen Farbe auflegte oder sich raffiniert konstruierte künstliche Augenbrauen aufklebte, den tatsächlichen Verlauf zu erkunden bzw. an der Schattierung um das Auge und den knöchernen Augenhöhlen festzustellen.

Die Augenbrauen dienten dem Menschen in seiner Frühgeschichte, das Auge gegen Wasser oder Fremdkörper, die von „oben her" niedergingen, abzuschirmen und so das Auge zu schützen. Deshalb verlaufen die Augenbrauen normal am oberen Rand der Augenhöhle. Diesen Wulst kann die Frau auch mit raffinierter kosmetischer Technik nicht ganz fortschminken und nie zum Verschwinden bringen.

## Vom Muskel der Aufmerksamkeit – bis zum Brauenrunzler

Jeder Mensch kann seine Augenbrauen mehr oder weniger lebhaft bewegen. Das ist möglich vermöge verschiedener Muskeln, die bei Schauspielern und Schauspielerinnen, aber auch bei Menschen, die entsprechend ihrem Temperament und ihrer Lebensart zum „Komödienspiel" neigen, gewöhnlich gut entwickelt sind.

1. *Muskel der Aufmerksamkeit* (Abb. 49)

   Da ist erst einmal der *Stirnmuskel,* der es uns ermöglicht, die Augenbrauen in ihrer Gesamtheit in die Höhe zu ziehen – als Zeichen des Erstaunens. Man nennt diesen Muskel in der Physiognomik den „Muskel der Aufmerksamkeit".

   Mancher, der schwer von Begriff ist, betätigt diesen Muskel häufig. Viele, die den Eindruck erwecken bzw. vortäuschen wollen, sie folgten den Worten eines anderen mit gespannter Aufmerksamkeit und tiefsinniger Klugheit, verstehen mit diesem Muskel geschickt zu operieren.

2. *Muskel der Trauer und des Schmerzes* (Abb. 50)

   Die Senkung der Augenbrauen ist möglich durch den *Augenschließmuskel,* der die Lidspalte des Auges so zu verengen imstande ist, daß dadurch ein Hinabziehen der Brauen automatisch erfolgt. Dieser Augenschließmuskel wird beim Kind schon sehr früh betätigt, nämlich beim Schreien und Weinen.

3. *Muskel des tragischen Schmerzes* (Abb. 51)

   Der Muskel, der imstande ist, die inneren Enden der Augenbrauen zu heben, wird *„inneres Bündel des Stirnmuskels“* genannt. In der Physiognomik nennt man ihn den „Muskel des tragischen Schmerzes“. Im Schauspiel, in der bildlichen Darstellung und in der Skulptur versucht man immer wieder, den Schmerz in der Weise darzustellen, daß man die inneren Brauenenden anhebt und so dem Antlitz den Ausdruck des Unglücklich-Erschütterten gibt.

4. *Brauenrunzler* (Abb. 52)

   Der Gegenspieler ist der „Brauenrunzler“, d. h. der Muskel, der die Senkung der inneren Brauenenden gestattet. Schon der Säugling setzt wenige Tage nach seiner Geburt diese Brauenmuskel in Tätigkeit, wenn er zu weinen beginnt und, dem Instinkt folgend, einen starken Druck gegen die bluterfüllte Augenzone ausübt. Schon der Säugling kann also seine Stirn in Denkerfalten legen. Lange Zeit hat man diesen Muskel auch den *„Muskel des Zorns“* genannt.

   Der Brauenrunzler ist in jedem Fall ein Muskel der Anstrengung, des Mißvergnügens, der Kritiksucht, der körperlichen oder geistigen Tätigkeit, die über das Normalmaß hinausgeht, des Zorns, der Wut, der tiefen Erschütterung.

Abb. 49

Abb. 50

Abb. 51

Abb. 52

## Was Lage, Form und Verlauf der Brauen verraten

### Lage

1. *weit auseinander* (Abb. 53):

   Sind die Augenbrauen normal in ihrer Zeichnung, aber weit auseinanderliegend, so besagt dies, daß der betreffende Mensch offenen und heiteren Sinnes ist, aber sorglos, egozentrisch, egoistisch, stark auf das eigene Wohl bedacht und ohne allzuviel Rücksichtnahme auf den Mitmenschen.

2. *eng zusammen* (Abb. 54):
Sind die Augenbrauen eng zusammengewachsen, berühren sich also die rechte und die linke Augenbraue in der Mitte, haben wir einen ernsten, zu Mißtrauen neigenden Charakter vor uns, der sicherlich sensibel ist, der leicht verstimmt ist und zu oft heftigen Temperamentsausbrüchen neigt. Vor allem Frauen dieser Art sind äußerst energisch in der Vertretung ihrer Ansichten, ihres Standpunktes. Sie lassen an Offenherzigkeit meist nichts zu wünschen übrig.

## Form

1. *lang und geschwungen* (Abb. 55):
Sind die Augenbrauen sehr lang und schön gezeichnet, von kräftigem Wuchs, nicht zu weit voneinanderstehend, dann ist ihr Träger ein Mensch mit einem fröhlichen Gemüt, mit einer heiteren, ehrlichen Liebenswürdigkeit.

2. *schwach gezeichnet* (Abb. 56):
Sind die Augenbrauen schwach gezeichnet und beginnen sie hoch über dem Nasenansatz, dann ist der Träger solcher Augenbrauen oftmals nicht nur körperlich, sondern auch geistig schwach, jedenfalls nicht so ansprechbar und im Leben einsatzfähig wie ein Mensch mit stärkeren Augenbrauen. Charakterschäden und Gleichgültigkeit, Lebensschwäche und Leidenschaftlichkeit im bösen Sinn des Wortes sind diesen Naturen eigen.

3. *stark* (Abb. 57):
Starke Augenbrauen verraten immer Energie und Willenskraft.

4. *buschig* (Abb. 58):
Dicke, buschige Augenbrauen gehören Menschen mit einer sehr kräftigen Konstitution und bemerkenswerter Widerstandskraft.

5. *wild* (Abb. 59):
Wild und verworren wachsende Augenbrauen sind Zeichen feuriger Leidenschaften, die der Mensch nicht immer in seiner Gewalt hat.

## Verlauf

1. *horizontal* (Abb. 60):
Verlaufen die Augenbrauen gradlinig horizontal, sind sie Zeugnis für ein nachdenkliches, meist männlich-hartes Naturell.

2. *absinkend* (Abb. 61):

   Horizontal in der Mitte, aber an den Enden absinkend, verraten die Augenbrauen Überlegung, Spekulation, Klugheit, immer aber Entschlossenheit.

3. *kurz* (Abb. 62):

   Schön geschwungene, glattverlaufende, verhältnismäßig kurze Augenbrauen zeugen meist von Mut, Tatkraft, Unternehmungsgeist, manchmal auch von Verwegenheit.

4. *tiefliegend* (Abb. 63):

   Tief auf die Augen gesenkte Augenbrauen sollen lebhafte Denktätigkeit und Konzentration verraten, sind aber häufig auch der Ausdruck für Pessimismus und übersteigerte Schwermut.

5. *eckig* (Abb. 64):

   Sind die Augenbrauen eckig, gewissermaßen in der Mitte gebrochen, können wir fast immer mit einem Menschen mit einem ausgeprägten Tätigkeitsdrang körperlicher oder geistiger Art rechnen.

Abb. 53

Abb. 54

Abb. 55

Abb. 56

Abb. 57

Abb. 58

Abb. 59

Abb. 60

Abb. 61

Abb. 62

Abb. 63

Abb. 64

Abb. 65

Abb. 66

Abb. 67

6. *in der Mitte gehoben* (Abb. 65):

Sind die Innenseiten der Augenbrauen sehr hoch gehoben, haben wir es entweder mit einem Menschen zu tun, der der Welt im Leben ständig Komödie vorspielt, weil er hofft, mit seinem tragischen Gesichtsausdruck

Mitleid zu erwecken, oder aber es liegt eine echte Disposition zur Melancholie vor.

7. *wellenförmig* (Abb. 66):

   Verlaufen die Augenbrauen fast wellenförmig, also in einem ungleichmäßigen Auf und Ab, können wir auf innere Unruhe, Heftigkeit in den Reaktionen und auf Jähzorn schließen.

8. *hochgewölbt* (Abb. 67):

   Sind die Augenbrauen hochgewölbt, also bildet jede Augenbraue für sich gewissermaßen einen Halbbogen, dann liegt eine hochgradige Empfindlichkeit vor, eine übersteigerte Sensibilität.

## Die Farbe der Brauen

1. *dunkel:*

   Dunkle Augenbrauen sind, wenn sie glatt und leicht geschwungen verlaufen, ein Zeichen für Geduld und die Fähigkeit zu ruhigem Energieeinsatz.

2. *tiefschwarz:*

   Tiefschwarze Augenbrauen, die meist buschig und verworren wirken, geben dem Gesicht den Ausdruck energischen, blutvollen Lebens. Sie sind oft Zeichen eines leidenschaftlichen Temperaments.

3. *hellfarbig:*

   Hellfarbige Augenbrauen sollen in vielen Fällen als Indizien hervorragender Intelligenz festgestellt worden sein. Ist aber die Farbe der Augenbrauen viel heller als die des Kopfhaares, deutet dies auf schwache Gesundheit hin.

4. *rothaarig:*

   Rothaarige Augenbrauen sind hauptsächlich ehrgeizigen Personen zu eigen.

Wer seinen Mitmenschen aufmerksam beobachtet, wird feststellen, daß die Augenbrauen oft anders gefärbt sind als die Kopfhaare und (beim Mann) die Barthaare.

Wer sich Gedanken darüber macht, daß das Wachstum der Haare auf dem Kopf, im Gesicht und am Körper durch bestimmte hormonale Ausschüttungen gesteuert wird, wird zugeben müssen, daß die Charakteranalyse des Menschen anhand der Augenbrauen einen recht tiefen Sinn hat. Dem hat man allerdings nicht immer die notwendige Beachtung geschenkt.

## Wülste und Höcker über den Augen

Betrachten wir eine Stirn von der Seite, dann beobachten wir mitunter erhebliche Wülste, die unmittelbar über den Augen, über der Nasenwurzel liegen oder aber die obere Stirn auszeichnen. Es gibt eine regelrechte Geographie der Berge, Hügel und Täler einer Stirn. Zu diesen Wülsten läßt sich im großen gesehen manches sagen.

*Starke Erhöhungen über den Augen* (Abb. 68): Scharfe Beobachtungsgabe, Bildgedächtnis, Fähigkeit, Eindrücke für immer in sich aufzunehmen, Gesichter, Farben und Formen untrüglich zu behalten.

Abb. 68

Abb. 69

*Wulst über der Nasenwurzel:* Zeichen eines sehr starken normalen Gedächtnisses, das aber unter Umständen in bezug auf Farben und Formen nicht ausgeprägt zu sein braucht, sofern die Ausbuchtung über der Nasenwurzel nicht mit den entsprechenden Erhöhungen über den Augen verbunden ist.

*Höcker auf der oberen Stirn* (Abb. 69): Handelt es sich um reine höckerartige Erhebungen, die wie Beulen rechts und links auf der Stirn hervortreten, dann sind sie das Zeichen für ungewöhnlich großen Scharfsinn, für treffsichere Logik, für eine überraschend starke Kombinationsgabe, die aus dem Träger einer solchen Stirn gleichermaßen einen Mathematiker und einen Sherlock Holmes machen können.

Hierbei ist nun ein Kuriosum zu erwähnen: Sind diese beiden Höcker untereinander durch eine ebenso hohe Stirnbrücke verbunden, wie man es sehr häufig bei Frauen findet, dann ist eine solche oben vorgebaute Stirn fast immer das Zeichen für eine raffinierte Kombinationsgabe, die sich leider in der Regel in Form unersättlicher Klatschsucht zeigt. Die Fähigkeit, aus kleinsten Andeutungen Schlüsse zu ziehen – auch wenn diese Schlüsse falsch und unsinnig sind –, die gezogenen Schlüsse dann aber mit allzuviel Intelligenz und Logik auszubauen, bis das Lügengewebe steht: das ist die Schattenseite der intelligenten und klugen Stirn mit den Höckern.

## Was die Ohrformen bedeuten

Um die Jahrhundertwende begann die Physiognomik die Ohren in ihrer Form, Farbe und Größe zu analysieren. Psychologen und Kriminologen neigten damals zu oft einseitigen Übertreibungen in der Beurteilung von Menschen, sobald sie sich nur auf die Ohren bezogen.

Man hielt z. B. angewachsene Ohrläppchen für „untrügliche Zeichen" schwerster Degeneration, versicherte, daß alle bösen Menschen und fast alle Dirnen solche Ohren hätten.

Diese Fehldeutungen wurden inzwischen längst revidiert und richtiggestellt. Es blieb nur die Erkenntnis, daß Menschen mit Willensschwäche, Mangel

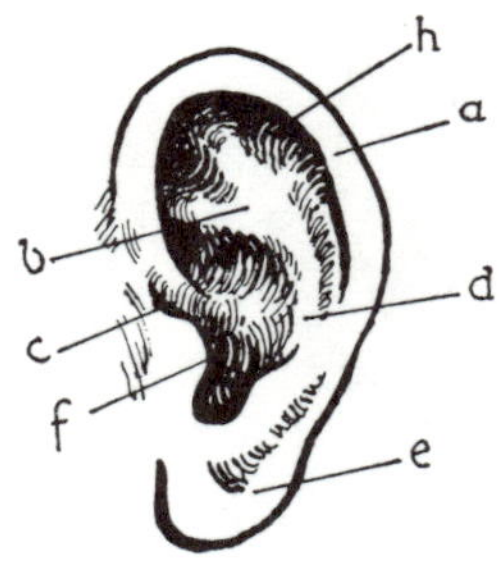


Abb. 70:

Die Zeichnung eines wohlgeformten Ohres: a) ist die Ohrkrempe, b) die innere Gegenkrempe, c) die vordere Ohrklappe, d) die hintere Ohrklappe, e) das Ohrläppchen, f) der Ausschnitt, der durch die Muschel in den inneren Gehörgang führt, und h) die sogenannte Kahngrube.

an Bodenständigkeit und ohne den im Leben notwendigen natürlichen Instinkt, verbunden mit einer gewissen Oberflächlichkeit, häufiger als andere angewachsene Ohrläppchen haben. Es versteht sich, daß es auch unter ihnen charakterlich einwandfreie Persönlichkeiten gibt.

Wir weisen einleitend auf diese früheren Fehldeutungen hin, weil es immer gefährlich ist, einseitig und auf Grund eines einzelnen Indizes ein „absolutes Urteil" über einen Menschen zu fällen; immer müssen auch andere Faktoren bestätigend hinzukommen.

Die nachstehende Erkenntnis über Ohren und Ohrformen sind hundertfach überprüft und gestatten ein vorsichtiges und in etwa zuverlässiges Urteil über den Mitmenschen, wenn wir ihm auf die Ohren schauen.

## Analyse der Ohrformen

*Große, wohlgeformte Ohren,* die aber nicht henkelförmig abstehen sollen, deuten auf Wahrheitsliebe hin, aber auch auf große Weisheit, die sich im

Laufe der Lebensjahre entwickelt. Allerdings sagt man diesen großohrigen Menschen in der Jugend einen Mangel an Initiative nach, der mit den Jahren verschwindet.

Sind die Ohren sehr groß, dann beobachtet man bei den Trägern solcher Ohren oft Kleinlichkeit, Stolz bis zur Überheblichkeit, manchmal auch einen gewissen Mangel an Taktgefühl.

Sind die Ohren groß, platt und schlecht „umsäumt“, neigt der Träger dieser Ohren zu Wutanfällen, Unduldsamkeit und weist ein Minus an Liebenswürdigkeit auf, das ihn unbeliebt machen kann.

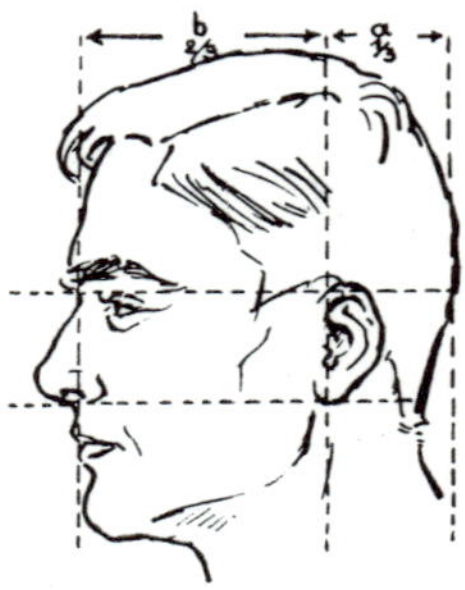


Abb. 71
Normale Ohren: a = 1/3
b = 2/3
Das Körperliche dominiert, wenn a größer als 1/2 b ist; das Gefühlsleben dominiert, wenn a kleiner als 1/2 b ist.

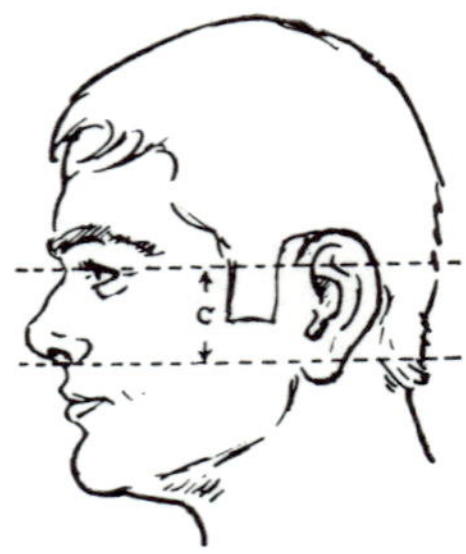


Abb. 72
Sind die Ohren größer als der Abstand c zwischen Augenwinkel und Nasenbasis – Stolz bis zur Überheblichkeit.

*Kleine Ohren* findet man meist bei zwar vorsichtigen, oft ängstlichen, aber willensstarken Menschen, die gern ihre Umwelt zu überlisten versuchen, manchmal aber auch bei zynischen, boshaften Zeitgenossen, mit denen man mehr Ärger als Freude hat. Immer weisen die Träger solcher Ohren eine oft erstaunliche Intelligenz auf.

*Auffallend kleine Ohren* (vor allem beim Mann) ein Zeichen von angeborenen Entwicklungshemmungen. Menschen mit solchen Ohren müssen mit Vorsicht behandelt werden, weil sie – durch ihre Hemmungen bedingt – sich mit allen Mitteln rücksichtslos durchzusetzen versuchen.

*Schön geformte, ovale, ausgemeißelte Ohren* findet man bei klugen, ehrgeizigen Menschen, die immer bemüht sind, neues Wissen in sich aufzunehmen.

*Sehr stark entwickelte, große, manchmal fleischige Ohren,* verbunden mit starken Ohrläppchen, häufig im größeren Winkel vom Kopf abstehend, verraten meist ein feines musikalisches Gehör, aber auch ein gutes Gedächtnis.

Ist das linke Ohr größer als das rechte, so haben Vernunft und Überlegung die Überhand gegenüber dem Instinkt in seinem guten und bösen Sinn.

Ist dagegen das rechte Ohr größer, dann triumphieren die Instinkte über die psychischen Kräfte.

Blasse Ohren sind ein Zeichen für organische Schwäche und oft auch für Blutarmut. Scharlachrote Ohren verraten hartnäckige, chronische Verdauungsstörungen.

Ohren, die nach oben spitz zulaufen, werden seit altersher Intriganten zugeschrieben.

## Gutes musikalisches Gehör

Der Salzburger Arzt Andreas Kofols ermittelte in 30jähriger Forschungsarbeit und durch Tausende von Vergleichsuntersuchungen, daß Menschen mit einem geraden Gehörgang – wie z. B. bei Mozart auf Bildern festgestellt – musikalisch sind, zum mindesten aber ein sehr gutes musikalisches Gehör haben. Er behauptet, die im geraden Gang ungebrochen zum Trommelfell vordringenden Schallwellen bleiben intakt, werden also nicht durch gewundene Gehörgänge, vor allem in den Ober- und Untertönen, verzerrt.

Die Musikalität wird allerdings durch andere gehirnbedingte Komponenten bestimmt. Dr. A. Kofols interessierte sich in erster Linie für das gute musikalische Gehör, das man aus der Ohrform ablesen kann.

## Interessante Seltsamkeiten

Wir alle haben früher oder später mit Menschen zu tun gehabt, die Seltsamkeiten an ihren Ohren aufwiesen, die uns zum Nachdenken anregten. Einige dieser Seltsamkeiten, denen wir immer wieder begegnen, wollen wir hier erörtern:

*Fehlende bzw. angewachsene Ohrläppchen* (von denen wir eingangs berichteten, als wir vor einer einseitigen Bewertung einzelner Zeichen warnten): Namhafte Physiognomiker behaupten, daß Kinder, die von zu jungen oder zu alten Eltern stammen, sehr häufig ohne Ohrläppchen zur Welt kommen, ferner Kinder, bei denen der eine Elternteil durch einen Abstand von 25 bis 30 Jahren oder mehr vom anderen entfernt ist. Auf die geistigen Funktionen haben die Ohrläppchen anscheinend keinen allzu großen Einfluß, wenn auch behauptet wird, daß in den ersten 10 bis 12 Jahren des geistigen Anlaufs Hemmungen auftreten, die dann allerdings später ohne weiteres bei entsprechender Behandlung und Schulung aufgeholt werden können.

*Ungewöhnlich lange Ohrläppchen:* meist verbunden mit hervorragenden geistigen Qualitäten, die selbstverständlich wie jede geistige Gabe der entsprechenden Entwicklung und Schulung bedürfen. Jedenfalls findet man unter den Genies mehr Personen mit langen Ohrläppchen als mit angewachsenen Ohren.

*Innenrand nach außen gekehrt:* eine Ohrenform, die uns an bestimmte Affenohren erinnert, wobei der Ohrenrand so weit zurücktritt, daß innere Faltungen des Ohrs ganz nach außen gedrängt sind. Derartige Ohren sollen mit einer gewissen Triebhaftigkeit ihrer Träger bzw. Trägerinnen verbunden sein, meist aber auch mit dem Egoismus, der nur zu oft im Gefolge ausgeprägter Triebhaftigkeit auftritt.

*Blumenkohlohren:* Wir müssen unterscheiden zwischen jenen Ohrenrandveränderungen, die durch Erfrieren der Ohren oder Ohrränder entstanden sind und infolge Verheilung der erfrorenen Stellen in den Knorpelschichten Verkrümmungen herbeiführen, und jenen anderen Blumenkohlohren, mit denen manche Menschen auf die Welt kommen. Angeborene Blumenkohlohren sollen fast immer ein Zeichen ernster seelischer Vorbelastung sein.

## Wenn der Arzt auf die Ohren sieht

Der Arzt wird, ebenso wie der Menschenkenner, bei einer notwendigen diagnostischen Betrachtung eines Patienten niemals versäumen, den Ohren seine Aufmerksamkeit zu widmen. Denn die Durchblutung der Ohren ist für den Arzt immer ein Zeichen für den Allgemeinzustand, so daß sich für den Arzt etwa folgende Überlegungen und Erfahrungen ergeben:

*Blasse Ohren:* immer ein Zeichen gestörten Blutkreislaufs, oft ein Beweis für ernste Kreislaufschwäche, Körperschwäche überhaupt und oftmals ein Vorbote von Bluterkrankungen, die man früher als Blutarmut bezeichnete.

*Scharlachrote Ohren:* Kennzeichen für Verdauungsstörungen, aber außerhalb des Magenbereichs, also im Dünndarm und im Dickdarm, oft aber auch Zeichen für Leberveränderungen, die sich hier häufig lange im voraus ankündigen. Der Arzt kann dem Patienten meist auf Grund der Kerbung der Ohren die Funktion seiner Eingeweide auf den Kopf zusagen, also z. B. Insuffizienz der Darmfunktion usw.

*Plötzliches Anschwellen der Ohren* (meist verbunden mit starker Rötung der Haut vor den Ohren): ein Zeichen für sich entwickelnde Störungen im Bereich der Ohrspeicheldrüse, wie sie bei Mumps (Ziegenpeter) auftreten. In Anbetracht der Tatsache, daß Mumps bei erwachsenen Personen oftmals sehr schwerwiegende Nachfolgeerkrankungen nach sich zieht, achtet der Arzt bei Klagen über Ohrenschmerzen beim Patienten sofort auf diese Zeichen.

*Entzündungen im äußeren Gehörgang* (oft in Form von geschwürigen Prozessen): Anzeichen für tuberkulöse Dispositionen, die vor allem bei Kindern dringend beachtet werden müssen.

Jeder Mensch, der je in seinem Dasein mit Ohrenschmerzen zu tun hatte, weiß, daß das Ohr nicht nur ein sehr wichtiges, sondern auch hochgradig empfindliches Sinnesorgan ist, das tief in den Kopf hineinragt.

Viele unserer Erlebnisse und Lebensäußerungen sind nur auf dem Umweg über das Ohr möglich.

## Aberglaube um das menschliche Ohr

Es hängt wahrscheinlich mit dieser Wichtigkeit und Empfindlichkeit des Ohrs zusammen, daß sich auch der Aberglaube des Menschen zu allen Zeiten mit dem Ohr beschäftigte.

Wir kennen seit unserer frühesten Kindheit jene Aussprüche guter alter Tanten: „Mir klingelt's im linken Ohr, ich höre bestimmt heute noch etwas Gutes!" Oder: „Es klingelt im rechten Ohr, da spricht jemand schlecht von mir!"

Jene, die von sich behaupten, daß sie geheimnisvolle Stimmen aus anderen Welten zu hören imstande seien, schwören Stein und Bein, daß sie diese Stimmen in ihrem Ohr, ganz tief im Innern ihres Ohrs, hörten, dort, wo nur ein Geist aus einer anderen Welt zu ihnen sprechen kann.

Der nüchterne Physiologe bleibt allerdings dabei, daß es sich bei solchen Akoasmen (Sinnestäuschungen des Gehörs) ebenso wie bei Halluzinationen (Sinnestäuschungen des Gesichts) um eine Überreizung der Nerven handelt, wie sie nach heftigen Erschütterungen des Ohrs oder nach starken Gemütsbewegungen möglich ist und selbst über längere Zeit anhalten kann.

Das überreizte Gehirn tut dann ein übriges und deutet die Geräusche, die der Gehörnerv wahrzunehmen glaubt, in seiner Weise um, so wie es der Phantasie und der Geisteshaltung entspricht.

Wer will, kann ja auf das Klingeln im Ohr, ob rechts oder links, hören. Gutes oder Vorsicht hat noch nie jemandem geschadet. Aber wenn wir Stimmen zu hören beginnen, dann müssen wir uns schleunigst zum Ohrenarzt begeben, der mit dem Otoskop, dem Ohrenspiegel, Nachschau hält und die Ursachen erforscht, die diesen Stimmen zugrunde liegen.

Zweifellos hat das Ohr eine starke physiognomische Bedeutung. In erster Linie aber wird der Erbbiologe auf die Ohren achten, weil Eigenarten an den Ohren sich Generationen hindurch immer weitervererben – gewissermaßen als Familienkennzeichen.

## Charakterologie nach den Haaren

Ein Charakteristikum des Menschen gestattet wichtige Schlüsse auf seine Wesensart und sein Verhalten: die Farbe der Haare. Blondinen waren 50 Jahre hindurch in Europa und Amerika Trumpf. Heute sind sie nachgedunkelt. Rothaarige machten seit 3000 Jahren Weltgeschichte. Heute haben diese oft Glatzen.

Die Charakterologen bringen die Haarfarben mit folgenden Wesenszügen des Menschen in Relation:

*Schwarzes Haar* soll Menschen zu eigen sein, die leidenschaftlicher sind als blondhaarige. Die Psychologen behaupten jedoch, daß die Leidenschaft bei den Schwarzhaarigen nicht stärker sei, sondern nur offener und deutlicher ausgelebt werde.

*Personen mit braunen Haaren* sind beweglich, impulsiv, beschwingt in ihrem Wesen, aber auch wechselhaft in ihren Ansichten.

*Goldblonde und rotblonde Haare* sollen ein Zeichen für Gefühlstiefe, Anhänglichkeit, Treue und Mitleid sein.

*Kupferrote, brandrote Haare* gelten auch heute noch immer als ein Indiz für feurige Leidenschaft; manche wollen darin auch Listigkeit und Neigung zu Rachsucht erkennen.

Geben wir dem Biologen das Wort:

Menschen mit blonden und vor allem mit rötlichen Haaren sind anfällig für Infektionskrankheiten, neigen zu Allergien und müssen außerdem häufig, als Opfer von starken Depressionen, psychotherapeutisch behandelt werden.

Brünette Haare gelten als Zeichen erheblicher physischer Widerstandskraft, verbunden mit großer Anpassungsfähigkeit an die jeweilige biologische Situation.

Es ist bezeichnend, daß eine Verbesserung der Ernährung die Blondhaarigen nach und nach brünett werden läßt, während die brünetten Haare sich immer dunkler färben.

Blondinen, die nachdunkeln, sind meist aus einer ungünstigen Wirtschaftslage in eine bessere Situation hineingewachsen. Einige Ausnahmen mögen diese Regel bestätigen.

Haare verraten mancherlei über unsere Gesundheit. Folgen wir dem *Handbuch für Differentialdiagnose klinischer Symptome,* einem Handbuch für Ärzte, dann ergibt sich folgende Bewertung der Haarfarbe in bezug auf die Disposition für bestimmte Krankheiten:

a) dunkelhaarig: Disposition für Gallen- und Nierensteine, Leberzirrhose usw.;

b) blonde und rötliche Haare: Neigung zu Allergien;

c) sehr pigmentarme Haare (Albinismus, also fast weiß): ernstes Degenerationszeichen;

d) Farbdisharmonien, also z. B. partielle Rothaarigkeit: Hinweis auf Tbc (Tuberkulose), auch wenn sonst volles schönes Kopfhaar und lange Wimpern vorhanden sind;

e) frühzeitiges Ergrauen: fast immer konstitutionell bedingt oder familiäre Vererbung.

Ferner liegen folgende Erfahrungen vor:

langsames Wachstum der Haare: Schwäche des Nervensystems;

Ausfallen der Haare in länglichen Streifen: gichtige oder rheumatische Veranlagung;

kreisförmiges Ausfallen der Haare: fast immer ein Zeichen hochgradiger Blutarmut;

Spalten des Haars an der Spitze: Folge von langandauernden Ernährungsstörungen;

brüchiges Haar: Vorzeichen ernsterer Darmstörungen, die Überwachung verlangen;

Abnahme des Haarglanzes: Verschlechterung im Befinden eines Menschen, speziell eines Kranken.

Häufig ist totes Haar ein Zeichen für Anämie, für Nierenstörungen oder gar für eine nicht festgestellte Zuckerkrankheit.

Hier und da auftretende weiße Haarbüschel sind entweder familiäre Vererbung, oder sie zeigen sich bei Erkrankung eines bestimmten Hautnervs. Halbseitiges oder totales Ergrauen stellt man bei Lähmung gewisser Hals-Nacken-Nerven fest.

Plötzliches Auftreten von sehr dunklen bis schwarzen Haaren sind Zeichen für Gallenerkrankungen, Leberzirrhose, jedenfalls für Veränderungen, die eine sofortige ärztliche Behandlung erfordern.

Das gleiche gilt bei plötzlich auftretender „männlicher Behaarung“ bei Frauen, weil die Störungen meist in der Rinde der Nebenniere liegen oder aber in den weiblichen Geschlechtsorganen.

Einer Untersuchung, die von Dr. Oskar Klinghardt, Mitglied des internationalen Komitees für demographische Studien, durchgeführt wurde, zufolge sind die Blondhaarigen im Aussterben begriffen. Es handelt sich, sagt Klinghardt, um natürliche Auslese. Da die Blonden zu anfällig seien (verglichen mit den Braunhaarigen und Brünetten), bleibe – biologisch gesehen – der Natur gar keine andere Wahl, als die Blondhaarigen nach und nach auszuschalten. Es dominiert das Haar des widerstandsfähigeren Trägers. Und die Blonden? Sie haben ihre Chance, nämlich diese: sie dunkeln nach und werden brünett.

Darf man nun aber wirklich den Menschen nach seinen Haaren beurteilen und ihm nachsagen, daß er einen Charakter habe, der seiner Haarfarbe entspreche, ohne die Gefühlskomponenten im Leben des einzelnen zu prüfen? Natürlich nicht. Die Haarfarbe liefert bestenfalls Anhaltspunkte.

## Zum Beispiel die Rothaarigen

Viele der bekanntesten Frauen und Männer der Weltgeschichte waren nicht schwarzhaarig, nicht blond, nicht brünett, sondern hatten rote Haare.

Rothaarig waren Kleopatra, Salome, die Dichterin Sappho, aber auch Maria Stuart und ihre Gegenspielerin Elisabeth von England, die ihre Konkurrentin enthaupten ließ.

Rothaarig waren auch Julius Cäsar, Nero, Napoleon, Christoph Columbus, Garibaldi, Washington und viele andere unter den erfolgreichen Männern, auch wenn viele von ihnen ihre Haare dunkler einfärben ließen, wie es vor allem heute oft geschieht. Denn mancher scheut es, auf seine Haarfarbe angesprochen zu werden. Jeder möchte der Gefahr aus dem Wege gehen, nur auf Grund seiner Haare beurteilt zu werden.

Im Leben ist es so, daß der Mann der blonden oder rothaarigen Frau zwar den Vorrang zu geben scheint – geheiratet wird aber meist nicht die blonde oder rothaarige, sondern die brünette Frau. Das hat sich allgemein immer wieder bestätigt. Ferner gilt hier die Wahrheit wie überall: Brünette gibt es mehr als Blonde (gemeint sind die echten).

## Psychologie der gefärbten Haare

Unter den Blondinen findet man nicht umsonst die meisten Selbstmörderinnen aus Liebe wie Joan Harlow oder Marilyn Monroe sowie die meisten Verzweifelten aus Liebe wie Kim Nowak, um nur die Bekanntesten zu nennen.

Aber unter den brünetten Frauen sind andererseits jene zu finden, die für den Mann auf dem Umweg über den Sex häufig verhängnisvoll werden – verhängnisvoller als die Rothaarigen oder Blondinen. Wir nennen nur Liz Taylor oder Ava Gardner.

Die Psychologen versichern, daß die Frau, die sich entschließt, ihre Haare zu färben, im Begriff sei, eine seelische Umschaltung einzuleiten und sich innerlich und äußerlich einer Situation anzupassen, die der neuen Haarfarbe entspricht. Insofern kann die Haarfarbe dann einer Frau zum Schicksal werden und Zeichen des Schicksals sein, das sie selbst für sich sucht.

## Haare je nach Konsistenz: Sender und Empfänger

Wir verdanken den Forschungsarbeiten des französischen Wissenschaftlers Dr. Henry Alain das Wissen um die Tatsache, daß der Mensch mit seinen

Haaren gewissermaßen elektrische Sende- bzw. Empfangsanlagen mit sich herumträgt. Jedenfalls konnte er im Rahmen langwieriger Experimente, die in die Parapsychologie einmünden, erkunden:

○ daß Frauen mit langen, feinen Haaren hervorragende Empfangsanlagen darstellen, mit denen ein Radiogerät unter gleichen Voraussetzungen kaum konkurrieren könnte. Es ist also keineswegs übertrieben, gewissen Frauen ein unwahrscheinliches „Ahnungsvermögen", auch der Gedanken anderer, zuzusprechen;

○ daß Männer mit stark behaartem Körper, speziell jene mit langem Prophetenbart, eine ungeheure Sendekraft besitzen, Suggestionen ausstrahlen können. Das mag auf den ersten Blick unwahrscheinlich klingen; aber die Erfahrung und die wissenschaftlichen Kontrolluntersuchungen haben diese Fakten bestätigt.

Ferner wissen die Physiologen manches über das Haar, seine Konsistenz und die Schlüsse, die von dort aus auf den Charakter gezogen werden können:

○ Dichtes und kurzes Haar = große Tatkraft;

○ hartes und struppiges Haar = Eigensinn, Widerstandskraft;

○ weiches Haar = Gutmütigkeit, häufig Furchtsamkeit.

Haare, die im Nacken eines Menschen in einen einzigen Wirbel auslaufen, verraten ein mittleres Temperament, eine spitze Zunge, keine Neigung, das Gehirn allzusehr anzustrengen, aber dennoch erfolgreiche Meisterung des Lebens.

Wachsen die Haare im Nacken ohne Wirbel einfach in breitem Bogen nach aufwärts, gewissermaßen bis in die Stirn hinein, dann ist immer eine starke künstlerische Veranlagung vorhanden; von Geschäften versteht der Betreffende hingegen wenig.

Drei kleine Wirbel im Nacken bedeuten bei Mann und Frau Entschlossenheit, Logik, eine gewisse Portion Lebensweisheit, sofern diese nicht durch andere Zeichen und Eigenschaften überspielt wird.

## Wie tragen Sie Ihre Haare?

Die moderne Psychologie ist in der Lage, wichtige Aufschlüsse darüber zu geben, welche Charaktereigenschaften sich hinter den (nicht rein modisch bedingten) Frisuren bei Männern und Frauen verbergen.

*Der Wuschelkopf* soll ein Zeichen dafür sein, daß die Gedanken seines Trägers oftmals nicht klar geordnet sind (Abb. 73).

*Ungewöhnliche Frisuren* werden mit Vorliebe von jungen Damen getragen, die um jeden Preis auffallen wollen.

*Die Meckyfrisur* verrät, daß jüngere oder auch ältere Herren an einem nicht überwundenen Mutterkomplex leiden. Gegenüber der Umwelt zeigen sie eine eigensinnige Haltung. Durch ein ausgeprägtes Junggesellentum ist es diesem Typ nur bei sehr günstigen Voraussetzungen möglich, sich mit einem Ehepartner zurechtzufinden.

*Nach rückwärts gekämmte Haare* lassen den klugen, überlegenen Menschen erkennen. Die Haartracht gibt die Stirn frei und lockert die Gedanken. Der Typ ist nervös und angespannt und steht in jedem Beruf der Umwelt aufgeschlossen gegenüber (Abb. 74).

*Scheinbar unfrisierte Köpfe* bei Frauen sind oft das Werk einer kunstvollen Montage des Friseurs. Ungekämmte Köpfe und ungepflegte Schöpfe unterscheiden sich hiervon erheblich. Ein wilder Schopf bei einem älteren, gereiften Mann ist der Beweis für einen junggebliebenen Feuerkopf.

*Der Scheitel* hat je nach seinem Sitz eine besondere Bedeutung. Er gestattet einerseits die Ordnung der Haare, andererseits aber auch die Einstellung zum Leben im Sinne von Zweckmäßigkeit und Anpassung.

- Scheitel rechts: Ordnungsliebe, möchte nicht auffallen.
- Mittelscheitel: Eigenwilligkeit und spekulatives Denken, Verschlossenheit, Wunsch nach Unauffälligkeit.
- Scheitel links: Korrekt und zuverlässig, aber Neigung zu gedanklicher Eigenwilligkeit (Abb. 75).

*Die Cäsarenfrisur,* auch Napoleonschnitt genannt, ist ein kurzer aber nicht borstiger Haarschnitt, bei dem das Haar nicht emporsteht (wie z. B. beim sogenannten Hindenburgschnitt), verrät einen ehrgeizigen, geltungsbedürftigen Menschen, der oft stark begabt ist.

Abb. 73

Abb. 74

Abb. 75

## Nicht nur eine Modesache – der Bart

Der Bart, der sich seit längerer Zeit wieder in jeder Form ungewöhnlicher Beliebtheit erfreut, ist nicht nur eine Modesache. Allerdings besteht unter den Psychologen noch keine Einigkeit darüber, ob ein Bartträger etwas zu verbergen hat (z. B. Komplexe) oder ob der Bart unbewußt als „Pendant" zum weiblichen Busen gepflegt wird. Gegenwärtig tragen Hippies, Künstler, Revolutionäre, aber auch Beamte, Lehrer und Geschäftsleute einen Bart. Entscheidend für die tiefere Bedeutung des Bartes ist die Form, in der er getragen wird.

*Spitzbart:* Scharfsinn und Zielstrebigkeit, aber auch Reizbarkeit und oft Unaufrichtigkeit (Abb. 76).

*Fliege:* Ursprünglich das Kennzeichen des Snobs. Bedeutungswandel als Barttracht seit 1928–1945 (Abb. 77).

*Schmalschnurr:* Männer von Welt und Spielernaturen „riskieren eine kesse Lippe" (Abb. 78).

*Kaiserbart:* Galt früher als schneidig, wird heute nur noch selten von liebenswürdigen Männern gezwirbelt (Abb. 79).

*Mephistobart:* Bringt Genie und Leichtsinn oder Hinterlist und Bosheit zum Ausdruck (Abb. 80).

*Schnauzer:* Eine modische Manneszier, die Treue und Charakter zum Ausdruck bringen soll (Abb. 81).

*Vollbart:* Wird zwar als Symbol kerniger Männlichkeit betrachtet, deckt aber oft schwere Komplexe zu (Abb. 82).

Abb. 76

Abb. 77

Abb. 78

Abb. 79

Abb. 80

Abb. 81

Abb. 82

Abb. 83

*Besonders starker Bart,* bis in das mittlere Gesichtsfeld wuchernd, bedeutet zwar Männlichkeit, aber auch ein Überwiegen des sinnlichen Lebens (Abb. 83).

*Schwach, dünn oder fehlend:* Weist auf einen femininen Einschlag hin. Bei hagerer Konstitution besteht der Verdacht des Egoismus und Zynismus.

## Ein schöner Hals – eine Visitenkarte

Soweit wir in der Geschichte der Menschheit zurückzublicken vermögen, war es immer so, daß der Hals schöner Frauen mit kostbarsten Schnüren und Verzierungen geschmückt wurde. Den Männern aber verlieh man goldene Halsketten als besondere Gnadenbezeigungen der Fürsten. Könige, Würdenträger, Priester und immer wieder schöne Frauen schmückten und verzierten mit Symbolen, mit Gold und leuchtenden Steinen ihren Hals. Er ist die Verbindung zwischen dem Körper und dem Kopf. Die Physiognomik hat deshalb dem Hals und dem Nacken als Visitenkarte des Menschen immer große Bedeutung beigemessen. Darum wollen auch wir diesem Teil unseres Organismus ganz besondere Aufmerksamkeit schenken. Denn für die Beurteilung des Mitmenschen ist das Wissen um Hals und Nacken unerläßlich.

## Feststellungen der Physiologen

Um den Hals schöner Frauen hat sich mehr Weltgeschichte abgespielt als um die Köpfe kluger Männer. Deshalb haben die Physiologen und die Physiognomiker diesem Teil des menschlichen Körpers, der den Kopf mit dem Rumpf verbindet und der nach Alter, Geschlecht und Individualität des Menschen so verschieden ist, besondere Wichtigkeit beigemessen, wie aus dem Folgenden ersichtlich wird.

Die Vorderseite des Halses ist wichtig für die Beurteilung des leiblichen Lebens.

Die Rückseite des Halses und der Nacken sind bezeichnend und wichtig für die Bewertung des Geistes und der Erotik.

Die Vorderseite des Halses verändert sich unter Umständen innerhalb weniger Tage und Wochen und wird stärker, fetter oder schlaffer je nach der allgemeinen gesundheitlichen Verfassung und dem Wohlleben.

Hals und Brust altern schnell und frühzeitig, Nacken und Rücken altern fast gar nicht.

Direkte Beziehungen zwischen dem Hals und dem Gehirn erweisen die Veränderungen der geistigen und körperlichen Funktionen, die im Zusammenhang mit Schilddrüsenentartungen auftreten.

Die seltsame Geistesart und Einstellung zum Leben und zur Umwelt, die wir bei Buckligen und bei Personen mit mehr oder weniger schweren Rückgratverkrümmungen beobachten, gelten als Beweis für die unmittelbaren Relationen auch zwischen dem Gehirn und dem Rückgrat.

Wie unmittelbar diese Beziehungen unter Umständen sein können, wie nahe Leben und Tod über den Nacken und die Halswirbel miteinander verbunden sind, ergibt sich aus der bekannten Tatsache, daß Bruch oder Verrenkung der sieben Halswirbel durch Zerquetschung des betreffenden Halsteils den Tod herbeiführen. Dies gilt besonders für den Fall, daß der Zahnfortsatz des zweiten Rückenwirbels in das verlängerte Mark eindringt. In diesem Augenblick tritt der sogenannte Genickbruch ein, der sekundenschnell den Tod bringt.

## Richtlinien für die Beurteilung des Halses

Das Alter der Frau läßt sich untrüglich an zwei Stellen des Körpers ablesen: einmal an der faltig werdenden Haut der Unterarme, wo das Bindegewebe die Polsterwirkung einbüßt; sodann an der Vorderseite des Halses, wo zuallererst Falten und Erschlaffungserscheinungen sichtbar werden, die auch durch kosmetische Operationen nur schwer zu beheben sind.

Es gibt kaum einen Körperteil, der so grundsätzliche Unterscheidungsmöglichkeiten von Mensch zu Mensch bietet wie der Hals. Die wichtigsten Erkenntnisse lauten:

### *Hals*

*lang* (Abb. 84): Zurückhaltung, meist milde und etwas furchtsame Geistesart, oft verbunden mit schwächlicher oder zumindest anfälliger Konstitution;

*zart und schlank* (beim Mann, Abb. 85): Neigung zu hochgradiger Nervosität, sensible Einstellung zum Leben und den Alltagsereignissen, mäßige Muskelentwicklung, allgemein schwächliche Individualität;

*kurz und dick* (Abb. 86): Mut und Ausdauer, meist verbunden mit sehr guter muskulöser Entwicklung, charakterlich zu Gewalttat und Roheit neigend, seltsamerweise oft verbunden mit Tücke und Verschlagenheit;

*breit:* Überwiegen der körperlichen Kräfte zum Nachteil der geistigen Funktionen, oft aber rasche Entschlußkraft und Neigung zu unentwegter Betätigung;

*stark, kurz, muskulös* (bei der Frau): sehr starke Energie, die über die fraulichen Eigenschaften hinausgeht, oft Brutalität im Umgang mit der allernächsten Umwelt, jedenfalls rücksichtslose Entschlußfassung;

*sehr lang und blaß:* meist verbunden mit stark hervorspringendem Adamsapfel und so fettlos, daß die Dornfortsätze der sieben Halswirbel hervortreten, ein ziemlich sicheres Zeichen für anfällige gesundheitliche Verfassung mit Neigung zu Lungenspitzenkatarrhen, Lungenleiden überhaupt und Disposition zur Tuberkulose;

*stark nach vorwärts gebogen* mit rundem Nacken: typisch für nachgiebige Personen, die sich aufs Heucheln verstehen, sogenannte „Radfahrer“, die nach oben einen Buckel machen und nach unten treten;

*mit Neigung nach links oder rechts* (Abb. 87): physiologisch gesehen ein Zeichen für das Fehlen ausreichender Lebensenergie, charakterlich oft ein

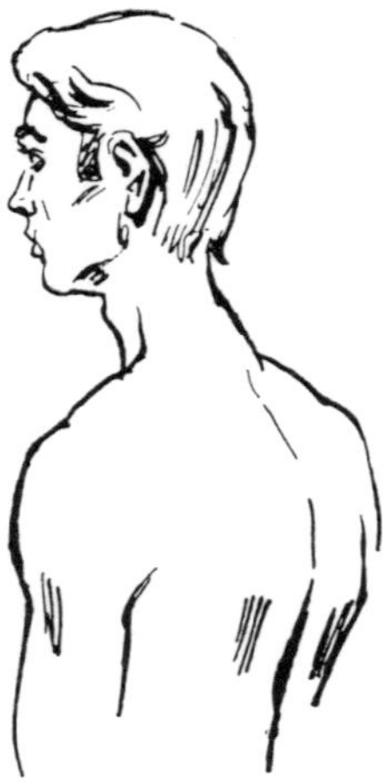

Abb. 84

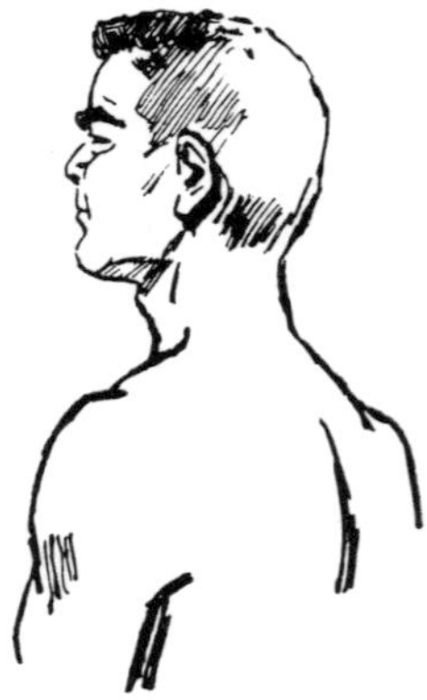

Abb. 85

Abb. 86

Abb. 87

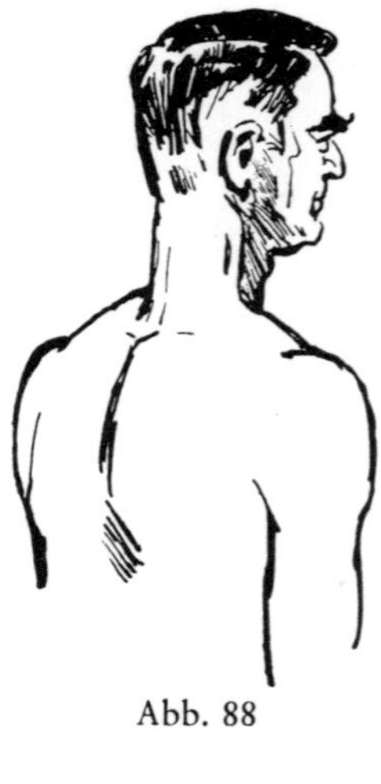

Abb. 88

Kennzeichen für lauerndes oder bösartiges Wesen, das diese Menschen entwickeln, weil sie sich bei mangelnder Lebensenergie vielleicht nicht anders zu wehren wissen;

*steif* (Abb. 88): nur zu beobachten bei hartnäckigen und rechthaberischen Menschen, die außerdem um so anmaßender sind, je stärker dieser steife Hals sich nach rückwärts wendet.

## Lehrsätze für die Beurteilung des Nackens

Unter dem Nacken versteht der Physiologe jenen rückwärts gelegenen Teil des Halses, der, breiter und länger als der vordere Hals, am Hinterhaupt beginnt und sich nach unten in den Rücken und in die Schultern verliert. Nicht umsonst sagt man im Volksmund, man müsse in schwieriger Lage im Leben „den Nacken steif halten". Denn wer den Nacken beugt, der ist ein Kopfhänger, gesonnen, sich zu unterwerfen, nachzugeben, nicht seinen Mann zu stehen.

Der Nacken und die Nackenlinie haben dementsprechend eine unter Umständen sehr wichtige und interessante Bedeutung, über die der Physiognomiker manches zu sagen weiß:

### *Nacken*

*derb und muskulös:* fehlende Zartheit in bezug auf das seelische Empfinden, oft verbunden mit Schwerfälligkeit im Denken oder allzu langem Beharren auf einer vorgefaßten Meinung;

*feist und kurz:* meist ein sicheres Zeichen für Genußsucht und sehr kräftige Erotik, soweit es sich um den Nacken einer Frau handelt; aber Neigung zur Brutalität bei einem entsprechenden Männernacken, der nicht umsonst als „Stiernacken" bezeichnet wird;

*gute Linienführung:* ohne zu starke Betonung der Muskeln: Überwiegen eines feinen und in erster Linie auf Ästhetik und zartes Verstehen ausgerichteten Empfindungslebens;

*knochig, hautreich, unschön:* ohne Seelenschwung, ohne jedes wirklich zarte Empfindungsleben, oft erschreckende Einfachheit im Denken und im Fühlen. Selbstverständlich müssen wir bei der charakterlichen Bewertung eines Nackens und eines Halses immer die allgemeine Konstitution und andere Kennzeichen mit in Betracht ziehen. Auch dürfen wir niemals außer Betracht lassen, daß auch der Arzt noch ein gewichtiges Wort mitzusprechen hat. Denn mitunter läuft eine krankhafte Entwicklung ab. Wir wissen heute, im Zeitalter der Psychosomatik, daß ein körperliches Leiden den Charakter zu prägen vermag, daß aber auch Seelisches oder Gefühlsmäßiges, also wesentliche Faktoren unseres Charakters, den Organismus zu beeinflussen und krank zu machen imstande sind.

## Wie der Arzt den Hals und Nacken sieht

Zu jedem Konstitutionstyp gehört eine ganz bestimmte Halsform. Je stärker die Gegensätze zu sein scheinen, d. h. je ungewöhnlicher die Verbindung zwischen Kopf und Rumpf eines Menschen in Form des Halses erscheint, um so sicherer können wir den Schluß ziehen, daß nicht nur das körperliche, sondern auch das seelische Gleichgewicht gestört ist und Krankheitszustände vermutet werden müssen.

Wie aber sieht der Arzt den Hals?

*Kurzer Hals:* Neigung zu Schlaganfall, Disposition zu Herzstörungen, gegebenenfalls auch vorzeitiger Gehirnverkalkung;

*langer Hals:* Anlage zu Bronchitis, Erkrankungen im Bereich der Luftröhre, Anfälligkeit für Lungenentzündung und Lungenleiden überhaupt;

*blaue Streifen am Hals:* oft ein Zeichen für weit fortgeschrittene Herzveränderungen bzw. Lungenleiden;

*aufgeschwollener Hals (besonders bei Frauen):* gesteigerte Nervosität auf Grund augenblicklicher Indisposition, Schwierigkeiten mit der Schilddrüse oder Schwangerschaft;

*Entzündungen am Hals:* wenn seitlich gelegen und kugelig, deutlicher Hinweis auf Drüsenkomplikationen, die sofortige Behandlung erfordern.

## Grübchen in den Wangen

Zum Thema der Grübchen (Abb. 89) in den Wangen wird von den Physiognomikern festgestellt:

Grübchen haben als Charaktermerkmale nur eine Bedeutung bei sogenannten normalen Gesichtern. Bei Gesichtern von fettsüchtigen Männern und Frauen sind die Grübchen „erworben“, d. h. eine Folge der Fettansammlung. Sie haben kaum irgendwelche Bedeutung.

Runde flache Grübchen in den Wangen und im Kinn findet man bei liebenswürdigen, liebenswerten und, soweit es sich um das weibliche Geschlecht handelt, liebebedürftigen Personen.

Das Schelmische, das man ihnen häufig nachsagt, ist meist geschickt gespielt, um die Umwelt zu veranlassen, entgegenkommend zu reagieren.

Eckige (dreieckige) Grübchen bzw. Vertiefungen in den Wangen werden als Zeichen von Neid, Eifersucht, Gehässigkeit, schweren Minderwertigkeitskomplexen, die bis zur Aggressivität gehen können, interpretiert.

## Runzeln und Falten auf der Stirn

Die Stirn manches Menschen ist von tiefen Falten durchzogen. Es kann sich um eine Veranlagung handeln, es können schlechte Angewohnheiten, Augenfehler, Arbeit bei ungünstiger Beleuchtung die Schuld daran tragen.

Aber es gibt andere, deren Stirn von feinen Linien wie mit einem Netz überspannt ist. Es sind die Runenzeichen des Schicksals, die sich auf der Pforte des Geistes, auf der Tür der Seele eingezeichnet haben.

Aber können diese Runen gedeutet werden? Nach der Überzeugung chinesischer und indischer Physiognomen kann man den Stirnrunen folgende Bedeutung zuschreiben:

*Runen auf der rechten Stirnseite:* Entwicklung des Menschen bis zu seinem 25. Lebensjahr.

*Runen auf der linken Stirnseite:* Weiterentwicklung des Menschen vom 25. Jahr bis zum Ende seiner geistigen Entwicklung mit 50 oder 55 Jahren. Je ungünstiger das Verhältnis der rechten Runen zu den linken ist, um so stärker ist die Seele eines Menschen zerrissen, unfriedlich, unruhig und ewig auf der Suche nach der Lösung der Lebensrätsel, die er nie finden kann.

*Absinken der Stirnrunen auf der linken Seite:* Vernachlässigung der geistigen Tätigkeit und Weiterentwicklung, Untergrabung der edleren Regungen des Menschen durch schlechten Umgang, Alkohol oder andere Laster.

Die senkrechten Stirnfalten zwischen den Augen können zwar auf hohe Konzentrationsfähigkeit hinweisen, aber hier spielen bei der leichten Möglichkeit der Verformung und Beeindruckung der Stirnhaut schlechte Ge-

Abb. 89

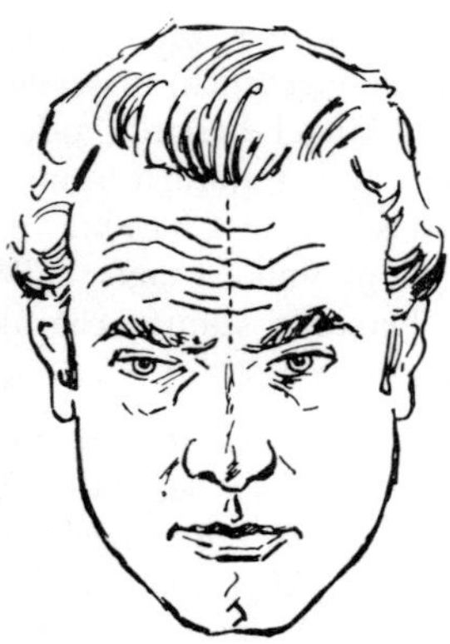

Abb. 90

wohnheiten des Stirnrunzelns eine noch größere Rolle, als es bei anderen Falten und Zeichnungen des Gesichts wohl auch der Fall sein mag.

Runzeln auf der Stirn, die innerhalb weniger Wochen auftreten, müssen uns in bezug auf den Träger dieser Stirn mißtrauisch stimmen, denn sie verraten Verkrampfungen des Gehirns und des Körpers. Kummer und Sorgen allein brauchen viele Monate und Jahre, um sich in Form von Runzeln und Runen der Menschenstirn einzuprägen.

Es ist keine Schande, eine gezeichnete Stirn zu haben. Denn derjenige, der der Welt die Stirn bietet, weiß, daß die Welt nicht nur Sonnentage und Freude für ihn bereithält, sondern auch schwere Stunden, die uns nachdenklich stimmen, Jahre, die uns zur Last werden. Und all diese vergangenen Dinge sind mit dem Griffel des Schicksals in unsere Stirn eingeschrieben und lesbar für den, der diese Zeichen zu deuten weiß.

## Der Spiegeltest

Im Rahmen der von Psychologen entwickelten Tests zur Aufdeckung der Seele und des Charakters dürfte das Experiment vor dem Spiegel besonders interessant sein. Wie sieht die Versuchsperson sich selbst im Spiegel? Wie sehen kontrollierend wir sie? Ein Spiegel, eventuell deren zwei, ein Blatt Papier und ein Bleistift: das ist alles, was wir für dieses Experiment benötigen.

Ein Spiegel ist ein unheimliches Instrument. Schaut man hinein, erblickt man sich seitenverkehrt. Der Spiegel zeigt uns verwandelt. Aber auch der Mensch, der vor dem Spiegel steht, verwandelt sich. Er verzieht das Gesicht, streckt die Nase, schmälert und dehnt den Mund, rollt die Augen.

Irgendwie versucht der Mensch in seinem Spiegelbild sich selbst vorzutäuschen, wie er eigentlich aussehen möchte, indem er, soweit es in seiner Macht steht, Mängel beseitigt oder vertuscht, über die er sich in seinen schwächsten Stunden natürlich im klaren ist. Er weiß auch, daß er ein Gesicht hat, das seinem Charakter entspricht, ja haben muß. Denn wie einmal ein Physiognomiker sagte: „Wer bis zum 40. Lebensjahr nicht ein Gesicht hat, bei dem stimmt charakterlich etwas nicht, oder er leidet an einer geistigen Störung!"

Unser Wesen, unser Charakter prägt unser Gesicht, und unsere Züge schleifen sich ein. Aber der Mensch ist sich selbst gegenüber meist nicht objektiv. In der Tiefe seiner Seele kennt er zwar seine Unschönheiten und auch seine Fehler. Aber tatsächlich weiß er nicht genau, wie er in Wirklichkeit aussieht. Deshalb soll er unter Benutzung eines Spiegels seine Gesichtsform zeichnen. Wir können die Aufgabe erheblich vereinfachen. Wir sagen: „Schauen Sie in den Spiegel und

- ○ zeichnen Sie ganz roh die Grundform Ihres Gesichts, wie Sie es sehen, viereckig, rund, dreieckig oder länglich oval;
- ○ setzen Sie die bemerkenswertesten Zeichen hinein, die Ihnen auffallen;
- ○ die Ohren mit der entsprechenden Größe und Form;
- ○ die Nase, die entweder spitz oder rund, breit oder lang ist;
- ○ nennen Sie auch Ihre Augenfarbe!“

Und alles andere überlassen wir der Versuchsperson, die gar nicht zeichnen zu können braucht. Wir benötigen nur ganz rohe Umrisse, klare Linien; sie können so zu Papier gebracht sein, wie man als kleines Kind einst Männlein malte.

Wir vergleichen dann die wirkliche Gesichtsform mit der zu Papier gebrachten. Die wirkliche Form, die wir sehen, verrät den Charakter. Je weiter sich beide Formen voneinander entfernen, um so schwerer kämpft der Mensch mit sich selbst zwischen Schein und Wirklichkeit.

Diese „Primitiv“-Analyse vor dem Spiegel, die man mit Dritten oder mit sich selbst machen kann, wird Gesichter zutage fördern, die auf die schon eingangs dieses Buches besprochenen Grundformen hinauslaufen:

*Viereckig*

Der Träger eines solchen Gesichts gehört zum sogenannten Muskeltyp. Die wichtigsten Eigenschaften sind Zähigkeit, Disziplin, häufig ungewöhnliche Energie, in jedem Fall starker Wille. Ein solcher Mensch hält sich an Tatsachen, ist aber meist gegenüber der Umwelt verständig und vernünftig. Man muß mit Hartnäckigkeit, Starrköpfigkeit, mit Herrschsucht und manchmal auch mit Geiz rechnen. Widerspruch ist für den Menschen mit viereckigem Gesicht unerträglich.

*Rund*

Der runde Gesichtstyp wird häufig auch als Ernährungstyp bezeichnet. Normalerweise beobachtet man Wohlwollen und Optimismus, mitunter freilich einen gewissen Mangel an Ordnung, Fehlen eines ausgeprägten Organisationsgeistes. Das Gefühlsleben ist stark entwickelt. Menschen mit runden Köpfen sind außerordentlich wendig, finden sich immer wieder zurecht, fallen auf die Füße, verstehen es auch wohl, andere bei ihrer schwachen Seite zu nehmen, können aber auch leicht gelenkt werden, wenn man sie bei der schwachen Seite nimmt.

*Dreieckig*

Menschen mit dreieckigen Köpfen sind nervös, leicht reizbar, alles ist vom Gefühlsleben gelenkt, das wiederum Launen unterworfen ist. Das Urteil ist instinktiv überraschend richtig, aber meist vorschnell. Die Neigung zu geistiger Arbeit ist vorherrschend. Allerdings ist die Ausführung gegebener Aufgaben, die Nachahmung von Dingen, die schon einmal geleistet worden sind, also unschöpferische Arbeit, dem Typ näher als eine Eigenleistung.

*Rechteckig*

Schmale, rechteckige Gesichter, die von den viereckigen Köpfen zu unterscheiden sind, gehören gleichfalls zur Gruppe der Gehirnarbeiter. Sie entwickeln starke geistige Fähigkeiten, künstlerischen Geschmack und schöpfen häufig aus einer verschwenderischen Intuition, Phantasie und Begabung. Aber sie sind auch ängstlich, überempfindlich, infolgedessen nicht so widerstandsfähig und charaktervoll, wie sie es gern vortäuschen, bisweilen sogar verschlagen, etwas verlogen, abergläubisch und nicht immer ganz zu ihrem Wort stehend.

*Gemischt – interessant, aber nicht typisch*

Nun werden wir bei vielen Menschen beobachten, daß zwei oder gar drei Typen in einem Gesicht zusammenfließen. Es gibt Menschen, die die Stirn eines viereckigen Kopfes haben, das Kinn eines runden Schädels, sind aber von den Jochbogen an ungefähr so gestaltet, wie es ein dreieckiges Gesicht sein müßte, wenn die Unterkiefer nicht so rund wären.

Zu darüber hinausführenden Erkenntnissen gelangte die englische Physiologin Grace Rees, die fast zwanzig Jahre hindurch in einem großen Londoner Arbeitsamt tätig war und Tag für Tag buchstäblich Tausende von Menschen erlebte. Aus dieser reichen Fülle von Begegnungen zog sie ihre Erfahrung, die wir hier nicht unerwähnt lassen möchten:

○ grobe Gesichter verraten Willensstärke, geistige Betriebsamkeit, meist auch Großzügigkeit;

○ feingeschnittene Gesichter sind Menschen zu eigen, die infolge ihrer inneren Schwäche nicht so großzügig und nicht so stark sein können;

○ Nasen, die über den Nasenflügeln fleischig sind, verraten Geiz, jedenfalls rücksichtsloses Gewinnstreben;

○ große Nasenflügel deuten immer Unternehmungsgeist an, der bis zur Verwegenheit gehen kann;

○ runde Ohren gehören Menschen, mit denen man sehr vorsichtig sein muß, weil man sich nicht unbedingt auf sie verlassen kann;

○ dreieckige Ohren gelten gleichfalls als Zeichen der Unzuverlässigkeit, allerdings eher im Sinne der Falschheit;

○ große, wohlgeformte Ohren, die aber nicht wie Henkel abstehen, deuten auf Wahrheitsliebe hin, übermäßig große Ohren gehören freilich neugierigen und zu Klatschsucht neigenden Menschen.

Doch kommen wir zurück auf die Merkmale, die wir kennen müssen, wenn wir die Testperson bei der Bewältigung ihres Selbstporträts beobachten. Wir müssen insbesondere prüfen, ob das Versuchsobjekt die eigene Gesichtsform richtig wiedergibt oder verschiebt, verschönert und nach eigener Wunschvorstellung verbessert.

Unsicher mit sich selbst ist das Versuchsobjekt, das gleich zum Radiergummi greift. Die erste Form ist meist die richtige – im positiven oder im negativen Sinne.

Die richtige Deutung liegt meist in der Mitte zwischen dem, was die Testperson – oder man selbst – zeichnete, und dem, was die Natur in Wirklichkeit schuf.

# II. Organanalyse von Hand bis Fuß

## Wenn die Hände sprechen

Des Menschen Hand drückt seine Lebenskraft aus. Die Konzentration der Blutgefäße bis in die feinsten Ränder der Nagelhaut hinein, das Zusammenfließen der zartesten Nervenenden in den Fingerkuppen, die uns fähig machen, zu tasten, zu fühlen, gewissermaßen mit den Fingern zu sehen, sind praktische Beweise für die Richtigkeit dieser These. Sie kann sogar erweitert werden:

In den Händen schlummert bei jedem gesunden Menschen eine „geheimnisvolle Kraft", die über die Muskelenergie hinausgeht. Ferner hat die Chirologie erkunden können, daß nicht nur den Handlinien, sondern auch den Fingerabdrücken Zeichen eingeprägt sind, die Krankheiten, Leiden und Fehler in der Erbmasse wie auch schweres ertragenes Geschick sichtbar machen.

Um gewisse geistige Fähigkeiten oder Neigungen eines Menschen zu erkennen, braucht man nur die Form seiner Hände zu betrachten. Die Handformen verraten den Typ, den Charakter eines Menschen. Die Chirologen unterscheiden folgende Handformen:

die geistige oder mediale Hand,
die künstlerische Hand,
die viereckige Hand,
die philosophische oder Denkerhand,
die elementare Hand,
die Spatelhand.

## Die geistige oder mediale Hand

Die Handform ist fein, mit glatten, konisch geformten Fingern, mit einem langen Nagelglied und meist mit einem kleinen Daumen. Mit kleinem Daumen verrät die Hand vielseitige Interessen auf allen geistigen Gebieten, eine starke Phantasie, ein tiefes Gemütsleben, viel Sinn für das Praktische, häufig aber auch wenig Verständnis für harte, materielle Probleme. Ein großer Daumen an einer medialen Hand zeugt häufig von der Fähigkeit, auf geistigem Gebiet Führer zu sein, bei stark entwickelter Hand Rednergabe und Furchtlosigkeit im Kampf um das, was als gut und recht empfunden wird.

## Die künstlerische Hand

Man unterscheidet bei der künstlerischen Hand drei Hand- und Fingerformen:

a) eine kurze und breite Handform, die, wenn der Daumen groß ist, einen entsprechenden Hang zu den Freuden des Lebens, aber auch eine starke Neigung zum Geldverdienen verrät;

b) eine fleischige, feine Handform mit kleinem Daumen. Wer eine solche Hand hat, ist rascher Begeisterung fähig und entwickelt viel Schönheits- und Formensinn;

c) eine große Handfläche mit kleinem Daumen und glatten Fingern verrät rege Phantasie, Vielseitigkeit, die aber nicht immer mit Gründlichkeit gepaart ist, und einen starken Hang zur Erotik.

Bei der künstlerischen Hand scheinen die Fingerkuppen eine besondere Bedeutung zu haben:

Abgerundete Fingerkuppen verraten Vernunft, Fröhlichkeit, Interesse an Literatur, Dichtung und Musik, Empfänglichkeit für alles Schöne.

Zugespitzte Fingerkuppen sind Menschen zu eigen, die starkem Stimmungswechsel ausgesetzt und in ihrer Gemütsart empfindlich und launisch sind.

## Die viereckige Hand

Die viereckige Hand zeigt meist auch eckige Form der Fingerspitzen mit Gelenken, die sich leicht abtasten lassen. Der Handrumpf ist kräftig entwickelt. Die ganze Hand gibt das Gefühl der Sicherheit, des Selbstvertrauens.

Träger einer solchen Hand weisen eine starke praktische Veranlagung auf. Sie sind meist Pedanten, aber im guten Sinne des Wortes. Sie sind pflichttreu, gerecht, zurückhaltend und bescheiden.

Sie zeichnen sich durch große Ordnungsliebe und normales, gesundes Empfinden aus. Sie denken nüchtern, klar und vernünftig.

## Die philosophische oder Denkerhand

Die Finger dieser Hand sind knotig, und zwar im unteren und oberen Gelenk. Häufig sind die Fingerspitzen etwas abgeplattet. Der Daumen ist fast immer stark entwickelt.

Die Besitzer einer solchen Hand zeichnen sich aus durch starke Logik, durch Energie, durch das Bestreben, unter allen Umständen die Wahrheit zu ergründen. Aber sie ziehen es vor, zu schweigen, statt zu reden.

Sie lieben das Alleinsein und sind zufrieden mit dem, was sich bietet. Sie zeigen Duldsamkeit gegenüber dem Nächsten, sind aber streng gegen sich selbst. Sie versuchen vorurteilslos an die Beurteilung der Probleme heranzugehen.

## Die elementare Hand

Sie ist meist unentwickelt, zeigt einen harten Handrumpf, dicke, knorrige Finger und in 95 von 100 Fällen einen stark rötlichen, mit Haaren bedeckten Handrücken.

Die Finger sind meist kürzer als der Handteller. Die Hand wirkt derb und schwerfällig.

Es besteht eine Vorliebe für harte Arbeit. Die körperliche Kraft will zum Einsatz kommen. In bezug auf geistige Probleme werden keine großen Ansprüche gestellt. Häufig findet man einen primitiven Aberglauben, kaum verbunden mit moralischem oder geistigem Halt.

Menschen mit elementaren Händen sind phlegmatisch, anspruchslos, starrsinnig und schwerfällig.

## Die Spatelhand

Die Fingerenden sind spatelförmig. Die Spatelhand zeigt fast immer einen großen Daumen. Sie ist die Handform des intelligenten Durchschnittsmenschen, der auf Genauigkeit Wert legt, der mit nüchternem Verstand mehr zu erreichen weiß als mit seiner Phantasie.

Männer mit Spatelhänden sind die bewährten Organisatoren industrieller Unternehmungen. Aber sie sind häufig nicht die ersten, sondern die sogenannten zweiten Männer, die mit größter Hingabe und absoluter Treue zu dem stehen, was sie zugesagt haben.

Ihre Intelligenz zeigt sich vor allem in materiellen Fragen. Hier bringen sie es zu ungewöhnlichen Spitzenleistungen.

## Die ganze Hand verdreht

Es gibt Hände, die in ihrer ganzen Gestalt krumm und verdreht erscheinen. Sie sind von Natur aus nach innen gezogen, oder die Finger biegen sich nach außen. Menschen, denen die Natur so verdrehte Hände mitgegeben hat, müssen nach Meinung der Chirologen auch in ihrem Wesen „nicht ganz gerade“ sein.

Nach innen hohle Hände, die keine Mulden zwischen hohen Ballen zeigen, sollen auf Erfolglosigkeit hindeuten.

Die zumeist recht elegant wirkenden Hände mit nach oben gebogenen Fingern sollen geschäftlich geschickte, scheinbar anschmiegsame, häufig schauspielerisch begabte, exzentrische und verschwenderisch veranlagte Charaktere widerspiegeln.

## Der Mensch im Spiegel seiner Handlinien

### *Vier Linien der Hände als Basis*

In der Hand eines Menschen treten normalerweise vier Hauptlinien in Erscheinung:

Lebenslinie,
Kopflinie,
Herzlinie,
Schicksalslinie.

Wir stellen fest, daß gewissenhafte Chirologen immer wieder betonen, eine einzelne Handlinie könne, für sich genommen, nie etwas Definitives aussagen. Eine richtige Deutung sei nur möglich, wenn man das Gesamtbild in Betracht ziehe.

*Lebenslinie*

Sie beginnt zwischen Daumen und Zeigefinger und führt meist in einem Halbbogen um den Daumenballen herunter bis zur Handwurzel. Man rechnet im Durchschnitt, daß diese Lebenslinie, wenn sie die Handwurzel erreicht, dem Träger eine Lebensdauer von zirka 80 bis 90 Jahren sichert.

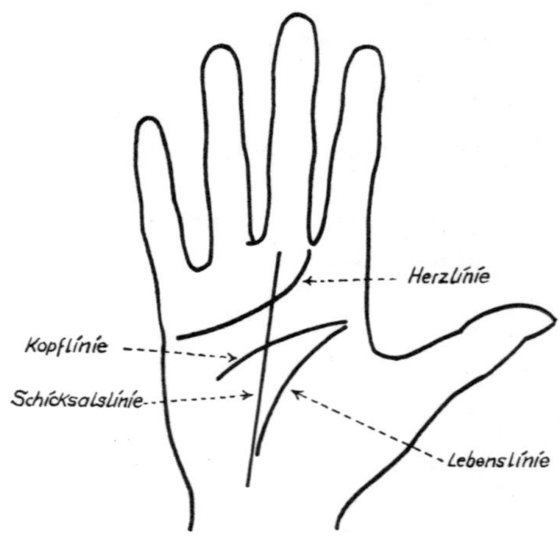


**Abb. 91**

Wir können die Länge dieser Lebenslinie aufteilen. Genau in der Mitte zwischen Ansatz und Ende liegt das 45. Lebensjahr. Die aus der Lebenslinie aufsteigenden Linien verraten Gewinn finanzieller Art, aber auch Erfolge im Leben und im Streben nach Ruhm und Prestige.

*Kopflinie*

Sie beginnt gleichfalls zwischen Daumen und Zeigefinger und führt quer durch die Hand hindurch zum äußersten Handrand oder senkt sich in den unteren Rand der Hand hinein, also in den äußeren unteren Handballen. Je reiner und geradliniger die Kopflinie durch die Hand hindurchläuft, um so erfolgreicher können wir bis ins hohe Alter hinein geistig tätig sein.

Je früher die Kopflinie abbricht, um so zeitiger stellt sich ein Erschlaffen unseres geistigen Strebens, unserer geistigen Fähigkeiten ein.

*Schicksalslinie*

Die Schicksalslinie beginnt unten an der Handwurzel, läuft dort oft zusammen mit der bereits erwähnten Lebenslinie und zieht sich dann durch die ganze innere Handfläche hindurch nach oben. Die Schicksalslinie verrät, wie es um unsere Erfolge im Leben bestellt ist, inwieweit wir uns in unseren Planungen und Wünschen durchzusetzen vermögen oder aber an geistigen oder gesundheitlichen Schwierigkeiten scheitern.

Dort, wo die Schicksalslinie die schon erwähnte Kopflinie schneidet, liegt meist im Schicksal des Menschen das 20. Lebensjahr.

Dort, wo die Kopflinie die noch zu erläuternde Herzlinie auf dem Weg nach oben in Richtung des Mittelfingers schneidet, liegt zeitlich gesehen beim Menschen das 40. Lebensjahr. Schwere Zäsuren im Leben lassen sich also leicht berechnen, vor allem dann, wenn es sich um Vorgänge handelt, die dem Leben eines Menschen eine neue Richtung gaben. So gesehen ist die Schicksalslinie eigentlich die wichtigste Linie der Hand.

*Die Herzlinie*

Die Herzlinie beginnt unter dem kleinen Finger am Handrand und zieht sich von dort zur inneren Hand hinüber; sie läuft meist zwischen dem Zeige- und dem Ringfinger aus. Je klarer die Herzlinie ist, um so besser ist die Blutzirkulation des Menschen und seine Herztätigkeit.

Je mehr die Herzlinie verkettet ist und Inseln aufweist, um so kritischer sind die Herzstörungen, denen der Mensch ausgesetzt ist oder die sein aktives Leben einschränken.

Außer diesen vier Hauptlinien gibt es eine ganze Anzahl kleinerer Handlinien, die zukunftsweisend sein können.

Zwischen dem kleinen Finger und der Herzlinie sehen wir am Handrand oftmals kleine Linien, die den Berg unter dem kleinen Finger durchqueren. Es handelt sich um Liebeserlebnisse, um tiefgreifende Liebesbeziehungen, die z. B. auch die Ehe darstellen können, die der Träger dieser Hand einging. Es ist klar, daß Formalitäten in der Hand nicht hervortreten.

Unter der Herzlinie auf dem Handrand, also zwischen Herz- und Kopflinie, zeigen kleine Linien häufig an, inwieweit wir mit unserer Umwelt friedlich oder unfriedlich zurechtkommen, also kämpfend, prozessierend oder diplomatisch ausgleichend unseren Weg finden.

Die unterhalb der Kopflinie am Handrand liegenden Zeichnungen gelten als die Spuren unserer Phantasie oder aber der Reisen, die wir tatsächlich unternehmen.

Kleine Vierecke können eine vorübergehende Beschränkung unserer Bewegungsfreiheit bedeuten; aber sie heben eine Unterbrechung einer Linie, wenn sie diese einkreisen, in den schlimmen Wirkungen auf.

Eine Linie, die aus dem Daumenballen entspringt, die Lebenslinie durchschneidend, auch durch die Schicksalslinie und die Kopflinie hindurchstößt und eventuell gar bis zur Herzlinie geht, ist immer ein Zeichen dafür, daß ein sehr schwerwiegendes, menschlich packendes und zutiefst verwirrendes, meist mit dem Verlust eines geliebten Menschen verbundenes Ereignis in unser Leben trat und uns in ein schweres seelisches Trauma stürzte.

*Die linke Hand* gilt normalerweise als die Erbhand, das heißt, als die Hand, in der sich die von den Eltern vererbten Anlagen deutlicher zeigen.

In der *rechten Hand* wird sichtbar, was der Mensch aus sich gemacht hat und was er unter Umständen aus sich machen kann oder machen wird.

Damit sind wir schon an der Schwelle angelangt, wo ein Blick in die Hände gleichzeitig ein Blick in die Zukunft sein kann.

Tritt zum Beispiel ein Zeichen, eine Linie nur in einer Hand deutlich auf, dann handelt es sich um ein Warnzeichen. Sehen wir das Zeichen in beiden Händen, dann ist das, was durch diese Linien angezeigt wird, ein Faktum.

Das sind nach Ansicht der Chirologen die Merkzeichen in unserer Hand, die Auswirkungen von Erschütterungen, die von unserem Herzen, von unserem Gemüt, vom Gehirn ausgingen und über unsere Blutbahnen und Nerven nach einem Ausdruck dort suchten, wo die feinsten Ausläufer der Blut- und Nervenbahnen sich konzentrieren – in den Händen, diesen wichtigen Instrumenten unseres Könnens und Wollens.

## Die Hände des Mannes, den man heiraten soll

Eine amerikanische Psychologin wollte ihren Schwestern helfen und stellte folgende Regeln für die Männerwahl auf, unter der Voraussetzung, daß die Hände einen interessanten Aufschluß über den Charakter der Männer geben können:

Wenn er die Handflächen fest zusammendrückt und dabei die Finger ineinander verschränkt: zufrieden und selbstsicher.

Wenn er die Hände zusammendrückt ohne die Finger zu falten: impulsiv, Spieler und Prahler.

Wenn er die Handflächen auseinanderhält, so daß die Finger sich nur in den Spitzen berühren: unbeständig, beeinflußbar und geneigt, der Frau die Führung zu überlassen.

Wenn seine Hände sich leicht eine gegen die andere stützen: großzügig.

Wenn er die Hände halbkugelförmig gegeneinander legt: geizig.

Wenn er mit der einen Hand das Handgelenk seiner anderen Hand umfaßt: beständig, ausgeglichen, zuverlässig. Nach Ansicht dieser Psychologin sollte dies der Mann sein, an den sich eine Frau halten sollte.

## Schlüsse aus Handgesten und unbedachten Hand- und Armbewegungen

Kaum etwas ist verräterischer als das Spiel der Hände, der Finger, die Bewegungen der Arme – beim Gehen, beim Nachdenken, wenn jemand sich unbeobachtet glaubt, wenn er in eine Unterhaltung verstrickt wird.

*Immer wieder mit dem Zeigefinger auf Menschen oder Dinge weisend*

Wer im Laufe einer Unterhaltung oft seinen Zeigefinger ausstreckt, ist oft anmaßend, zum mindesten jemand, der von der Richtigkeit dessen überzeugt ist, was er sagt, bzw. jemand, der den Gesprächspartner davon überzeugen will.

*Mit den Händen „sprechen“*

Wer im Gespräch auffallend lebhaft mit den Händen gestikuliert, gilt als nervös und übereifrig. Er neigt dazu, sich ungeniert und ohne Wert auf gutes Benehmen zu legen, über alle Spielregeln im Umgang von Mensch zu Mensch hinwegzusetzen. Er wird in kritischen Lebenslagen leicht aufbrausen. Er läuft Gefahr, vorschnelle Entscheidungen zu treffen, um aber oft ebenso schnell wieder seine Ansichten zu wechseln.

*Selbstdisziplin in den Bewegungen*

Wer mit zurückhaltenden und beinahe abgemessenen Gesten spricht, wird zögern, neue Ideen anzunehmen oder sich zu einer neuen Arbeitsmethode zu entschließen. Er wird viel Zeit brauchen, um einen Entschluß zu fassen. Aber wenn er sich einmal entschlossen hat, wird er beharrlich dabei bleiben.

*Mit den Armen schwenken*

Wer beim Gehen auf der Straße ungezwungen die Arme schwenkt oder sonst übertrieben anmutende Bewegungen macht, kümmert sich kaum um die Meinung seiner Mitmenschen. Verliebte handeln fast ebenso; sie geben nicht acht auf ihre Gesten.

*Hände in den Taschen*

Die Hände immer wieder in die Taschen zu stecken, läßt einerseits Vorsicht erkennen, andererseits aber auch eine gewisse Unsicherheit. Man will sich nicht auf die Finger sehen lassen.

*Verbergen der Handflächen*

Wer im Gespräch beständig seine Handflächen zu verbergen sucht (zum Beispiel indem er sie reibt oder faltet oder verschlingt), zeigt Mangel an innerer Überzeugung und oft mangelnde Aufrichtigkeit. Er spielt nicht mit offenen Karten.

*Arme auf den Tisch gestützt*

Die Arme auf den Tisch zu legen und gar den Kopf zu stützen, bedeutet, daß der Betreffende zu Vertraulichkeiten neigt. Diese Geste enthüllt auch neben einem überspannten Selbstvertrauen einen aktiven und unternehmungslustigen Charakter. Wer sich so benimmt, macht sich nicht viele Sorgen um die Mittel, mit denen er zu seinem Ziel gelangt.

*Ausgestreckte Hand mit der Innenfläche nach oben*

Eine zur Begrüßung offen hingestreckte Hand, die Handfläche nach oben gewandt, enthüllt Offenheit, Sympathie und Entschlossenheit – zumindest im Augenblick der Begrüßung.

*Ausgestreckte Hand mit Handfläche nach unten*

Eine zur Begrüßung zögernd gereichte Hand, mit der Handfläche nach unten, verrät Mangel an Offenheit, aber Entschlossenheit. Wenn also ein Gesprächspartner nach einer Unterredung so die Hand reicht, läßt dies erkennen, daß er nicht will, was der Gesprächspartner möchte, auch wenn er es noch nicht zugibt.

*Nervöses Fingerspiel*

Wer bei einer Unterhaltung nicht weiß, wo er seine Hände lassen soll, wer Papier faltet, Brot zerkrümelt oder zum Beispiel die beweglichen Gegenstände auf einem Schreibtisch hin und her rückt, ist durch die Unterhaltung nervös geworden. Er fühlt sich unbehaglich. Er ist froh, wenn das Gespräch beendet ist oder wenn mindestens das Thema gewechselt wird.

## Wichtig: die Temperatur und die Färbung der Hand

Der Handlinien-Forscher Henri Mangin machte zuerst darauf aufmerksam, daß für die persönliche Wirkungskraft eines Menschen die Temperatur und die Behaarung von Wichtigkeit seien. Er stellte folgende Liste auf:

Normaler Grundfarbton der Hand: zartrosa.

Ist die Färbung der Hände weiß bzw. matt, so deutet das auf Egoismus, Gefühlskälte, Mangel an Wohlwollen für andere.

Elfenbeinfarben bis gelblich: starke nervöse Ausstrahlung.

Wechselnd von blaß zu rot unter Einfluß der Luft: sanguinisches Temperament.

Ockerfarben bis schwarzbraun: Gallenstörungen mit entsprechenden launischen Ausschlägen in der Wesensart.

Grünlich bis gelb: Pessimismus, Hartnäckigkeit, Unruhe, unter Umständen Tyrannei, Geiz, Bosheit.

Dunkle, matte Hand: Rücksichtslosigkeit im Charakter, Ausschlag bis zur Gemeinheit.

Gehen wir davon aus, daß die gesunde Hand mit einer zartrosa Färbung eine mittlere Temperatur aufweist, also gewissermaßen die „Temperatur" des Normalmenschen, dann ergeben sich in bezug auf die Temperatur folgende beachtenswerte Absonderlichkeiten:

Kalte, weiche, dicke Hand: geistige Passivität, Neigung zur allgemeinen Trägheit, äußere Ruhe.

Kalte, zarte, straff gespannte Hand: Zeichen für heftige Stimmungsschwankungen, Leidenschaft, jähes Aufwallen der Gefühle, plötzliche Depressionen.

Übermäßig warme bis hitzige Hand (vorausgesetzt, daß kein krankhafter Zustand vorliegt, der auf Temperatur schließen läßt): überdurchschnittliche Leidenschaft, Drang, sich zu verausgaben.

Trockene, kühle, fast pergamentene Haut: Gefühlskälte, Wesensart, die nur von der Vernunft gesteuert wird, mangelnder Optimismus.

Hände, die ganz plötzlich feucht werden, zum Beispiel bei Gefühlsregungen und Berührung mit Menschen: Zeichen für Minderwertigkeitskomplexe und hochgradige Empfindsamkeit.

Henri Mangin setzt ausdrücklich hinzu, daß nach seinen Beobachtungen alles, was in bezug auf die Farbe der Hand und die Temperatur und Feuchtigkeit der Hand jenseits des Normalen liegt, mit fast hundertprozentiger Gewißheit auf Krankheiten zurückzuführen ist. Mitunter allerdings genügt es, daß psychische Verkrampfungen sich körperlich umsetzen und dadurch mangelhafte Ausscheidung durch die Poren erfolgt bzw. eine nicht normale krankhafte Steuerung des Blutkreislaufs.

## Rückschlüsse aus der Behaarung der Hand

Unter der Lupe betrachtet erkennen wir, daß eigentlich jede Hand behaart ist. Die Hand des Mannes zeigt auf der Außenseite mehr oder weniger lange starke dunkle Haare, die sich manchmal auch bis auf die Finger fortsetzen. Bei der Frau ist die Behaarung meist nur durch einen zarten Flaum angedeutet. In der Chirologie zieht man folgende Schlüsse aus der Behaarung der Hand:

Die Behaarung einer männlichen Hand ist Ausdruck der Lebenskraft und Energie des Mannes.

Die behaarte Frauenhand läßt auf einen männlichen Charakter schließen, der sich entweder infolge einer schweren Drüsenstörung (Totaloperation) entwickelt oder aber aus einer Naturveranlagung, die sich dann im Managertum der Frau oder in Herrschsucht auslebt.

Nun haben wir aber alle schon erlebt, daß die Behaarung der Hände auch bei Männern außerordentlich unterschiedlich ist. Die Chirologie, die sich in ihrer Erweiterung auch mit diesen Fragen beschäftigen muß, glaubt folgendes feststellen zu können:

Unregelmäßiger Haarwuchs an den Händen: nervöse Reizbarkeit, die zum Jähzorn und wilden Zornesausbrüchen gehen kann.
Sehr dichte Behaarung einer Hand: Zeichen für starke Sinnlichkeit, meist von Eifersucht begleitet.

Feine, sehr zarte Behaarung an Männerhänden: intellektuelle Auswertung der Sinnlichkeit etwa in künstlerischem Sinne, aber mitunter auch bei Gelbfärbung der Hände intellektuelle Tyrannei, weil das betreffende Temperament, von Galle durchsetzt, echter Liebe und Sinnlichkeit nicht fähig ist.

Sehr dicker und kräftiger Haarwuchs an den Händen, aber eigentlich schon am Unterarm beginnend, sich über die mittleren und oberen Fingerglieder fortsetzend: sehr starke Sinnlichkeit, oft übersteigerte sinnlose Eifersucht, die sich aber grob und im Umgang mit anderen Menschen unter Umständen schwerfällig auslebt.

Männerhand ohne Haarwuchs: feminine Veranlagung, diplomatisches Talent, Anpassung, Rücksichtnahme auf die Umgebung.

## Lebenskraft dreifach betont

Aus dem Gesagten können wir nun für uns selbst bzw. für die Hände derer, die wir zu betrachten haben, eine Auswahl wichtiger Schlüsse ziehen. Wir wissen jetzt von den Händen, die heilen, wir können von ihnen die Hände unterscheiden, die uns Leiden verraten, an denen der andere krankt. Wir wissen auch um die sündigen, lasterhaften Hände. Die Lebenskraft aber, die auf den anderen überstrahlt, die z. B. eine Mutter befähigt, ihr Kind zum Schlafen zu bringen, indem sie nur die Hand auf die fieberheiße Stirn des Kindes legt – wenn sie selbst organisch stark genug ist –, diese Lebenskraft spiegelt sich dreifach wider. Wir sollten darauf achten, weil nämlich derjenige, der nicht auszustrahlen vermag, unter Umständen mit seiner Annäherung an den anderen, an den Stärkeren, im elektrischen Kraftfeld diesem seine Kraft nimmt. Wir müssen also unsere eigene Kraft, unsere eigene Lebenskraft prüfen, indem wir beachten:

das dreifache Armband an der Basis der Hand, die Razetten;

die Farbe der Hand, die zartrosa sein muß bei einer mittleren Durchblutungstemperatur;

eine gut ausgeprägte Lebenslinie, die zwischen dem Zeigefinger und dem Daumen beginnt und in einem gut geschwungenen Bogen um den Daumenballen herumläuft, bis zum unteren Daumenansatz.

Unsere Hände sind in einem so hohen Maß unsere Visitenkarte, sie verraten so deutlich unsere innerste Wesensart, unsere Schwächen, unsere Stärken, daß man versteht, wenn viele Menschen sich bemühen, ihre Hände zu verstecken. Es braucht nicht immer ein Zeichen von Unerzogenheit zu sein, wenn der andere seine Hände in den Taschen verbirgt. Es ist viel häufiger die Angst, der andere könnte mit einem Blick auf die Hände die letzten Geheimnisse erkunden, die Befürchtung, man breite gewissermaßen mit den Händen sein Wesen wie ein aufgedecktes Kartenspiel vor der Welt aus.

Napoleon versteckte seine Hand in der Weste. Wir kennen Dutzende von Politikern, die ihre Hände in den Taschen verstecken oder aber ihre Hände auf dem Rücken verschränkt halten. Der einzelne wird sich nicht einmal klar über dieses Versteckspiel, das unbewußt über ihn kommt, wie auch die Zeichnung der Linien in der Hand, die weißen Striche auf unseren Fingerkuppen, warnende Signale, sich ohne Mitwirkung unseres Bewußtseins und unseres Willens markieren.

## Wenn sich die Finger verdrehen

Wenn man jemandem sagt, daß sich manches aus seinem intimen Eheleben in der Form seines kleinen Fingers ausspräge, wird er mitleidig lächeln. Und doch zeichnet sich in den Fingerformen viel Organisches ab. Ebenso wie der

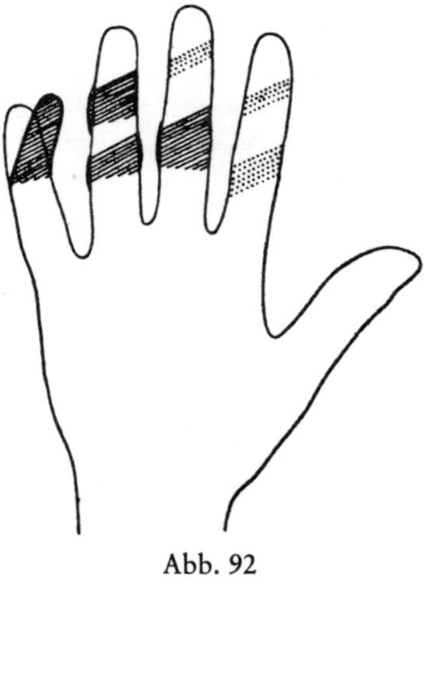

Abb. 92

geübte Arzt aus der Netzhaut mit dem Augenspiegel ablesen kann, ob sein Patient unter Herzschwäche leidet oder unter Störungen der Schilddrüse, so kann der Handkundige anhand der Fingerformen feststellen, ob es einem Menschen hier oder dort an Lebenskraft gebricht.

Die Chinesen waren schon vor Jahrtausenden ihrer Nachwelt weit voraus, als sie in der Akupunktur die Wissenschaft entwickelten, mit Hilfe silberner Nadeln (zur Beruhigung) und goldener Nadeln (zur Anregung) Nervenknotenpunkte anzuregen, um Krankheiten zu heilen.

Chinesische Ärzte haben in Krankenhäusern – und Universitäten – diese Wissenschaft neuerdings wieder mit eindrucksvollen Erfolgen aufleben lassen. Dabei gilt ihre Aufmerksamkeit in besonderem Maße den Fingern und deren Kuppen.

Betrachten wir unsere Finger kritisch, dann stellen wir fest, daß sie nur selten gerade gewachsen sind. Unsere Finger sind zumeist irgendwie abgewinkelt oder gar verdreht gewachsen, wie kranke Bäume. Einmal buchtet die Mitte des Fingers sich nach rechts oder links aus, dann wieder neigt sich eine Fingerspitze zum nächsten Finger hin.

Diese Krummwüchsigkeit hat oft eine interessante Bedeutung, die in der Beurteilung eines Menschen wertvolle Hinweise geben kann.

Am auffälligsten ist die Verkrümmung am kleinen Finger. Die Erfahrung hat gelehrt, daß damit unmittelbar die Funktionen der menschlichen Unterleibsorgane zusammenhängen. So soll der gekrümmte kleine Finger

beim Mann auf eine hochgradige Empfindlichkeit und hier und da auch auf eine Schwäche der Unterleibsorgane hindeuten,

bei der Frau auf eine Knickung der Gebärmutter.

Bei den übrigen Fingern gilt es, sowohl auf Verkrümmungen als auch auf Gelenkverdickungen zu achten:

Beim Ringfinger glaubt man aus Veränderungen im oberen Glied auf Blasenstörungen oder Nierenempfindlichkeit schließen zu können. Gelenkverdickungen des zweiten Glieds sollen dagegen Herzleiden verraten, zum mindesten aber eine Anlage dazu.

Es gibt fühlbare Unterschiede zwischen normalen Gelenkknoten und krankhaften Knochenverdickungen. Diese verraten beim Mittelfinger Störungen im Dünn- bis zum Dickdarm.

Im obersten Glied des Mittelfingers soll sich der Zustand des Blinddarms spiegeln.

Das unterste und mittlere Glied des Zeigefingers soll den Zustand der Lungen widerspiegeln, das oberste Glied den der Leber und der Milz.

Der Daumen soll sowohl die Willenskraft des Menschen gleichnishaft zeigen als auch seine erotische Potenz und Widerstandskraft Krankheiten gegenüber.

Veränderungen und Verkrümmungen des Daumens sollen auf konstitutionelle Mängel hinweisen, die nicht unbedingt äußerlich erkennbar sein müssen.[1]

## Schlüsse aus der Farbe der Nägel gezogen

Die Finger- und Fußnägel des Menschen sind außerordentlich aufschlußreich – vor allem in gesundheitlicher Hinsicht. Diagnostisch läßt sich eine Farbenlehre der Nägel zusammenstellen, die das ganze Spektrum von Rot bis Violett umfaßt:

*Starkrote Nägel:* immer das Zeichen eines sehr hohen Blutdrucks, der nicht nur in plötzlichen Gemütsaufwallungen, sondern auch in jähen Zusammenbrüchen zum Ausdruck kommt.

*Blaßrote Nägel* gehören Personen, die unter Blutarmut leiden. Je blasser der Nagel, um so größer ist die Blutarmut.

*Rote Nägel mit roten Rändern,* also rot anlaufende Nägel und Fingerspitzen, findet man oft bei Leuten, die asthmatisch sind.

*Orangefarbene Nägel* sind entweder Anzeichen einer chemischen Vergiftung oder aber eine Überschneidung von schlechter Blutzirkulation und einer beginnenden Nervenstörung (siehe auch gelbe und blaue Nägel).

*Hellgelbe Nägel* – natürlich nicht Nikotinverfärbungen an einzelnen Fingern – werden oft beobachtet bei Schwermut. Die Nägel zeigen dann meistens einen Schimmer wie bei gelbem Elfenbein.

*Tiefgelbe Nägel* sind das Anzeichen für Leber- und Gallenstörungen.

*Grüne Nägel* mahnen immer zur Vorsicht; wenn im Nagelbett die grüne Farbe durchschimmert, ohne daß eine akute chemische Vergiftung vorliegt, dann ist mit größter Wahrscheinlichkeit anzunehmen, daß der Körper starke Toxine enthält, wenn nicht gar eine Sepsis vorliegt.

*Blaue Nägel* sind ein Zeichen schlechter Blutzirkulation. Starkblaue Nägel findet man bei Personen mit einem chronischen Herzleiden.

*Braun,* als Schimmer im Nagelbett, ist bei Menschen gefunden worden, die lange in den Tropen gelebt und unter Tropenkrankheiten gelitten haben und sich nun mit den Folgeerscheinungen herumschlagen.

*Violette Nägel* haben Menschen, bei denen sich zu starker Blutarmut eine Herzkrankheit gesellt. Der Nagel kann bei diesen Personen – je nach der Temperatur – bald blasser, bald bläulicher sein, bis er ganz violett schimmert.

*Schwarze oder schwarzgraue Nägel* sind nur bei schweren Medikamenten- oder bei Metallvergiftungen beobachtet worden.

---

[1] *Eine ausführliche Methode, um sich selbst und andere zu erkennen, finden Sie in Myrah Lawrences* Handanalyse *zusammengefaßt, erschienen im Ramòn F. Keller Verlag, Genf 1969.*

## Ehrenrettung der Linkshänder

In letzter Zeit ist der Eindruck entstanden, daß die Linkshändigkeit zunimmt, da sich zunehmend mehr Menschen überwiegend der linken Hand bedienen. Es ist jedoch nicht so, daß es heute mehr Linkshänder als früher gäbe. Insgesamt zählt man heute deren etwa 200 Millionen. Der Unterschied gegenüber früher besteht darin, daß heute die Linkshändigkeit nicht mehr unterdrückt oder versteckt wird. Heute darf sich der Linkshänder zeigen und öffentlich zu seiner Linkshändigkeit bekennen.

Namhafte Psychologen sind der Ansicht, daß entsprechend dem Gaußschen Gesetz die Anlage extremer Linkshändigkeit etwa in dem gleichen Maße vorhanden ist wie jene extremer Rechtshändigkeit.

Dieser Lehre zufolge soll der Mensch von Natur aus Doppelhänder sein; die Rechtshändigkeit werde jedoch teils absichtlich, teils unabsichtlich von der rechtshändigen Umgebung gefördert, während gleichzeitig der Linkseinschlag gehemmt werde.

Der echte Linkshänder bleibt allen äußeren Einflüssen zum Trotz bei seiner Linkshändigkeit. Zwingt man ihn, sich rechtshändig zu betätigen, kann seine psychische und intellektuelle Entwicklung gestört werden.

Seiner Intelligenz nach ist der Linkshänder dem Rechtshänder mindestens ebenbürtig, oft sogar überlegen. Dessenungeachtet können bei einem Zwang zur Rechtshändigkeit schwere Störungen und Beeinträchtigungen der intellektuellen Leistung und des affektiven Verhaltens eintreten. Übrigens würden die gleichen Erscheinungen auftreten, wenn man den Versuch unternähme, einen Rechtshänder zum Linkshänder zu machen.

Linkshänder besitzen oft eine starke künstlerische Begabung. Linkshänder waren z. B. Leonardo da Vinci, Adolf von Menzel und der Violinvirtuose Niccolo Paganini.

Der eindeutige Linkshänder muß sich nur als solcher frei entwickeln dürfen. Andernfalls können bei ihm sogar Sprachstörungen auftreten. Die Umstellung der Händigkeit kann in manchen Fällen Stottern heilen.

## Mit beiden Händen schreiben lernen

Vor allem bei Kindern darf auf keinen Fall der Eindruck erweckt werden, Linkshändigkeit könne zu Nachteilen führen.

In manchen Fällen reift mit zunehmendem Alter die Rechtshändigkeit nach. Das ergibt sich hauptsächlich aus praktischen Gründen wie z. B. dem Schreiben (das ja bekanntlich von links nach rechts und nicht umgekehrt erfolgt) sowie aufgrund der Tatsache, daß alle Türklinken, Geräte und Werkzeuge für Rechtshänder eingerichtet sind.

Im übrigen gibt es zahlreiche Abstufungen zwischen Rechts- und Linkshändigkeit, die sich durch Tests ganz genau ermitteln lassen. Für das linkshändige Kind ist es im Grund besser, wenn es auch das Schreiben mit der linken Hand erlernt.

Für den Linkshänder wäre die mit der linken Hand geschriebene Spiegelschrift das Natürliche. Auf diese Weise brachte z. B. Leonardo da Vinci seine persönlichen Notizen zu Papier.

## Händedruck als Charakterschlüssel

Aus dem Händedruck eines Menschen kann man Schlüsse auf seinen Charakter ziehen. Der Biologe Dr. P. H. Geraldsen stellte fest, daß die Hand des Menschen das kunstfertigste Instrument sei, das auf Erden existiere. Tatsächlich habe der Mensch seine hohe Stellung in der Natur wesentlich durch die Hand errungen. Als Tastorgan stehe die Hand an erster Stelle und werde in der Feinheit des Empfindens nur von der Zungenspitze übertroffen.

Die Hand als der äußerste Teil der oberen Gliedmaßen des Menschen steht mit dem Hirn in direkter Verbindung und ist sein Ausdrucksorgan, nicht nur im Handeln, sondern auch in bezug auf den Ausdruck von Gefühlen. Wir alle kennen jene Zeitgenossen, die uns mit übertriebener Herzlichkeit die Hand reichen, um dann mit einem Überaufwand von Energie und Muskelkraft unsere Hand zusammenzudrücken, als gäbe es keinen stärkeren Ausdruck der eigenen Persönlichkeit als diesen Händedruck. Diese allzu starken Beweise der Herzlichkeit in diesem übertriebenen Händedruck verraten einen angriffslustigen und herrschsüchtigen Gesprächspartner.

Der Mensch mit dem zu starken Händedruck ist genauso gefährlich wie der Zeitgenosse mit einem allzu weichen Händedruck, der uns zu entgleiten scheint.

Der Psychologe kennt folgende Merksätze:

*Der weiche Händedruck*

Der leichte, empfindungslose Händedruck, mehr eine Hand, die sich wie ein Stück Stoff in unsere Hand hineinlegt, bekundet fast immer eine Reserviertheit – nicht nur uns gegenüber, sondern gegenüber der ganzen Welt, oft die Reserviertheit des Egoisten, der sich dem anderen zu entziehen versucht.

*Die hohle Hand*

Eine hohle Hand reicht uns der Mensch, der von vornherein Bedenken hat und Vorbehalte macht, der nicht alles sagen will, was er denkt, der uns mißtraut oder beneidet. Gegenüber Menschen mit hohler Hand sollte man im Umgang vorsichtig sein.

*Nur drei Finger*

Auch Menschen, die uns nur drei Finger reichen, wobei der Ringfinger und der kleine Finger leicht zur Handfläche gebogen bleiben, müssen mit größter Zurückhaltung unter die Charakterlupe genommen werden. Aber während der Mensch mit den gespreizten Fingern meist von Grund auf gefährlich ist, kann man von jenem mit dem Dreifingerdruck sagen, daß er meist nur eingebildet ist und glaubt, etwas Besonderes zu sein.

*Nur die Fingerspitzen*

Jeder von uns erlebte schon Menschen, die uns nur die Fingerspitzen gaben.

Werden die Finger gespreizt, muß zu äußerster Vorsicht geraten werden, denn wer so die Hand reicht, will den anderen „mit Haut und Haar kassieren".

Sind die Fingerspitzen hart und knochig, dann ist der Betreffende meist geizig und ängstlich, es könnte ihm etwas entgehen.
Sind diese Finger weich, dann gehören sie einem Menschen, der vor der Welt und vor uns Angst hat.

*Handrücken nach oben oder unten*

Erwähnen wir noch, daß uns gelegentlich die Hand mit dem Handrücken nach oben oder mit der Handfläche nach oben gereicht werden kann. Die mit dem Handrücken nach oben gekehrte Hand will uns beherrschen, und die umgekehrte Hand (Handfläche nach oben) verrät Unselbständigkeit. Diese Unselbständigkeit ist oft verbunden mit einer zu großen Offenherzigkeit bzw. Mitteilsamkeit.

## Bezeichnendes Händeschütteln

Der Händedruck ist oft bezeichnender für die Persönlichkeit als eine mündliche Äußerung. Sonst verschlossene Naturen geben hier oft Einblick in ihre Charaktereigenschaften und ihr Temperament.

Aber Temperament und Persönlichkeit werden oft auch durch Zugehörigkeit zu bestimmten Rassen oder Kulturen geprägt. So gibt sich der Lateinamerikaner seinem Partner gegenüber häufig reserviert, während der Nordamerikaner seinem Partner häufig betonte Vertraulichkeit und fröhliche Offenheit entgegenbringt.

Abb. 93: HAILE SELASSIE UND EXPRÄSIDENT JOHNSON

Afro-amerikanische Kultur. Die schmale Hand des afrikanischen Kaisers wird völlig von der des amerikanischen Präsidenten umschlossen.

Abb. 94: DIE ENGLISCHE KÖNIGIN UND PRÄSIDENT NIXON

Angelsächsische Kultur: Förmlichkeit und Abstand. Aber ihr Lächeln ist warm. Der Händedruck ist unverbindlich.

Abb. 95: PRINZ PHILIPP UND WILLY BRANDT

Europäischer Stil. Wie Leichtgewichtler im Ring. Ein Händedruck zwischen Gleichstehenden.

Abb. 98: PRÄSIDENT NIXON UND MINISTERPRÄSIDENT H. WILSON

Hier zeigt sich stillschweigendes Übereinkommen. Der Händedruck selbst könnte kräftiger sein.

Abb. 96: GENERAL DE GAULLE UND DER PAPST

Kein Judogriff, aber ein dem Protokoll entsprechendes Händeschütteln. Ein seltener Augenblick De Gaullescher Aufgeschlossenheit.

Abb. 97: PRÄSIDENT SVOBODA UND MINISTERPRÄSIDENT KOSSYGIN

Haltung wie hinter dem Eisernen Vorhang und ein eiserner Händedruck. Doch zugleich höfliche Verbeugung und freundliches Lächeln.

Abb. 99: MINISTERPRÄSIDENT WILSON UND STAATSPRÄSIDENT POMPIDOU

Anglo-französische Haltung: Wilson lächelnd und aufrecht. Pompidous Händedruck ist kräftiger.

Die obenstehenden Zeichnungen des Händedrucks bekannter Persönlichkeiten wurden aufgrund einer Vielzahl fotografischer Aufnahmen angefertigt und im folgenden zu deuten versucht.

## Ein Blick auf die Rillen der Fingerspitzen

Wir waren vor ein paar Jahren dabei, als man im Morgengrauen eine Tote auf den Stufen der Kathedrale von Notre-Dame fand. Sie war gut gekleidet, etwa 35 Jahre alt, aber ihre Haare waren ganz grau. Sie trug keine Papiere bei sich.

Der hinzugezogene Polizeiarzt betrachtete die Tote. Er suchte nach irgendwelchen besonderen Kennzeichen, die auf die Identität dieser Frau schließen ließen. Er besah mit der Lupe die Fingerspitzen der toten Frau. Er verglich die Fingerspitzen der rechten Hand mit denen der Linken.

„Die Tote scheint Linkshänderin gewesen zu sein. Die linke Hand ist stärker ausgeprägt als die rechte. Die Frau arbeitete vermutlich in einem Laboratorium, in dem entweder mit Röntgenstrahlen oder mit radioaktiven Stoffen umgegangen wird. Nach der Verfärbung der Augäpfel zu schließen, sind wohl stärkere Verbrennungen im Bereich von Leber und Milz im Sinne radioaktiver Schäden zu vermuten. Damit wird eine Kreislaufstörung wahrscheinlich, der die Frau wohl zum Opfer fiel."

24 Stunden später wurde durch die Obduktion und die Identifizierung der Toten bestätigt, was der Polizeiarzt vorher gemutmaßt hatte. Er war kein Hellseher. Er war kein Prophet.

## Die weißen Linien

Er verstand sich lediglich auf gewisse Zeichen, Kenntnisse, die er im Laufe vieler Jahre erworben hatte. Sein großer Kollege Frederick R. Cherill von Scotland Yard hatte zuerst darauf aufmerksam gemacht:

„Wenn man einen Toten untersucht, dann sollte man immer darauf achten, daß normalerweise die linke Hand schneller verfällt als die rechte. Ferner sollte immer geprüft werden, inwieweit die Fingerabdrücke eines Toten sogenannte weiße Linien aufweisen, also Striche, die quer durch das Leistenmuster der Fingerbeere hindurchgehen. Wenn sich zu Lebzeiten krankhafte Organveränderungen abgespielt haben, dann treten diese fast immer in Gestalt von weißen Linien im Leistenmuster zutage. Jedenfalls habe ich diese weißen Linien bei 12 bis 25 von hundert aller von mir untersuchten Personen festgestellt. Der große Unterschied in der Prozentzahl ergibt sich aus den verschiedenen Altersklassen und aus der Widerstandsfähigkeit, je nachdem die betreffenden Menschen früh oder spät, nach Generationen gerechnet, vom Land in die Stadt kamen."

Diese Eröffnung, die Frederick R. Cherill vor einigen Jahren gegenüber einigen europäischen Kriminalisten machte, war buchstäblich eine Sensation. Er konnte an riesig vergrößerten Fingerabdrücken nachweisen:

Sogenannte weiße Linien in den Fingerabdrücken treten bei einer ungünstigen Erbanlage mitunter schon wenige Monate nach der Geburt auf.

Die weißen Linien könnten zutage treten, wieder verschwinden, erneut wiederkehren, je nach dem Gesundheitszustand.

Bei spinaler Kinderlähmung treten die Querlinien als scharf markierte Striche auf.

Bei Schädigungen durch Röntgenstrahlen oder Uran sind die weißen Striche häufig so stark, daß die Fingerabdrücke fast unkenntlich werden.

## Rückschlüsse auf kranke Organe

Die hohe Bedeutung dieser Feststellung liegt vor allem in der Tatsache, daß man bisher der Ansicht war, das Leistenmuster der Fingerbeeren bleibe nach der Geburt unverändert. Man glaubte sogar sagen zu können, daß die Zahl der Linien sich so vererbt, daß sie mit der des Vaters oder der Mutter übereinstimmt oder eine Zwischenstellung zwischen der Leistenzahl der Eltern einnimmt.

Für uns aber ist bei der Untersuchung der Hände die überraschende Feststellung, daß sogar die Fingerabdrücke sich verändern können, unter ganz anderem Gesichtspunkt von Bedeutung.

Seit die Forschung weiß, daß unsere Haut geeignet ist, alle Absonderlichkeiten des Organismus zu offenbaren, können wir an den verschiedenen Stellen der Haut auf Krankheitszustände in ganz entfernt liegenden Organen schließen.

Wir berühren zum Beispiel eine ganz bestimmte Stelle an unseren Händen, unseren Fingern und können gegebenenfalls, wenn wir die geheimnisvollen Verbindungen kennen, von den Berührungspunkten auf gewisse Krankheiten der inneren Organe Rückschlüsse ziehen.

Unter diesen Voraussetzungen wird uns auch klar, wieso in der chinesischen Akupunktur, die mit silbernen oder goldenen Nadeln arbeitet, die an bestimmten Stellen der Hände und der Füße eingesteckten Nadeln eine unmittelbare Wirkung auf gewisse erkrankte Organe haben können.

## Fingerabdrücke – Analyse der Bögen, Schleifen und Wirbel

Aufgrund jahrelanger Beobachtungen und Vergleichsuntersuchungen glauben Spezialisten für Fingerabdrücke ermittelt zu haben, daß sich Fingerabdrücke auch charakterologisch auswerten lassen.

Wir bringen nachstehend einige Analysen, die die wichtigsten Bögen, Schleifen, Wirbel und Kombinationen zwischen Schleifen, Bögen und Wirbeln behandeln.

Abb. 100

Abb. 101

Abb. 102

Abb. 104

Abb. 103

1. *Wirbel* (Abb. 100)

   Widerstand gegen das Traditionelle, Lebensführung nach eigenen, meist oppositionellen Gesichtspunkten, starke Widerstandskraft, aber gepaart mit diplomatischer Anpassungsfähigkeit. Verschwiegenheit. Gefahr durch physische und psychische Überlastung. Gepflegtheit, Zivilisation, Kultiviertheit.

2. *Bögen* (Abb. 101)

   Tendenz zur Führung und Beherrschung der Umwelt, erwachsend aus Komplexen, die bei stärkerer Vereinsamung zu Depressionen führen. Häufig Anfälligkeit für Infektion durch naturgegebene Verweichlichung.

3. *Schleifen* (Abb. 102)

   Konzentrationsfähigkeit unter beruflichem oder durch die Lebensumstände bedingtem Zwang. Leichte Beeinflußbarkeit, Freigebigkeit bis zur Verschwendung. Neigung zu Schlaflosigkeit und den daraus erwachsenden Störungen des Allgemeinbefindens, vor allem nervöse Magenbeschwerden.

4. *Kreuzung Bogen mit Schleife* (Abb. 103)

   Nervöse Übererregbarkeit, starkes Empfindungsleben, Empfindlichkeit gegenüber dem, was die Welt kritisch sagen könnte. Tendenz, sich beleidigt oder zu scharf beobachtet in die Einsamkeit zu flüchten. Dadurch Leber-Gallen-Beschwerden, weil aller Ärger und Unmut „geschluckt" wird.

5. *Kreuzung Wirbel mit Bogen* (Abb. 104)
   Starke Tendenz zu Harmonie in bezug auf Formen und Farben sowie Musik. Guter, gepflegter Geschmack. Hohe Sensibilität mit gereizter Reaktion auf Schwierigkeiten des Alltagslebens. Starke Belastung durch Komplikationen, die sich aus der Umwelt ergeben können und dementsprechend Rückwirkungen auf das vegetative System.

## Hand-, Finger- und Nagel-Anomalien

Um die Übersicht zum Thema der Zeichen an und in der Hand aufgrund von Anomalien der Finger und der Nägel abzuschließen, geben wir nachstehend eine interessante Übersicht, die auf den Erkenntnissen des amerikanischen Arztes Dr. Fred Frosner beruht.

*Nervöse Erschöpfung* (Abb. 105)

Wenn der Mittelfinger übermäßig lang, der kleine Finger aber zu kurz ist, liegt sehr häufig eine starke Neigung zu nervösen Depressionen und nervöser Erschöpfung vor, vor allem dann, wenn die Hand bei Berührung sehr kalt erscheint und wenn sich auf den Nägeln weiße Flecken zeigen.

*Blutarmut* (Abb. 106)

Die Nägel erscheinen in ihrem Mond, also am untersten Teil des aus dem Nagelbett herauswachsenden Nagels, blaß. Die Nägel zeigen außerdem die Tendenz, sich zur Tiefe auszubuchten – so als ob die Blutversorgung unter den Nägeln nicht ausreichen würde, um die Nägel zu ernähren und den Organismus in seinem Kalkhaushalt im Gleichgewicht zu halten. Meist erscheint auch die Hand zu blaß, verglichen mit der normalen rosa Farbe, die vor allem das Handinnere aufweisen müßte.

*Krampfadern* (Abb. 107)

Wenn ein Finger, vor allem der Ringfinger, besonders stark entwickelt ist und über die anderen Finger hinausgeht, besteht fast immer eine Tendenz zu Venenerweiterung, zu Krampfadern.

*Herzstörungen* (Abb. 108)

Wenn die Finger in ihrem Endglied sogenannte Trommelschlegelform aufweisen und sehr breit erscheinen, ist dies sehr häufig ein Zeichen von Herz-

Abb. 105

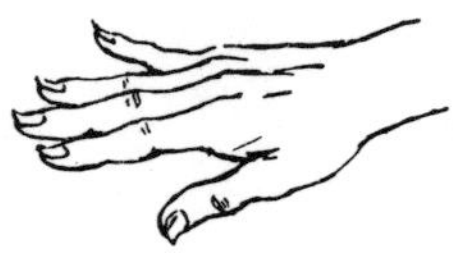

Abb. 106

Abb. 107

störungen. Dies ist vor allem dann der Fall, wenn die Hände sehr kalt erscheinen, die Nägel bläulich sind und bei Fingerabdrücken merkwürdige Dreiecksformen zu beobachten sind.

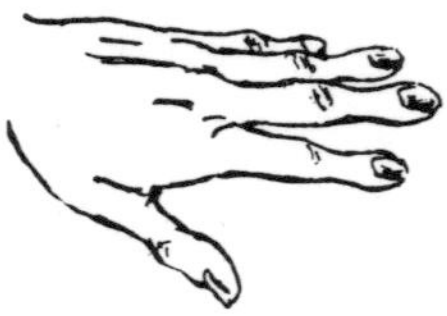

Abb. 108

Abb. 109

Abb. 110

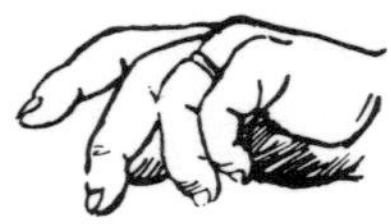

Abb. 111

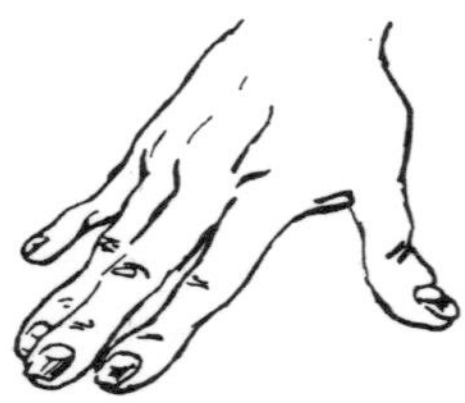

Abb. 112

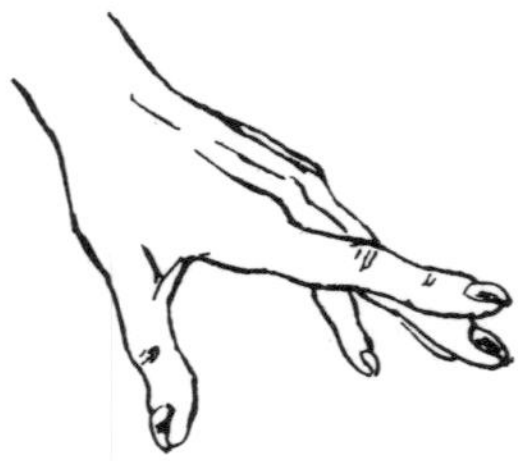

Abb. 113

Abb. 114

Abb. 115

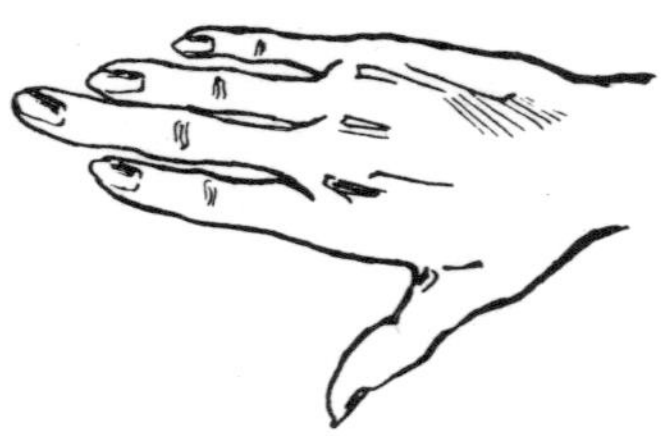

Abb. 116

*Frauenleiden bzw. Prostataveränderungen* (Abb. 109)

Wenn die Finger ungewöhnlich kurz sind, vor allem der kleine Finger, wenn die Nägel in Fächerform wachsen und der Nagelmond kaum in Erscheinung tritt, ist fast immer mit einer Störung im Bereich der weiblichen Fortpflanzungsorgane und beim Mann im Bereich der Hoden und der Prostata zu rechnen.

*Übermäßige Schilddrüsenfunktion* (Abb. 110)

Wenn die Nägel sehr lang, gleichzeitig aber sehr schmal sind und der Mond ungewöhnlich breit erscheint, dürfte die Schilddrüse zu stark funktionieren.

*Unterfunktion der Schilddrüse* (Abb. 111)

Laufen die Finger konisch zu und zeigen sich auf den Nägeln bemerkenswert starke Längslinien, machen die Finger ferner den Eindruck, aufgequollen zu sein, kann man mit einer Insuffizienz der Schilddrüse rechnen.

*Störungen im Bereich der Lungen* (Abb. 112)

Wenn die Finger eine Tendenz zur Trommelschlegelform aufweisen, im zweiten Fingerglied aber sehr schmal werden, muß mit Störungen im Bereich der Lungen gerechnet werden.

*Schwache Lungenfunktionen* (Abb. 113)

Sind die Nägel gewölbt und erscheinen sie blau, dürfte eine Unterfunktion im Bereich der Lungen vorliegen. Man beobachtet die Disposition zu solchen Nägeln oder die nachträgliche Entwicklung derartiger Nagelformen bei Personen mit Emphysemen.

*Rheumatismus* (Abb. 114)

Sind die Hände sehr trocken und die Nägel gestreift, besteht eine permanente Gefahr zu einem infektiösen Rheumatismus, der den Träger solcher Hände mehr oder weniger kurzfristig befallen kann.

*Gefährliche Neigung zum chronischen Rheumatismus* (Abb. 115)

Wenn die Nägel in ihrer ganzen Länge mit Längsstrichen markiert sind und außerdem Neigung zeigen, hier und da sich zu spalten, als wollten sie aufbrechen, muß mit einer verstärkten Disposition zum Rheumatismus, und zwar zum chronischen Rheumatismus gerechnet werden.

*Eingeweidestörungen* (Abb. 116)

Wenn der Mittelfinger zu lang ist, liegen sehr häufig Eingeweidestörungen vor, die zeitweilig in schwere Koliken ausarten können, gleichzeitig aber häufig mit einer Disposition zu Steinbildungen verbunden sind.

## Was Gang und Füße verraten

In Ostasien, wo viele Millionen Menschen ohne Schuhwerk gehen, kamen die Charakter- und Schicksalsforscher zuerst auf den Gedanken, aus den Linien, die man in den Fußsohlen findet und die weitgehend mit den Handlinien übereinstimmen, eine Analyse des Charakters abzuleiten.

Wir fügen Deutungen hinzu, die aus Schritt und Gang abgeleitet werden.

### *Eindeutige Erkenntnisse*

Was bedeutet es, wenn jemand ausschreitet, als habe er Blei in den Füßen, während ein anderer verspielt tänzelnd auf leichten Sohlen über die Straßen geht?

Der Mensch mit dem schweren Schritt sucht seine Unabhängigkeit, seine Selbständigkeit. Aber er fürchtet die Einmischung des anderen in sein Leben.

Wer leicht ausschreitet, neigt zu einer optimistischen, oft sogar euphorischen Beurteilung seiner Lage und seiner Beziehungen zur Umwelt.

Setzt jemand beim Gehen die Fußspitzen nach innen, dann sind die angedeuteten Eigenschaften um so stärker vorhanden und entwickeln sich unter Umständen zu mißtrauischer Besitzgier, verbunden mit Eifersucht.

Sind die Fußspitzen nach außen gesetzt, dann kann der betreffende Mensch nicht ohne liebenswerten Kontakt mit der Umwelt sein.

### *Schritt*

Die Analyse des Schrittes kann zur charakterlichen Beurteilung eines Menschen nur dann beitragen, wenn man seinen Normalgang beobachtet. Natürlich darf der Gang nicht nur Ausdruck einer zufälligen Stimmung sein – wie zum Beispiel langsames und gemessenes Gehen beim Nachdenken, schnelles Vorwärtsstürmen bei leidenschaftlicher Erregung, zögerndes Ausschreiten bei Trauer und Schmerz.

Berücksichtigen wir diese Vorbehalte, dann ergeben sich aus der Schrittanalyse folgende Schlüsse:

*Kurze Schritte:* übergroße Vorsicht oder Schwäche.

*Kleine trippelnde Schritte:* nervöse Ungeduld, Kleinlichkeit.

*Kleine langsame Schritte:* Nervenschwäche, Übermüdung oder konstitutionell bedingte Trägheit, die nicht mit Faulheit verwechselt werden darf.

*Langsame mittelgroße Schritte* (mit gehobenem Kinn): Geltungssucht, häufig Eitelkeit, hochmütiges Wesen gegenüber der Umwelt.

### *Gang*

Der Gang ist der zur Gewohnheit gewordene Schritt. Der Gang ist die längere Ausführung des Schreitens, die immer wiederkehrende Art und Weise, wie jemand geht, wobei also Stimmungsauswirkungen oder Augenblicksnotwendigkeiten nicht als Antriebsfaktoren in Frage kommen.

*Fester und sicherer Schritt:* viel Energie, Mut, Gewissenhaftigkeit, aber auch Verschlossenheit und Unberechenbarkeit.

*Fester und würdiger Schritt:* echtes oder gekünsteltes Selbstbewußtsein, fast immer leicht verletzbar, immer mit einem starken Hauch von Vornehmheit.

*Schwerfälliger Gang mit starker Bewegung des Oberkörpers:* Energie und Festigkeit, meist verträglicher Charakter, aber Mangel an Phantasie, nicht aus der Ruhe zu bringen, phlegmatisch.

*Unsicherer und scheuer Schritt:* Mißtrauen, Furchtsamkeit, unsicher in den Entschlüssen, Neigung zu Schwermut oder Romantik, übermäßig sorgenvolle Einstellung gegenüber Alltagsumständen des Lebens.

## Der Arzt sieht es sofort

Mancher Patient wird sich schon gewundert haben, daß der Arzt, zu dem er sich zur Untersuchung begab, ihm anscheinend „aus dem Handgelenk" heraus sagen konnte, woran er leidet, welche Schmerzen er fühlt, welche Symptome sich bei ihm am Tage oder in der Nacht einstellen.

Das Geheimnis dieser „Hellsichtigkeit“ erklärt sich aus der Tatsache, daß der Arzt tatsächlich weiß, was man aus Schrittlänge, Gangbreite, Sicherheit, Einhaltung der Richtung, Geschwindigkeit und Gleichordnung der Nebenbewegungen, z. B. der Arme, zu schließen vermag.

*Ataktischer Gang:* breitspurig und schleudernd, immer verbunden mit einer Störung der Koordination, also der Gleichschaltung der übrigen Körperbewegung, was eigentlich immer auf Störungen im Gebiet des Wirbelkanals oder im Gehirn schließen läßt.

*Spastischer Schritt:* steif, schlürfende Fußsohle mit schleifendem Geräusch. Der ganze Körper wippt beim Schritt mit. Diese Kennzeichen lassen auf die Möglichkeit multipler Sklerose, einen Restzustand nach Hirnhautentzündungen, auf Parkinsonsche Krankheit schließen.

*Watschelnder Gang:* vor allem zu beobachten bei Erkrankungen oder Verrenkungen im Hüftgelenk, bei Frauen, die mehrere sehr schnell aufeinanderfolgende Schwangerschaften durchmachten, hochgradige Kalkarmut, Folgeerscheinungen der spinalen Kinderlähmung, der Beriberi und des Muskelschwundes.

## Fußformen verraten viel

Versuchen wir nun, den Fuß des Menschen zu untersuchen. Wir unterscheiden, wie wir alle wissen, große und kleine Füße, die eine gewisse Bedeutung haben, wenn der Fuß abnorm klein ist, verglichen zur sonstigen Körpergröße. Aber die Deutungen gehen bei fast allen Diagnostikern stark auseinander.

*Elementarer Fuß* (Trampelfuß, natürlicher Plattfuß – Abb. 117). Das ist ein Zeichen für fehlende feine Gefühlsäußerung, meist mittelmäßige geistige Begabung, häufig verbunden mit langen Armen und sehr groben Händen.

*Plattfuß* (krankhafte Bildung – Abb. 118), der im Laufe der Entwicklung oder durch den Beruf entstand und sich aus einem „Einbruch“ des Mittelfußes entwickelte. Da jeder Beruf, jeder Menschentyp bei entsprechender Belastung davon betroffen sein kann, sind Rückschlüsse nicht möglich.

*Motorischer Fuß* (Abb. 119), zu beobachten bei kräftigen Menschen mit harmonischem Körperbau. Man beobachtet fast immer einen starken Hang zur Eigenentwicklung, Geradheit, zu natürlichem Wesen. Dieser Fuß kann heutzutage oft bei Männern und Frauen beobachtet werden.

*Athletischer Fuß* (Abb. 120) kommt eigentlich nur beim Mann vor oder bei sehr maskulinen Frauen. Charakteristika: harter Wille, aufbrausendes Wesen, schnelles Urteil, wenig Phantasie, aber meist rücksichtsloser scharfer Verstand, Überbewertung von Äußerlichkeiten.

*Motorisch-sensibler Fuß,* zu finden bei zart gebauten Männern und Frauen. Häufig zu beobachten bei geistig hochbegabten Personen mit starken wissenschaftlichen oder künstlerischen Begabungen.

*Leichter Tanzfuß* (Abb. 121) entspricht dem motorisch-sensiblen Fuß, ist aber noch weicher, zarter und empfindlicher. Man sieht diesen Fuß bei Personen mit sehr hingebungsvollem Charakter, bei Frauen mit einem zarten mütterlichen Wesen.

Abb. 117

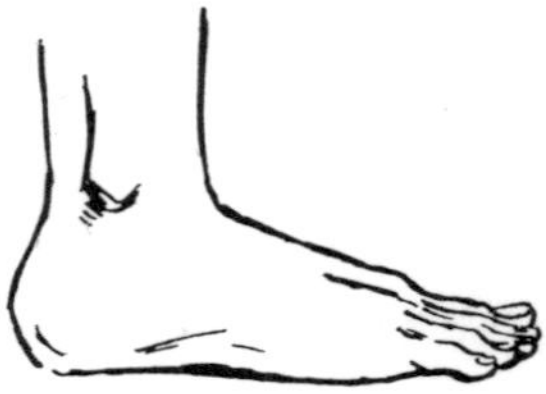

Abb. 118

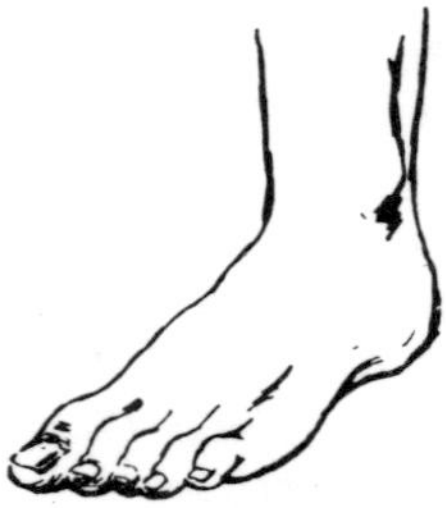

Abb. 119

Abb. 120

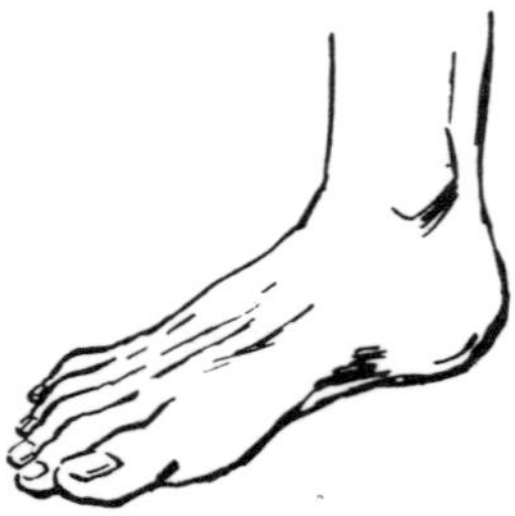

Abb. 121

Schauen wir unter die Fußsohle, dann erkennen wir in vielen Fällen mit Erstaunen, daß die Fußsohle eine genauso feine Linierung aufweist, wie wir es in der Hand des Menschen beobachten.

Das Bild, das sich uns bietet, ist um so klarer, je jünger der Mensch ist, dessen Fuß wir unter die Lupe nehmen. Bei einem Kleinkind, bei einem Säugling ist tatsächlich die Zeichnung so überraschend vielgestaltig wie in einer Hand.

Folgen wir den Feststellungen der Anthropologen, dann sind wir die Nachfahren von warmblütigen Lebewesen, die einmal auf allen vieren gewandelt sind. Als der Mensch sich dann aufrichtete und aus der horizontalen in die vertikale Haltung ging, mußte er einen größeren Halt suchen, als er ihn ursprünglich auf seinen „Hinterpfoten" hatte und benötigte.

## Die Fußlinien

Die Anthropologen wissen, daß der Mensch ursprünglich auf seinen Ballen lief. Daher erklärt es sich wohl auch, daß es Frauen gibt, die auf sehr hohen Absätzen ausgezeichnet gehen können und sich bei diesem Gang sogar wohler fühlen, als wenn sie flache Absätze tragen. Es handelt sich um die Wiederherstellung der Streckung der Bauchmuskulatur entsprechend dem früheren Gang auf dem Fußballen.

In jener Zeit, als die Menschen noch „Ballengänger" waren, berührten sie also wirklich den Boden nur dann mit den Fersen, wenn sie sich in Ruhestellung setzten.

Bei der Betrachtung der Fußlinien (Abb. 122) müssen wir also vor der Ferse schon einen Abschluß ziehen, weil die Ferse bereits zu unserem Fußgelenk gehört.

Ein Vergleich läßt sich sehr einfach herstellen:
Wir haben, wenn wir unsere Hand betrachten, unterhalb der eigentlichen Handfläche ein sogenanntes „Armband", das meist aus zwei oder drei Linien besteht, die von der einen Seite des Handgelenks zur anderen verlaufen.

Ein solches „Band", das in diesem Fall freilich „Fersenband" (E) heißen muß, finden wir auch unter der Fußsohle, und zwar meist als Abschluß des letzten unteren Viertels. Oberhalb dieses „Fersenbandes" baut sich dann die eigentliche Linierung des Fußes auf:

Die *Lebenslinie* (A), die sich unter den Füßen unterhalb der zweiten großen Zehe entwickelt und die Fußlinie nach unten durchschneidet. Aber sie geht meist nicht bis in die zweite Zehe hinein, sondern verläuft mit einem kleinen Schwung in Richtung der großen Zehe.

Die *Schicksalslinie* (B) ist meist sehr kurz und geht an der Gabelung der Lebenslinie in Richtung der vierten Zehe seitlich ab. Aber man sagt in der Deutung der Schicksalslinie unter der Fußsohle, daß unter dem Fuß die Schicksalslinie und die Lebenslinie viel enger zusammenlaufen oder parallel laufen, als es in der Hand der Fall ist.

Die *Kopflinie* (C) entspringt auf dem äußeren Fußrand unter dem Ballen, der zur großen Zehe gehört, und führt zur anderen Fußseite hinüber. Die Kopflinie ist fast immer unterbrochen, bestimmt aber immer dann lücken- oder fehlerhaft, wenn nervöse Störungen vorliegen, die sich auch auf den Gang auswirken.

Die *Herzlinie* (D) beginnt unter der kleinen Zehe, und zwar unterhalb des Ballens, der zu dieser kleinen Zehe hinzugehört, und führt von dort aus zum Ballen der großen Zehe hinüber. Die Herzlinie unter der Fußsohle ist das Zeichen für den Grad der einwandfreien Durchblutung der unteren Extremitäten, ein Vorgang, der vor allem bei Frauen meist viel zu wünschen übrigläßt.

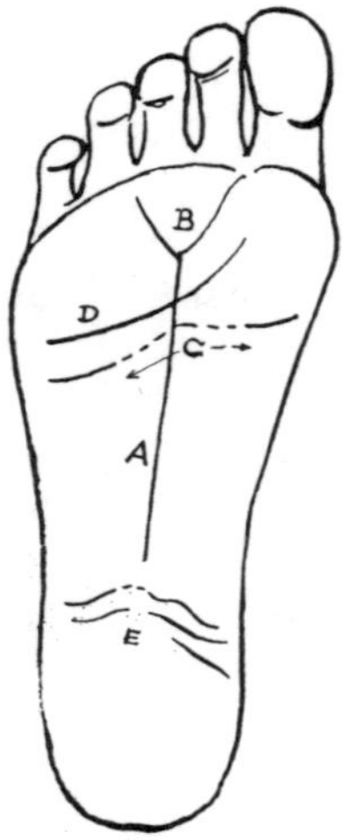


Abb. 122

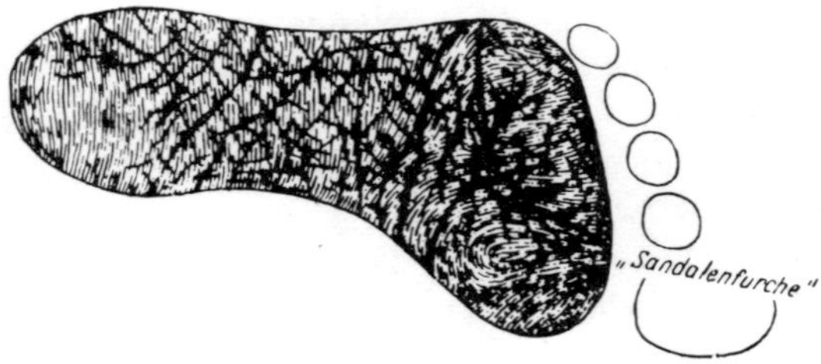


Abb. 123

Im übrigen können die Fußlinien und die Handlinien in ihrer Deutung etwa gleichgesetzt werden, freilich mit dem Vorbehalt, daß die Linien unter den Füßen fast nie auf psychische Vorgänge hindeuten, sondern eigentlich immer nur auf rein physiologische Tatsachen, auf die Einstellung des Menschen zu der Lebenssituation, in die er hineinversetzt ist, auf die Art und Weise, wie er ausschreitend sein Leben zu bewältigen vermag.

Der unmittelbare Zusammenhang zwischen Gang, Fußform, Charakter, Wesensart und den Schuhen ist unverkennbar.

Prof. Dr. med. W. Hirsch, Berlin, hat Papillaren und Furchen, wie er die Linien an Händen und Füßen nennt, auch an den Füßen genau untersucht. Er fand bei Mißbildungen, Mängeln und Abwegigkeiten der körperlichen und geistigen Entwicklung häufig am Fuß eine tiefe Linie zwischen der großen Zehe und der zweiten Zehe, die bei normalen Menschen kaum zu beobachten ist. Er nannte sie Sandalenfurche (Abb. 123).

## Gestörte Proportionen an Armen und Beinen

Alles was am Menschen disproportioniert ist, stört uns und ist unschön. Was unschön oder gar häßlich erscheint, ist oftmals in seinen Untergründen krank oder ungesund. Das lernt man schon in der Physiognomik, im Studium des Charakters nach den Gesichtszügen. Dieses Wissen gilt für alle Verhältnismaße zwischen den Gliedmaßen und dem Rumpf. Sind diese Maße in Unordnung, dann deuten sie unter Umständen auf fehlende Harmonie der geistigen und charakterlichen Qualitäten hin. Zu diesen Erkenntnissen kommen die Psychologen in Zusammenarbeit mit Ärzten und – Künstlern. Aus sorgfältigen Vergleichen ließen sich schon früh

Schlüsse ziehen, die in jüngster Zeit durch die psychologische Forschung ergänzt und bestätigt wurden.

Je vollkommener die Proportionen, die Verhältnisse zwischen Armen und Beinen, zwischen den Gliedmaßen und dem Rumpf sind, um so höher liegen die Leistungen des betreffenden Organismus.

Sportärzte haben dies in umfangreichen Untersuchungen festgestellt. Sie analysierten mit Hilfe von Filmstreifen, daß ein hervorragender Schnelläufer nicht nur über ausgezeichnete Proportionen in den Abmessungen der Gliedmaßen im Verhältnis zum Körper verfüge, sondern auch, daß aus diesen Proportionen eine Intelligenz zu erwachsen pflegt, die dem Sportler eine taktische Überlegenheit verleiht.

## Zu lange oder zu kurze Arme

Es ist seit langem bekannt, daß die Disharmonie zwischen Rumpf und Armen oft mit einer Beeinträchtigung entweder der geistigen Qualitäten oder aber des Charakters einhergeht.

Die psychologische Erklärung läuft, selbst wenn wir eine direkte Beeinflussung des Gehirns durch die disproportionierten Gliedmaßen außer acht lassen, darauf hinaus, daß der Mensch, der weiß, daß er mit falsch proportionierten Armen zur Welt kam, unter Komplexen leidet. Diese Komplexe muß er ausgleichen. Dies geschieht, indem er rücksichtslos, eventuell mit Verschlagenheit, immer aber mit Feindseligkeit gegenüber der normal geformten Menschheit seinen Kampf führt, seine Siege erringt und seine Triumphe feiert.

Grundsätzlich lassen sich in bezug auf die Arme folgende Erfahrungsrichtlinien aufstellen:

*Arme*

*lang, muskulös:* Kraft, nüchterne Überlegung, meist erhebliche Geschicklichkeit in sportlichen oder technischen Dingen;

*lang, hager:* gesunde Lebensauffassung, männliches Verhalten, kühle Überlegung, kaum Neigung zur Romantik;

*kurz und weichlich:* verfeinertes, eventuell feminines Wesen beim Mann; kindliche Einstellung zu den Lebensproblemen bei der Frau – Eigenarten, die Intelligenz, Unternehmungsgeist oder beim Mann z. B. Mut keineswegs auszuschließen brauchen;

*kurz, knochig:* ausgeprägter Unternehmungsgeist, Kühnheit bis zur Verwegenheit, schneller Entschluß und kaltblütige Beherrschung technischer Apparaturen, selbst in kritischen Situationen;

*krumm, wie verbogen:* oft bei anmaßend auftretenden Personen, die sich durch ihren Neid und durch ihren Hochmut unbeliebt machen;

*stark behaart:* beim Mann keineswegs ein Zeichen für ausgeprägte Männlichkeit, sondern oft Kennzeichen für Unbeständigkeit des Charakters und Flatterhaftigkeit in der Liebe; bei Frauen Neigung zur Klatschsucht.

Seltsam verbogene Arme mit starker Behaarung, auch wenn diese Haare rasiert oder gebleicht werden, beobachtet man z. B. bei jenen „Klatschbasen" der Gesellschaft, die auf der Welt soviel Unheil anrichten.

## Auf die Schenkelmaße kommt es an

Beobachten wir die mangelhaften Proportionen eines Menschen, sehen wir jemanden, der nach unserem Gefühl und unserer Schätzung einen viel zu langen Oberkörper und zu kurze Beine hat, dann sind es fast immer die Oberschenkel, die Oberschenkelknochen, die zu kurz geraten sind.
Nur in seltenen Fällen, wenn eine Störung im Bereich der Hypophyse vorliegt, wenn also wahrscheinlich schon die Gene geschädigt waren oder wenn im Laufe der frühesten Entwicklung die Ausschüttungen der Hypophyse nicht normal verliefen, entwickeln sich die Unterschenkel kürzer als die Oberschenkel.

Grundsätzlich läßt sich in bezug auf die Beine folgendes feststellen:

Abb. 124

Abb. 125

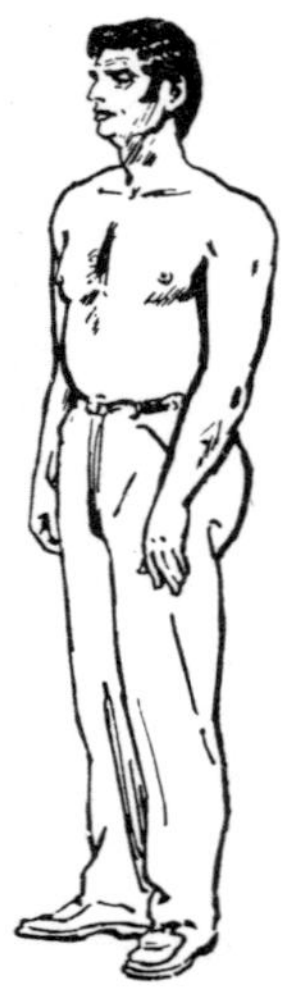

Abb. 126

Abb. 127

Abb. 128

*Schenkel*

*Oberschenkel lang* (Abb. 124): starke Individualität, ausgeprägte Eigenpersönlichkeit.

*Oberschenkel schlank, knochig* (Abb. 125): männliche Art, energisches Auftreten, Selbstbehauptung bis zur Rücksichtslosigkeit.

*Oberschenkel weich, fleischig, dick* (Abb. 126): Weichlichkeit, feminines Wesen, meist verbunden mit einem starken, manchmal hemmungslosen Gefühlsleben.

*Unterschenkel lang und dünn:* Fehlen des rein persönlichen Charakters, der Selbständigkeit, des Willens, sich durchzusetzen.

*Unterschenkel länger als der Oberschenkel* (Abb. 127): Individualität ist nicht ausgeprägt, der Mensch neigt dazu, in das Herdenniveau abzusinken, wenn die Umstände für seine Entwicklung nicht besonders günstig sind.

*X-Beine* (Abb. 128): typisch weibliche Eigenart, bei der Frau bis zu einem gewissen leichten Grad naturbedingt, sofern dieser Zustand nicht durch rachitische oder tuberkulöse Knochenveränderungen bedingt ist.

Beim Mann sind X-Beine fast immer ein Zeichen für Nachgiebigkeit, Weichheit in der Einstellung zur Umwelt, oft feminines Verhalten.

Wir können aber die Schenkel, die Unterschenkel und die Füße immer nur in ihrer Gesamtheit und im Verhältnis zu den Maßen des Rumpfes, des Körpers an sich und darüber hinaus im Verhältnis zu den Armen bewerten.

Es fällt auf, daß Menschen mit langen „hochgezüchteten" Beinen oft zwar nach außen einen sehr guten Eindruck machen, in der praktischen Bewältigung des Lebens aber hinter den Menschen mit mittellangen und kurzen Beinen zurückstehen.

## Ein Blick auf die Beine der Frauen

Wir wissen, daß die Beine bei Mann und Frau sehr unterschiedlich geformt sein können. Männerbeine sieht man, wenn nicht am Strand oder beim Sport, freilich seltener. Die Beine der Frauen sind unseren Blicken tagtäglich ausgesetzt. Die vergleichende Menschenkunde weiß zu den Beinformen als Grundlage einer Charakteranalyse zu sagen:

*Kurze Beine* (Abb. 129): Eine Frau mit zu kurzen Beinen sollte man immer mit allergrößter Vorsicht behandeln. Denn es besteht die Neigung, Eigensinn mit Willensstärke, Starrköpfigkeit mit Energie zu verwechseln. Die Beharrlichkeit, die oft sogar angesichts nachweisbarer Irrtümer an den Tag gelegt wird, kann ernste Folgen haben.

*Beine mit runden Waden* (Abb. 130): Frauen mit Beinen, deren Waden gut gepolstert sind, dürften gleichzeitig anschmiegsam und angriffslustig sein. Der Charakter ist nicht einheitlich, sondern schwankend. Ebenso ist es mit der Gesundheit. Aber die gesundheitlichen Störungen sind nur selten ernster Natur. Der Appetit ist meist ausgezeichnet.

*Schlanke Beine* (Abb. 131): Man muß zwischen schlanken und mageren Beinen unterscheiden. Schlanke Beine verraten einen lebhaften Charakter, einen häufig scharfsinnigen Geist, starke Widerstandskraft gegenüber Krankheiten, aber auch eine Neigung zur Nervosität, die nicht immer in Schach gehalten werden kann. Alles was erregt und aufregt, sollte man Frauen mit solchen Beinen fernhalten.

*Zu dünne Beine* (Abb. 132): Wenn die Beine stockig, also zu dünn erscheinen, ist häufig auch der Charakter nicht so, wie er sein sollte, um mit der Umwelt in gutem Einvernehmen zu leben. Die Gesundheit ist nicht schlecht, aber die Menschen, Mann und Frau, mit dünnen Beinen kränkeln immer ein wenig. Sie sollten ihrer Ernährung mehr Aufmerksamkeit widmen.

*Sehr lange Beine* (Abb. 133): Lange Beine gehören Frauen mit Ehrgeiz. Um ehrgeizig zu sein, muß man eine eiserne Gesundheit haben. Denn sonst gehen die Anforderungen über die Widerstandskraft hinaus. Eine Nahrung, die reich ist an Mineralsalzen, wird dringend empfohlen.

*Dicke, zu starke Beine* (Abb. 134): Sind die Beine zu stark, dann ist eine Frau zumeist herrschsüchtig, vielleicht auch etwas rauh im Umgang mit den Personen ihrer nächsten Umgebung. Die Gesundheit ist ausgezeichnet; aber es besteht die Neigung, jene Kalorientabelle Tag für Tag zu überschreiten, die der Arzt den Frauen mit dicken Beinen immer wieder zu beachten empfiehlt.

Abb. 129 Abb. 130 Abb. 131 Abb. 132 Abb. 133 Abb. 134

## Was der Blick auf die Knie verrät

Bei den Knien ist es wie mit anderen Körperteilen, die in der Charakteranalyse als Indiz für diese oder jene Neigung oder Schwäche zitiert werden: Man darf sich nicht auf ein einziges Anzeichen stützen, sondern man muß immer versuchen, andere Merkmale zum Vergleich heranzuziehen, um entweder ein vorschnelles Urteil abzuschwächen oder aber den bereits gewonnenen Eindruck zu untermauern.

Abb. 135

Abb. 136

Abb. 137

*Runde Knie* (Abb. 135): Sie gehören Menschen, die weich oder auch weichlich sind, in jeder Weise fraulich bzw. feminin, empfindlich bis zur hochgradigen Sensibilität, die bisweilen sogar über das Maß des Erträglichen hinausgeht. Wir vermerken ausdrücklich, daß auch viele Männer runde Knie haben, denen man sonst eine feminine Note nicht nachsagen kann.

*Spitze Knie* (Abb. 136): Wenn ein Knie von oben betrachtet spitz erscheint, gehört es fast immer einer Person, die schnell gereizt ist, hysterisch ausschlägt, nervös reagiert bis zur überspannten Angriffslust. Es empfiehlt sich, Frauen mit spitzen Knien – aber auch Männern, bei denen man solche Knie feststellt – mit Zurückhaltung zu begegnen, sie also möglichst in Ruhe zu lassen und ihnen, wenn sie Streit suchen (und das tun sie sehr häufig), aus dem Weg zu gehen.

*Breite, viereckige Knie* (Abb. 137): Derartige Knie sind männlich, hart, gehören widerstandsfähigen Personen, die, ob Mann oder Frau, gewohnt oder gezwungen sind, sich im Alltagsleben zu behaupten und selbständig durchzusetzen. Viele berühmte Sportlerinnen haben derartige Knie. Oft sind solche Knie bei Frauen die einzigen Kennzeichen ihrer Männlichkeit, die ihnen im Sport zum Sieg und im Beruf zum Erfolg verhilft!

## Was der Arzt sieht

Der Arzt weiß aus den fehlerhaften Proportionen auf eine überwundene Rachitis, auf Knochenerkrankungen in verflossenen Generationen, auf Erbschäden zu schließen. Im übrigen aber muß er sich meist damit begnügen, zu prüfen, wie die Haltung des Menschen aufgrund der Proportionen seiner Gliedmaßen ist. Dem Arzt kommt es auf den Gang an, also auf die Art und Weise, wie die Füße und Beine zum Schreiten, zur Herstellung des Gleichgewichts eingesetzt werden, während den Armen die Aufgabe zufällt, bis zu einem gewissen Grad eine gedachte Balancierstange auf dem Weg durchs Leben zu halten. Der Arzt weiß jedenfalls um folgende Erfahrungen:

*Unruhiges Stehen* (also eine ständige Bewegung der Arme und Beine): hochgradige Nervosität, häufig Reizungsvorgänge im Bereich des Hirns oder des Rückenmarks, die auf Lähmungsvorgänge, Bandscheibenschäden oder Erkrankungen im Bereich des Rückenmarks schließen lassen, wenn eine auffällige Unfähigkeit zu stehen beobachtet wird.

*Taumelnder Gang* (der an das Schreiten eines Betrunkenen erinnert): oft zu beobachten bei Gehirnleiden, Schwindel infolge schwerer Blutarmut, Rückenmarkerkrankungen.

*Gebückter Gang:* Krampfvorgänge im Bereich des Magens oder der unteren Eingeweide, rheumatische oder gichtige Veränderungen, die zu einer gebückten Haltung beim Schreiten zwingen.

*Unmöglichkeit des Treppensteigens:* Herzleiden, Kräfteschwund, Energieverlust durch Überanstrengung oder durch krankhafte Vorgänge, deren Ursachen im Nervensystem oder im Kreislauf liegen können.

*Unfähigkeit, die Treppen hinunterzugehen:* Lähmungsvorgänge, die meist vom Gehirn ausgehen, sehr schwere Bandscheibenschäden, Kniegelenkerkrankungen.

*Unmöglichkeit, rückwärts zu gehen:* Erkrankungsvorgänge im Labyrinth des Ohrs, im Kleinhirn oder aber im verlängerten Mark. Maßgebend aber bleibt bei der Bewertung der Gliedmaßen, was wir schon eingangs sagten, die Harmonie, die Proportion, denn die beste Proportion sichert die beste Leistung des Organismus und über den Organismus hinaus des Geistes, der den Körper lenkt und doch von ihm abhängig bleibt.

## „Schlechte Füße“ verraten erlittene Schicksalsschläge

Wir entdeckten in Paris in der Rue Dulong im Stadtviertel Batignolles den Schuhmacher Jean-Baptiste de Andreis. Er dürfte einer der besten Fachleute auf dem Gebiet der Podalogie – eine Bezeichnung, die er für seine „Fußkunde“ prägte – sein. Er untermauerte seine Thesen mit wissenschaftlichen Argumenten, besprach sich mit bekannten Osteopathen (Spezialisten für Knochenerkrankungen) und schrieb schließlich eine Lehre der Podalogie.

Jean-Baptiste de Andreis, der in seiner Werkstatt in der Rue Dulong zwischen Schuhen und Büchern lebt, kam aufgrund einiger zufälliger Beobachtungen zu dem Schluß, daß die Haltung eines Menschen mit seinem psychischen Zustand wechselt. Verändert sich aber die Haltung des Menschen, dann wirkt sich dies auf den Gang aus. Vom Gang, vom Schreiten, von der Art und Weise, wie der Mensch die Füße setzt, aber hängt es ab, wie die Schuhsohlen, die Absätze abgelaufen werden.

Aber Jean-Baptiste de Andreis entdeckte auch, daß je nach der psychischen Verfassung der Geruch der Schuhe sich verändert.

Nachstehend geben wir einige Thesen wieder:

Menschen, die unter Plattfüßen leiden, haben meist in ihrem Leben schwer gelitten. Die Unduldsamkeit der Mitwelt geht ihnen näher als anderen. Dabei sind diese Menschen nur selten egozentrisch. Sie nehmen sich anderer Unglücklicher gern an. Sie sind auch hilfsbereit und freundlich.

Ein schwerer Herzenskummer, ein bitterer Rückschlag in finanzieller Beziehung können einen Zusammenbruch des Mittelfußes zur Folge haben.

Menschen, die das Leben enttäuschte, haben meist „schlechte Füße". Tatsächlich stellt man Fußleiden und merkwürdige Fußveränderungen sehr häufig bei Künstlern fest, bei Schriftstellern, die von sich behaupten, die Welt verstünde sie nicht. Was die Hände nicht vermochten, das versuchen die kranken Füße. Daraus entwickelt sich eine seltsame Art zu gehen, auszuschreiten und eine absonderliche Form der Abnutzung der Sohlen und der Absätze.

Leberleidende erkenne man, sagt de Andreis, an einem Acetongeruch der Schuhe, Alkoholiker an ihrem „Wildgeruch", schwere Neurotiker an ihrem sauren Schuhgeruch.

## Ein Barometer des Charakters und der Gesundheit

Von de Andreis sagte einmal eine ältere Dame: „Dieser Mann ist der Beichtvater der empfindlichen Füße."

Er selbst behauptet, die Füße des Menschen seien ein Barometer der Gesundheit und des Charakters, das, zusammen mit den Schuhen, die diese Füße tragen, sich nicht irrt.

Ähnliches sagte Salvatore Ferragamo aus Florenz (dem der Palast Feroni Spini gehört), vermutlich der bekannteste Schuhmacher der Welt. Und sie beide befinden sich in der Gesellschaft gleichgesinnter Meister der Kunst, aus den Schuhen und Schuhsohlen bzw. deren Abnutzung auf den Charakter oder die Krankheitsdispositionen schließen zu können.

Salvatore Ferragamo behauptete: Menschen, die die Sohlen auf der ganzen Breite ablaufen, sind meist Leisetreter, Menschen, die Sie bei der schwachen Seite nehmen wollen. Jene dagegen, die die Schuhe an der Innenseite der Sohlen ablaufen, sind geizig, anspruchsvoll in bezug auf das, was die anderen ihnen geben sollen. Menschen, die die Sohlen an der Außenseite ablaufen, sind verschwenderisch und halten weder mit dem eigenen noch mit dem fremden Geld Haus. Menschen schließlich, die die Absätze hinten ablaufen, sind eigensinnig, rechthaberisch, gewalttätig und wenig diplomatisch.

Danach müssen wir, die wir diesen Thesen nur bedingt folgen können, freilich fragen: Wie sehen dann die Sohlen der Menschen aus, vor denen wir uns nicht hüten müssen?

## Über die Füße jedes Körperorgan beeinflußbar

Neuerdings hat eine Amerikanerin im Rahmen einer gezielten Fußbehandlung eine Zonen-Therapie aufgebaut, die besagt, daß von den Füßen aus jedes Körperorgan beeinflußt werden kann. Damit wäre der Fuß als Signalorgan für Charakter und körperliche Leiden bestätigt.

Frau Eunice D. Ingham stützt sich bei ihrer Arbeit auf die Erkenntnisse von Dr. Wm. H. Fitzgerald, der als Begründer der Zonen-Therapie gilt. Er arbeitete lange Jahre am Boston City Hospital, ist aber auch in Wien bestens bekannt, wo er bei Prof. Politzer und Prof. O. Chiari praktizierte. Dr. Fitzgerald entdeckte, daß Druck und Massage an gewissen Zonen des menschlichen Organismus normale physiologische Wirkungen an allen Teilen der behandelten Zonen auslöst. Dabei spielt es keine Rolle, wie weit die betreffenden Zonen von der Stelle entfernt sind, wo die Behandlung vorgenommen wird.

Die Zonen-Therapie ist nach Dr. Fitzgerald und, wie aus den Karten von Dr. J. S. Riley hervorgeht, in der Weise aufgebaut, daß die zehn Finger und zehn Zehen des menschlichen Organismus gewissermaßen als Endpunkte betrachtet werden, von denen die zehn Linien ausgehen, die den Körper in zehn Zonen aufteilen.

Frau Eunice D. Ingham stellte nun fest, daß jeder Kontaktpunkt, der in den Füßen ermittelt wird, unverzüglich Reflexe auslöst, die oftmals überraschende Wirkungen beim Vorliegen von organischen Störungen zur Folge haben. Dieser erstaunlichen Tatsache trägt sie durch eine Fußgesundheitsmassage Rechnung, die sie entwickelt hat und die überaus erfolgreich sein soll.

## Der Charakter nach der Stimme bewertet

Stimme und Charakter des Menschen sind untrennbar miteinander verbunden, wobei Stimmlage und Tonfall ausschlaggebend sind. Eine umfangreiche Stimmenskala ermöglicht die genaue Unterscheidung der einzelnen Charaktermerkmale und erlaubt dadurch die einmalig rasche Beurteilung des Mitmenschen.

Der breite Spielraum der stimmlichen Möglichkeiten läßt sich in eine Anzahl von Grundstimmen aufteilen, deren typische Charaktereigenschaften sich bei Zwischenlagen gleichfalls mischen. Die weitgestreute Palette zeigt die folgenden Hauptklangbilder:

*Markant:* Die markant klingende Stimme zeigt die Einheit von Stimme und Charakter an. Ein selbstbewußter, positiv eingestellter Mensch mit ausgeprägter Willenskraft zeigt in dieser Stimmlage sein markantes Persönlichkeitsprofil.

*Klangvoll:* Vertrauenswürdigkeit, Selbstsicherheit und Herzenswärme spiegeln sich in der klangvollen tiefen Stimme. Die Hindernisse des Lebens werden tapfer und entschlossen überwunden.

*Hart:* Ein Mensch mit harter Stimme hat von der Bitterkeit des Lebens gekostet und ist vom Schicksal hart geprüft worden. Die Erfahrungen finden ihren Niederschlag in unentwegter ernsthafter Arbeit.

*Hart, tief bei der Frau:* Bei der Frau zeigt eine harte und tiefklingende Stimme Disharmonie und männliches Empfinden an.

*Polternd, rauh, schreiend:* Diese Stimmlagen zeigen Schroffheit des Wesens, unfeines Verhalten und Neigung zu Zorn an.

*Explosiv:* Ein explosiver Tonfall läßt darauf schließen, daß der Besitzer dieser Stimme sich auszeichnen und gern einen beachtenswerten Auftrag ausführen möchte, läßt auch auf einen für Herzkrankheiten anfälligen Menschen schließen (Untersuchungen der Herzspezialisten Friedman und Roseman vom Mount Zion Hospital, San Franzisko).

*Schneidend:* Wer eine schneidende Stimme besitzt, ist von Hochmut, Hohn, Härte und Gemütskälte geprägt.

*Zischend:* Eine zischende Stimme weist auf einen Menschen mit einem gehässigen Charakter hin.

*Quäkend:* Ein Mensch mit quäkender Stimme beweist Unreife oder dürftige Individualität.

*Lebhaft und bewegt:* Hier drücken sich Lebenskraft und Vitalität genauso aus wie Kontaktfreudigkeit und Hilfsbereitschaft.

*Melodisch:* Die melodische Stimme zeigt Sinn für Musik und Kunst an. Bei diesem Menschen paaren sich Naturtalent, Erlebnisfähigkeit und feines Empfinden.

*Verträumt:* Eine verträumt klingende Stimme ist der Ausdruck romantischen Empfindens und eines Lebensgefühls, das eine Zukunft voller Freude und Glück erwartet. Eine derartige Stimme besitzen meist junge Mädchen und Frauen mit wenig Lebenserfahrung.

*Gedehnt, schläfrig:* Hier spiegeln sich Phlegma, Denkträgheit und Unlustgefühle.

*Lispelnd* (nicht Anstoßen der Zunge, sondern leise und vorsichtiges Wispern): Falschheit, Heuchelei, Hinterlist. Wenn die Zunge anstößt und die Konsonanten S, Sch und Z mit einem zischenden Beilaut gesprochen werden, weist das auf mangelnde Konzentrationsfähigkeit hin. Diese Menschen sind meist als Mitarbeiter sehr gewandt, jedoch in einem repräsentativen Beruf fehl am Platz.

*Heiser:* Eine heisere und schwache Stimme zeigt beim Mann Mangel an Energie und Lebenskraft an.

*Matt, klanglos:* Angst vor den Problemen des Lebens. Mut und Begeisterungsfähigkeit fehlen.

*Stottern:* Überstürztes, hastiges Sprechen und Stottern sind oftmals die Folge einer Neurose, meist auf Kindheitserlebnisse zurückgehend. Wer Wörter und Silben verschluckt oder wiederholt, besitzt meist Ideenreichtum und geistige Gewandtheit, aber es fehlt ihm an der nötigen Konzentration.

*Stimmlosigkeit:* Ehrliche, strebsame, aber vom Leben enttäuschte Menschen werden mitunter von einer Schwächung der Stimmbänder betroffen, deren Ursache eine seelische Krise und Gleichgewichtsstörung ist. Der „Stimmlose" ist vertrauenswürdig.

Man sollte seine Stimme genau kennen, um auf diese Weise seinen eigenen Charakter selbst zu ergründen. Danach ist es sogar möglich, den eigenen Charakter durch Veränderung der Stimme zu beeinflussen.

# III. Bewegung und Verhalten

## Was die „Manieren“ verraten

Der eine versteckt seine Hände in den Taschen; der andere beißt sich die Nägel ab; der dritte spielt unablässig mit nervösen Fingern an Gegenständen in seiner Reichweite.

Wir alle kennen unter unseren Mitmenschen solche, die uns mit ihren Absonderlichkeiten auf die Nerven gehen oder unsere Neugier erregen. Denn wir wissen schließlich, daß alles, was der Mensch tut, eine Ursache oder einen Hintergrund haben muß. Deshalb fragen wir, welche Bedeutung diese oder jene Angewohnheit, welchen tieferen Sinn der eine oder andere Tick hat, mit dem sich einer unserer Mitmenschen herumplagt.

## Zum Beispiel: Hände aus der Tasche!

Er betritt ein wenig zögernd das Büro des Generaldirektors. Endlich hat er jenes für ihn so wichtige Schreiben erhalten, das für ihn vielleicht geeignet wäre, die Zukunft aufzuschließen.

Sie sprechen wegen gewisser Möglichkeiten einer Zusammenarbeit, über einen Arbeitsvertrag. Der Gesprächspartner sitzt in zwei Meter Entfernung dem Generaldirektor gegenüber in einem Sessel. Dieser Generaldirektor, selbst ein Mann, der sich von unten nach oben hinaufarbeitete, beobachtet alles, jede Geste, jede Bewegung seines Gegenübers. Er sieht mit Verwunderung, daß dieser Mann, den er für einen wichtigen Posten verpflichten will, während des Gesprächs auf einmal beide Hände in seinen Hosentaschen verbirgt. Er sieht einen Augenblick später, wie er zwar die Hände aus den Taschen nimmt, als hätte er den prüfenden Blick verstanden, dafür aber nunmehr die Knie übereinanderschlägt, also die Beine kreuzt.

Sie sitzen ein wenig später an einem Tisch, damit der „Kandidat“ durch kluge Auswahl aus einer Reihe von Plänen beweise, wie er sich in den Fragen auskennt, die, auf den hohen Posten gestellt, jeden Tag an ihn herangetragen werden können. Während sie sprechen, hat er Papier zu kleinen Kugeln zusammengerollt, die er nervös zwischen den Fingern dreht. Der Generaldirektor verabschiedet ihn mit ein paar allgemeinen Sätzen:

„Ich kann mich leider heute noch nicht entscheiden, Sie bekommen von mir Bescheid, wenn Ihre Bewerbung uns interessiert. Ich danke Ihnen, daß Sie sich bemüht haben!"

Und in einer Aktennotiz zur Bewerbung dieses Mannes vermerkt der Generaldirektor: „Er versteckt seine Hände in den Taschen, ist also mir gegenüber nicht ganz offen, sondern hat entweder etwas zu verbergen oder aber er ist so unsicher von innen heraus. Die übereinandergeschlagenen Knie sind ein Beweis für starke innere Nervosität und gewisse Minderwertigkeitskomplexe. Wenn dieser Mann eine solche künstliche Aufpulverung des Selbstbewußtseins braucht, dann wird er sich gegenüber seinen Untergebenen nicht durchsetzen können. Die Kugeln, die er aus Papier drehte, verraten Verdrängungen, Unterdrückung verbotener Wünsche, die er dadurch gewissermaßen abreagiert, daß er ununterbrochen Gegenstände mit den Fingern betastet, weil sonst seine Nervosität, seine innere Unruhe in den Gesten nicht zu überdecken wäre."

## Ausdruck innerer Regungen

Aber ist es nicht übereilt, aus dem Wissen um gewisse psychologische Hintergründe zu dieser oder jener Bewegung gleich Schlüsse zu ziehen, die wie in diesem Fall für eine so wichtige Entscheidung bestimmend sind?

Folgen wir der psychologischen Forschungsarbeit von Hans Lungwitz, dann erfahren wir:

„Ein Menschenkenner kann aus jeder noch so geringen Einzelheit die Eigenart des ganzen Menschen erfassen. Es genügt ihm ein kurzer Blick, um den Charakter des Menschen in seiner Gesamtheit zu durchschauen. Wie ist das möglich? Wie ist es zu verstehen, daß sich in jeder kleinsten Bewegung der ganze Mensch offenbart?

Dies liegt daran, daß der Organismus nicht eine mechanische Zusammensetzung von Teilen, sondern ein aus einer Zelle (der Keimzelle) gewachsenes biologisches Ganzes ist, dessen Teile also entwicklungsmäßig miteinander aufs engste verwandt sind. Die Psychologie hat festgestellt, daß der grundsätzliche Aufbau des Organismus aus den sogenannten Reflexsystemen besteht. Das sind Nerven, die von den Oberflächen zum Rückenmark und Gehirn führen (zuleitende, sensible Nerven) und solchen, die von da zu den Muskeln und Drüsen leiten (ableitende, motorische Nerven). In diesen Reflexsystemen fließt der Nervenstrom. Die Tätigkeit der Muskeln und Drüsen aber ist der Ausdruck des Nervenstroms. Indem nun die einen Organismus bildenden Reflexsysteme entwicklungsmäßig miteinander verwandt sind, ist auch jeder Ausdruck, also jede Haltung und Bewegung, Kennzeichen der Gesamtpersönlichkeit."

Unser äußerliches Leben spiegelt sich wider in unserer Haltung, in unseren Gewohnheiten und in unseren Gesten. Unsere Gewohnheiten sind die deutlichsten Zeichen unserer Bindungen an psychische Vorgänge, die sich aus den Tiefen unseres Wesens wieder nach draußen arbeiten und in unserem Verhalten gegenüber der Umwelt ihren Ausdruck finden.

Plötzlich sehen wir einen Menschen vor uns, der alle möglichen Gegenstände, einen Bleistift, einen Strohhalm, ein Blatt Papier, manchmal auch nur seinen Finger, an seinen Mund führt.

Die Psychologie weiß aus alter Erfahrung, daß Personen, die mit irgendwelchen Gegenständen oder dem Finger an ihrem Mund herumspielen, meist deshalb außerordentlich nervös sind, weil sie von unbefriedigten Sehnsüchten und inneren Triebregungen beherrscht sind. Diese Sehnsüchte treten manchmal verstärkt auf, manchmal scheinen sie zu schlummern. Wenn es den Menschen packt, so daß er seine Finger nicht aus dem Gesicht lassen kann, dann ist er eifersüchtig, habgierig und tyrannisch.

Und wissen Sie, was es z. B. bedeutet, wenn zu Ihnen zu Besuch eine Dame kommt, die sich hartnäckig weigert, den Mantel abzulegen?

„Nein, ich behalte meinen Mantel an, ich bleibe sowieso nur einen Moment!"

Das ist die übliche Formel. In Wirklichkeit schlummert in dieser Frau der Wunsch, sich zur Schau zu stellen. Jedenfalls sagt der Psychologe, daß diese Geste, den Mantel nicht ablegen zu wollen, das Zeichen eines künstlich gezüchteten Abstands von der Welt ist und auf der anderen Seite ein Zeichen dafür, daß in der Seele dieser Frau irgendwo ganz innen eine Sperre sitzt, die sie daran hindert, sich gegenüber dem Menschen so zu benehmen, wie es ihrer körperlichen und seelischen Eigenart entspricht.

## „Harmlose" Bewegungen und ihre tiefere Bedeutung

Immer wieder sind kleine, oft unscheinbare Handbewegungen unverkennbarer Ausdruck gewisser Charakterzüge eines Menschen. Nachstehend einige typische Ticks, wie man Gewohnheiten nennt, wenn sie zu Automatismen geworden sind.

*Mit dem Zeigefinger die Nase kurz berühren:* Diese Geste ist häufig zu beobachten, wenn eine wichtige Entscheidung gefällt oder ein Ratschlag von Bedeutung gegeben werden muß. (Das Berühren der Nase mit dem Zeigefinger erfolgt wohlverstanden ungewollt.) Diese Handlung weist auf einen überlegten und vorsichtigen Charakter hin. Man sollte einen Menschen, der zu dieser Geste neigt, nicht herausfordern. Sie ist das Zeichen ständiger Ängstlichkeit und Unentschlossenheit. Einem solchen Menschen sollte man mehr Entschlußkraft, Unternehmungsgeist und Mut wünschen. Wenn er auch vorsichtig und nachdenklich ist und bleiben mag, sollte er doch seinem „Flair" und seiner Intuition mehr Vertrauen entgegenbringen.

*Das Reiben des Nackens am Haaransatz:* Wenn man jemanden beobachtet, der sich während des Gesprächs wiederholt den Nacken reibt oder den

Haaransatz am Hinterkopf streicht und dabei ein nachdenkliches Gesicht macht, können Sie sicher sein, es mit einem schüchternen Menschen zu tun zu haben. Diese Geste bringt meist die Furcht vor dem eigenen Vorprellen zum Ausdruck, deutet aber auch das Zurückschrecken vor Schwierigkeiten und die Angst vor einem Mißerfolg an. Wer so handelt, sollte vorsichtig dahingebracht werden, sich Schwierigkeiten zu stellen. Ihm muß gesagt werden, daß die Lösung seiner Probleme in Griffnähe vor ihm liegt.

*Mit gekrümmtem Zeigefinger den Kragen lockern:* Wer mit einem gekrümmten Zeigefinger immer wieder hinter den Hemdkragen greift und diesen in einer nervösen Lockerungsbewegung vom Hals wegzieht, befindet sich nicht in einem Zustand moralischen Gleichgewichts. Stolz, fehlender Wirklichkeitssinn und Eitelkeit sind die Hauptzüge seines Charakters. Wer diese Geste in kurzer Zeit wiederholt ausführt, glaubt von sich selber, ein verkanntes Genie zu sein, das von anderen unterschätzt wird. Ein solcher Mensch sollte sich mit aller Kraft größerer Zurückhaltung befleißigen. Ferner sind Realismus und Selbstbeherrschung wichtig.

*Das Reiben der Hände:* Wer sich ständig die Hände reibt, führt damit eine typische Bewegung aus, die innere Unruhe verrät. Diesem Menschen fehlen Gewißheit und Sicherheit. Er hat Angst vor möglichem Ärger. Er fürchtet abgewiesen oder falsch beurteilt zu werden. Es gilt, die Selbstsicherheit zu fördern und Vertrauen zu gewinnen. Denn trotz vieler Hemmungen hat der Händereibende ungewöhnliche Fähigkeiten.

*Nachziehen des Krawattenknotens:* Man trifft häufig Männer, die ständig ihren Krawattenknoten nachziehen oder zurechtrücken. Meist geschieht dies ohne Notwendigkeit. Solche Männer sind ständig mit der Frage beschäftigt, welchen Eindruck ihre Kleidung oder ihre Person auf die Umwelt macht. Sie fragen sich, ob sie Gefallen und Beifall finden. Ein Mensch, der diese Geste des Krawattenrückens wiederholt ausführt, bedarf vor allem ständiger Selbstbestätigung. Ein Mann dieses Typs sollte für seine körperliche Fitness sorgen und in sportlicher Betätigung um sein seelisches und verhaltensmäßiges Gleichgewicht bemüht sein.

## Geheimnisvolle Gebärdensprache

Es gibt viele unbewußt ausgeführte Gesten, die man als eine „Sprache des Körpers" bezeichnen könnte und die erkennen lassen, was jemand zu sagen nicht bereit ist.

Die Wissenschaft von der Sprache des Körpers heißt Kinesie, und die hierbei zum Ausdruck gebrachten wortlosen Mitteilungen stehen in einem engen Zusammenhang mit der Proxemie. Diese letztere Wissenschaft bezeichnet die Beobachtungen darüber, wie sich ein Mensch verhält, wenn jemand in die unmittelbare Umgebung seines Körpers eindringt.

Jeder Mensch hat seine persönliche „Hoheitszone". Man dringt in diese ein bei jeder Annäherung, und zwar

○ durch unmittelbare Berührung; einen solchen Intim-Kontakt erlaubt der Mensch normalerweise nur als Duldung, d. h. hier Billigung einer Liebesbezeigung;

○ in einem Abstand von 20 bis 40 Zentimetern, der z. B. im Gedränge einer Menschenmenge erreicht erscheint;

○ in einer Distanz zwischen einem und zwei Metern, in der gemeinhin Geschäfte abgewickelt werden;

○ in einem Abstand von zwei bis vier Metern, der normalerweise zwischen Personen unterschiedlicher Stellung auf sozialer Ebene (z. B. Chef und Untergebener) eingehalten wird.

Mit der Gesten- und Gebärdensprache wird mitunter mehr mitgeteilt als mit Worten. Die noch weithin unerforschten Möglichkeiten der unbewußten körperlichen Mitteilung lassen sich schon aus der Tatsache erkennen, daß es allein zahllose verschiedene Stellungen des Augenlides gibt und daß der Mensch auf Dutzende verschiedener Arten mit den Augen zwinkern kann. Besonders der junge Mensch ist befähigt, die Botschaften der Körpersprache instinktiv zu erfassen und zu deuten. Die Sprache des Körpers wird nur selten bewußt angewandt. Die lautlose Sprache ist außerordentlich vielfältig und ausdrucksreich. Sie wird von Werbenden und Verliebten bestens beherrscht und verstanden.

Ein Beispiel: Die Frau sitzt mit leicht gespreizten Beinen auf dem Stuhl. Sie berührt in liebkosender Bewegung mit einer Hand die eigenen Brüste. Oder sie streichelt, auch während sie spricht, die eigenen Hüften. Sie bewegt den unteren Rücken, während sie durch das Zimmer geht. Das sind Gebärden einer fraulichen Körpersprache, die ziemlich klar die Liebesbereitschaft einer Frau anzeigen.

Wenn andererseits eine Frau die Arme über der Brust kreuzt, kann sie damit die Entschlossenheit zum Ausdruck bringen, sich jedem Flirt zu verschließen. Diese Geste der verschränkten Arme kann aber auch eine andere Bedeutung haben. Sie kann sagen, daß die Frau sich enttäuscht fühlt, weil sie nicht das bekam, was sie haben wollte.

## Was die Zigarette verrät

Die Hand ist das wichtigste „Instrument" des Menschen. Was die Hand tut, wird vom Gehirn bewußt oder unbewußt gesteuert. Was zur Gewohnheit geworden ist, zum Automatismus, erfährt von der Hirnzentrale aus eine Lenkung, die nichts mehr mit dem Bewußtsein zu tun hat. Gerade dann aber, wenn unbewußte Bewegungen erfolgen, haben wir die Möglichkeit, wichtige Schlüsse zu ziehen. Aus einem Alltagsvorgang, aus dem Versuch der Entspannung eines Menschen, wenn er z. B. eine Zigarette raucht, vermögen wir ein gutes Dutzend Schlüsse zu ziehen, die uns viel über jenen verraten, der eine Zigarette zur Hand nimmt, sie anzündet und langsam in blauen Dunst aufgehen läßt.

## Warum raucht der Mensch?

Wenn wir die Frage prüfen wollen, wie der Mensch sich, wenn er raucht, durch das Halten der Zigarette, durch die Art und Weise, wie er raucht, verrät, müssen wir zuerst das psychologische Problem klären: Warum raucht der Mensch überhaupt?

Als Christoph Columbus die Eingeborenen Amerikas rauchen sah, richtete der Entdecker Amerikas damals an sie die Frage: „Ich verstehe wirklich nicht, welches Vergnügen ihr dabei findet."

Die Psychologen stellen heute noch die gleiche Frage. Sie glauben sogar, mit Hilfe verschiedener Theorien eine Antwort auf die Frage gefunden zu haben. Freilich liegen die Antworten weit auseinander:

Der Mensch raucht unter einem sozialen Druck. Das Kind wächst in einer Welt auf, in der der Tabak als ein Vorrecht des Erwachsenen gilt. Zu rauchen ist gewissermaßen ein Beweis dafür, daß man groß ist, aus den Kinderjahren herauswuchs.

Das Rauchen ist für viele das Überleben eines uralten Ritus. Zigaretten miteinander auszutauschen bzw. sich anzubieten, war einst ein alltäglicher Weg, um mit anderen in engeren Kontakt zu kommen, so wie man früher Brot und Salz mit dem anderen Menschen teilte, wenn man mit ihm Frieden schloß.

Rauchen ist für viele ein Mittel, überschüssige Lebensenergien zu verschwenden. Man nimmt eine Zigarette, man stopft eine Pfeife, um sich zu beschäftigen, genauso wie es Frauen gibt, die stricken oder Kreuzworträtsel lösen.

Rauchen ist die Fortsetzung einer kindlichen Gewohnheit. Man raucht, weil man seit jenen Jahren, als man noch die Mutterbrust oder die Flasche bekam, den geheimen Wunsch hat, irgend etwas in den Mund zu nehmen. Später entsteht durch die Einwirkungen des Nikotins und anderer Verbrennungsprodukte des Tabaks eine hartnäckige Süchtigkeit.
Doch beobachten wir nun einen Raucher.

## „Haben Sie Feuer?"

Der Kaffee ist serviert. Er wartet heiß und schwarz in der Schale. „Nehmen Sie Milch? Nehmen Sie Zucker?"

„Nein, danke sehr!"

„Aber ganz gewiß nehmen Sie eine Zigarette?“

„Gern, vielen Dank! Könnten Sie mir bitte Feuer geben?“

In der nächsten Sekunde muß der Mensch, der uns gegenübersitzt, sich im ersten Gang dieser Prüfung verraten: Entweder greift er in die Tasche und hat sofort die Streichhölzer oder das Feuerzeug in der Hand, schaut nicht einmal hin, fährt in der Unterhaltung fort und reicht das Feuer; oder aber er beginnt zu suchen, tastet an seinen Taschen, sucht rechts, sucht links.

Unsere ersten Schlüsse:

a) Der Mensch, der, ohne eine Sekunde nachzudenken, sofort in die richtige Rocktasche greift, um die Streichhölzer oder ein unter allen Umständen funktionierendes Feuerzeug hervorzuholen, ist jemand, der zum mindesten den Eindruck erwecken will, daß er zuverlässig, ordnungsliebend, zielbewußt und korrekt ist;

b) wer rechts oder links in der Rocktasche oder Hosentasche nach Streichhölzern sucht und sie dann doch nicht findet, verrät eine in ihm schlummernde Neigung zu Oberflächlichkeit, Vergeßlichkeit, vielleicht auch zur Unpünktlichkeit.

Doch das ist nur das erste Resultat dieses Experiments zur Enträtselung des Menschen auf dem Wege über die Zigarette und das Zubehör zum Rauchen.

Setzen wir voraus, daß unser Partner zu den Korrekten, den Zuverlässigen gehört und eine Streichholzschachtel bei sich hatte. Er nahm also ein Zündholz und strich es an der Reibfläche an.

## Achten Sie auf die Reibfläche der Zündholzschachtel!

Hier ergeben sich nun wiederum zwei Möglichkeiten:

Er legt das Zündholz so an die Reibfläche, daß es sich beim Anstreichen von seinem Körper wegbewegt (Abb. 138);

oder aber er reibt das Zündholz so, daß er den Zündholzkopf auf der Reibfläche in seiner Richtung bewegt, also zu sich hin (Abb. 139).

In der modernen Psychologie unterscheiden wir im großen gesehen zwei Menschentypen, die sich auf eine sehr einfache Art und Weise mit Hilfe einer Zündholzschachtel erkennen lassen.

a) Da gibt es die „extrovertierten“ Menschen, die lebensbejahend, offen, zugänglich sind und von denen man sagt, daß sie alles hören, alles sehen, auf dem Boden der Tatsachen stehen und sich im Leben behaupten. Sie genießen die guten Seiten des Lebens und versuchen, aus den schlechten Seiten noch soviel wie möglich für sich herauszuholen. Der Mensch, der an der Streichholzreibfläche das Streichholz von sich fort nach außen hin bewegte, ist ein „Extrovertierter“, ein nach außen Gewandter.

b) Die zweite Gattung der Menschen ist die der „Introvertierten", der nach innen Gewandten, die sich leicht in sich selbst verschließen, egozentrisch, um nicht zu sagen egoistisch sind und sich nach außen hin abkapseln, vielleicht ihre Zufriedenheit, mitunter auch ihren Weltschmerz in sich selbst suchen. Es sind Menschen, die sich gereizt wie eine erschreckte Schnecke in ihr Haus zurückziehen, wenn man mit ihnen Kontakt sucht. Sie neigen dazu, Schwierigkeiten, ernsten Aufgaben des Lebens und nach Möglichkeit jeder echten Verantwortung aus dem Wege zu gehen.

Abb. 138

Abb. 139

Wir sehen also, daß mit ein wenig Beobachtungsgabe allein schon die Handhabung eines Zündholzes uns Gelegenheit bietet, ein klein wenig „hinter die Kulissen" des anderen zu schauen.

Wir sind, wohlgemerkt, noch gar nicht bei der Haltung der Zigaretten zwischen den Fingern oder in der Hand.

Wir stellen unserem Gesprächspartner zunächst eine zweite Frage, die natürlich entsprechend seinem Beruf, seiner Vergangenheit abgewandelt werden kann.

Wir können den anderen z. B. bitten, uns zu berichten, wie es auf einer Veranstaltung war, an der er teilnahm, wie er über dieses oder jenes Ereignis, an dem er unmittelbar beteiligt war oder noch ist, denkt.

## Beim Erzählen ...

Wir haben wiederum mehrere Möglichkeiten: Der Gefragte legt sich zurück, zieht langsam und bedächtig den Rauch der Zigarette ein, bewegt den Rauch ein wenig in seinem Mund und bläst ihn dann langsam, dem Rauch nachschauend, aus. Oder aber er nimmt rasch einen kurzen Zug, stößt ihn wie mit einem Ruck aus und wiederholt den Vorgang – rauchend, den Rauch ausstoßend, und wieder rauchend – ohne Pause, gewissermaßen in einer Hast.

Es liegt auf der Hand, daß wir es mit zwei grundverschiedenen Menschen zu tun haben.

a) Der langsame Raucher, der so bedächtig mit der Zigarette umgeht, ist ohne Zweifel ein Genießer, der vor seinem Urteil, um das wir ihn baten, die Dinge gegeneinander abwägt, bedächtig überlegt, ob er nicht diesem oder jenem dabei Unrecht tut oder sich nicht zu stark bloßstellt.

b) Der andere, der Hastige, der Nervöse, hat blitzschnell sein Urteil bereit, läßt in seine Beurteilung gar keinen anderen Gedanken, nichts Versöhnliches hineingelangen. Er ist zu hastig in seiner ganzen Wesensart und kommt zu einem übereilten Resultat, ehe man sich dessen versieht.
Es wäre noch einiges zu sagen

○ über den Geizigen und Süchtigen, der die Zigarette bis zum allerletzten Rest aufraucht und sich dabei fast die Lippen verbrennt,

○ über den Rücksichtslosen und Leichtsinnigen, der den Zigarettenrest wegwirft, ohne sich darum zu kümmern, welchen Schaden er unter Umständen anrichtet,

○ über den Unerzogenen, der Zigarettenasche auf den Fußboden, auf den Teppich fallen läßt,

○ über den betont Zeremoniellen, der mit größter Sorgfalt und viel zu häufig die Asche von seiner Zigarette über dem Aschenbecher abklopft.

Über die Wesensart erfahren wir mehr, wenn wir nun betrachten, wie der Raucher die Zigarette hält. In der Art des Haltens einer Zigarette gibt es eine ganze Anzahl Gewohnheiten, die aus der Tiefe der Wesensart des Menschen erwachsen.

Wir unterscheiden ganz allgemein Empfindsame, also Menschen, die unter ihrer Sensibilität leiden, und Robuste, denen die Schwierigkeiten des Alltags nicht allzuviel anzuhaben vermögen, die sich dem Lebenskampf hart stellen.

Wir erkennen diese beiden Grundtypen an der Art, wie sie die Zigarette halten:

a) Je weiter vorn die Zigarette mit den Fingerspitzen gehalten wird, um so größer ist die Feinfühligkeit, die Sensibilität;

b) je weiter die Zigarette zwischen den Fingern zum Handteller rückt, um so härter ist der betreffende Raucher, um so robuster in der Art, wie er das Leben bewältigt.

Es gibt Männer (bei Frauen wurde dies fast nie gesehen), die tatsächlich die Zigarette „aus der Handfläche heraus“ rauchen, d. h. sie halten die Zigarette im äußersten Winkel unten zwischen Zeigefinger und Mittelfinger oder Mittelfinger und Ringfinger. Die Erfahrung hat gelehrt, daß es zweckmäßig ist, solchen Menschen mit Vorsicht zu begegnen, da das Empfindungsleben sich auf das Allernotwendigste beschränkt, um recht und schlecht mit seiner Umwelt fertigzuwerden.

## Wichtige Erkenntnisse

Es ist immer interessant und oft wichtig, diskret den anderen zu beobachten und aus der Art, wie er die Zigarette hält, Schlüsse auf seinen Charakter und seine Stimmung ziehen zu können.

Vor Jahren stellte der Physiognomiker Reinhold Gerling Regeln auf, die noch heute Gültigkeit haben, auch wenn sie ursprünglich von der Zigarre ausgingen:

Wer die Zigarre (oder Zigarette) zwischen Zeigefinger und Mittelfinger in der oberen Hälfte hält, kann als offene, angenehme Natur betrachtet werden.

Wer die Zigarre (oder Zigarette) mit zwei Fingern hält und gelegentlich mit dem Daumen abstützt, verrät eine gewisse weltgewandte Liebenswürdigkeit, solange die Zigarette oder Zigarre in der oberen Hälfte von Zeigefinger und Mittelfinger bleibt.

Wer die Brennseite der Zigarre oder Zigarette in Richtung seiner Hand hält, versucht meist etwas zu verheimlichen, ist nicht immer ganz offen gegenüber seiner Umwelt, selbst wenn ihm zugestanden werden muß, daß er geistig lebhaft und stark konzentriert tätig sein kann.

Auf den Daumen aufgelegt, mit dem Zeigefinger gehalten und dem Mittelfinger abgestützt raucht seine Zigarre oder Zigarette nur ein eigensinniger Mensch, der seine Herzensgüte, die möglicherweise trotz allem vorhanden sein kann, verbirgt, weil er glaubt, er vergebe sich etwas.

Wer die Zigarette oder Zigarre waagrecht zwischen den zur Faust geballten Fingern hält, und zwar meist in der unteren Hälfte von Zeigefinger und Mittelfinger, ist eine schwer zu begeisternde, vorsichtig abwägende, fast immer etwas rücksichtslose Natur.

Wird die Zigarette oder die Zigarre kampftüchtig in die Welt hinausgehalten, müssen wir damit rechnen, einen entschlossenen, zielbewußten und gegebenenfalls vor nichts zurückschreckenden Zeitgenossen vor uns zu haben.

## Anwendung in der Praxis

Wir können diese Richtlinien aufgrund langjähriger Beobachtungen ergänzen und durch Zeichnungen erläutern.

*Wir deuten:*

(Zu Abb. 140): Wer die Zigarette so hält, ist voller Leben und physischer Widerstandskraft. Er strebt dem Erfolg nach und will über sich selbst hinauswachsen. Das Anpassungsvermögen läßt manchmal zu wünschen übrig. Der übermäßige Tätigkeitsdrang kann sich ungünstig auf die Herznerven auswirken.

(Zu Abb. 141): Das Halten der Zigarrette in dieser Art und Weise verrät eine Persönlichkeit, die sich leicht beeindrucken läßt, einen nicht immer festen Standpunkt vertritt, also die Meinung wechselt, außerdem die Veränderung liebt. Die Anpassungsfähigkeit an neue Situationen ist erstaunlich. Meist ist ein ausgezeichnetes Gedächtnis festzustellen. Physiologisch zeigen sich häufig in den mittleren Jahren Disfunktionen in lebenswichtigen Organen.

(Zu Abb. 142): Furchtlos, mutig, angriffslustig bis zur Verwegenheit: das ganze Leben ist aus eigener Initiative und im Ringen um Erfolg ein ständiger Kampf. Rückschläge werden heroisch hingenommen. Das Gefühlsleben ist einspurig orientiert, d. h. wer die Zigarette so hält, neigt zu Eifersucht und Haß gegen den Erfolgreicheren. Unfälle, körperliche Fehlleistungen sind vor allem in jüngeren Jahren zu befürchten.

(Zu Abb. 143): Diese Art, die Zigarette zu halten, verrät einen vorwiegend geistig orientierten, nervösen Menschentyp, der freilich unter pessimistischen und optimistischen Stimmungsschwankungen leidet. Eine meist überlegene Intelligenz gestattet einer solchen Persönlichkeit jedoch, sich jeder Lage anzupassen und das Beste aus einer gegebenen Situation zu machen. Freilich besteht die Gefahr, sich zu übernehmen, sich selbst zuviel zuzutrauen.

(Zu Abb. 144): Gewissenhaft, pflichtbewußt, nachdenklich, besonnen – das sind die wichtigsten Charakterzüge einer Person, die die Zigarette so hält, wie dieses Bild zeigt. Man kann einer solchen Persönlichkeit meist blind vertrauen. Auch im Gefühlsleben ist eine beachtliche Stabilität festzustellen. Die körperliche Widerstandskraft ist ausgezeichnet. Nur in bezug auf Rheuma (oder Gicht) sind Dispositionen festzustellen.

Abb. 140

Abb. 141

Abb. 142

Abb. 143

Abb. 144

Abb. 145

Abb. 146

Abb. 147

(Zu Abb. 145): Empfindlich wie eine Mimose, gefühlvoll, wie man es nur in der „guten alten Zeit“ erlebte – erliegt der Mensch, der die Zigarette so hält, wie das Bild verrät, leicht dem Charme des anderen Geschlechts. Er läßt sich verführen, beeinflussen, verleiten. Die physischen Voraussetzungen für große Anstrengungen sind allerdings nicht gegeben. Sehr schnell tritt Ermüdung ein. Dementsprechend sind auch die Stimmungsschwankungen oft beachtlich.

(Zu Abb. 146): Eine gewisse Rücksichtslosigkeit, die freilich häufig aus vorschneller Entschlossenheit erwächst, läßt einen Menschen, der die Zigarette so hält, als kampflustigen Draufgänger erscheinen, der kaum zögert, das Unmögliche zu versuchen. Zäh, methodisch, meist – trotz scheinbar vorschneller Entschlüsse – klug überlegend, gibt jemand, der in dieser Art und Weise die Zigarette hält, niemals auf, mag das Unterfangen auch noch soviel Mühe kosten und noch so lange dauern. Eine solche Persönlichkeit ist schwer zu erobern, aber einmal gewonnen für immer treu. Interessant ist, daß in vielen Fällen die Nieren das schwächste Organ eines solchen Typs sind.

(Zu Abb. 147): Wer die Glut der Zigarette zur Innenhand hält, gilt oft als stark konzentrierte Persönlichkeit. Ganz bestimmt aber handelt es sich um einen sehr fleißigen, intensiven, vorsichtigen Menschen, der sein Leben geordnet und ohne allzuviel Aufsehen, aber möglichst angenehm verbringen will. Häufig sind (oder waren) Personen, die mit der Glut zur Innenhand rauchen, in technischen oder feuergefährlichen Betrieben tätig. Die Vitalität ist außerordentlich, die Widerstandskraft vorzüglich. In relativ kurzen Abständen empfiehlt es sich allerdings, fehlende Vitamine und Spurenelemente, was sich auch in den Nägeln und in der Hautfärbung der Hände widerspiegeln dürfte, zu ergänzen.

Freilich wäre es falsch, nun von einem Raucher, der seine Zigarette anders hält, annehmen zu wollen, er gehöre in keine der acht Kategorien. Erziehung, Nachahmungstrieb, das gesellschaftliche Leben spielen bei solchen „Äußerlichkeiten“ oft eine erhebliche Rolle und gestatten Varianten. Dennoch haben sich die vorstehenden Erkenntnisse zum Thema der Persönlichkeitsanalyse immer wieder bestätigt.

## Jeder bläst den Rauch anders von sich

Jeder von uns hat Tag für Tag Gelegenheit, andere und auch sich selbst zu beobachten in bezug auf die Art und Weise, wie man den Rauch der Zigarette oder Zigarre in die Welt hinausbläst. Das gilt für den Mann ebenso wie für die Frau. Die Psychologen bleiben übrigens dabei, daß Frauen beim Rauchen leichter zu irgendwelchen Gewohnheiten neigen und diese schwerer wieder ablegen können als der Mann.

Wer den Rauch hoch in die Luft bläst, ist ein Optimist, der die Dinge von der leichten Seite nimmt und, ganz gleich ob es sich nun um Alltagsfreuden oder um intellektuelle Probleme handelt, das Beste aus allem herauszuholen imstande ist (Abb. 148).

Wer den Rauch nach unten ausbläst, ist in erster Linie ein Instinktmensch. Er wittert überall Gefahren, gegen die man gerüstet sein muß. Meist ist er kämpferisch, aber gleichzeitig auch vorsichtig aus der Erkenntnis, aus dem Wissen heraus, daß im Grunde genommen die Umwelt ihm feindlich ist (Abb. 149).

Wer den Rauch der Zigarette genau geradeaus bläst, ist sich seiner eigenen Persönlichkeit bewußt. Außerdem aber glaubt der Betreffende an die Zukunft, und zwar an seine Zukunft, die er in der Gegenwart schon vorbereitet (Abb. 150).

Wer den Rauch nach rechts ausbläst, ist eine Persönlichkeit, die unter allen Umständen danach strebt, Pläne, die sorgfältig vorbereitet wurden, auch zu realisieren (Abb. 151).

Abb. 148

Abb. 149

Abb. 150

Abb. 151

Abb. 152

Abb. 153

Wer durch die Nase den Rauch ausstößt, bezeugt damit sein Vertrauen zu sich selbst. Er ist von der eigenen Unfehlbarkeit überzeugt. Er fühlt in sich ein manchmal etwas übersteigertes Geltungsbedürfnis. Er ist bestrebt, der Welt zu imponieren (Abb. 152).

Wer den Rauch einfach auspafft, also an der Zigarette zieht und dann sofort den Rauch ausbläst, ohne sich näher mit ihm innerhalb des Bereichs des Mundes, des Rachens, der Nasengänge und der Bronchien zu „befassen", der raucht nicht mit Begeisterung, der ist nur ein äußerlicher Raucher (Abb. 153).

## Männer und Frauen und das Auto

Namhafte Psychologen behaupten, das Geltungsbedürfnis am Autosteuer sei eine Folge des so häufig verletzten Selbstgefühls des Menschen unserer Zeit. Wer sich im Alltag nicht immer so durchsetzen kann, wie er will, wer mit den Menschen seiner Umgebung nicht fertig wird oder meint, er werde irgendwie verkannt, nimmt Rache für diese Kränkung, für die vermeintliche Verkennung seiner Person. Tatsache ist, daß sich die meisten Menschen am Wagensteuer völlig verändern. Der Motor hat eine unheimliche Macht über die Seele des Menschen. Nicht umsonst ist jede zweite Straftat vor den Gerichten ein Verkehrsdelikt. Der Mensch am Steuer, plötzlich in der Lage, über einen starken Motor mit vielen PS und infolgedessen über hohe Geschwindigkeiten zu gebieten, verliert sehr leicht sein normales, vernünftiges inneres Gleichgewicht. Doch obwohl er in dieser Situation anders ist als sonst, kann man ihn in seiner ursprünglichen Wesensart, auf der seine Reaktionen am Steuer sich aufbauen, durchschauen und erkennen.

Der englische Verhaltensforscher Dr. Leslie Morrish bestätigt die Auffassung, daß das Fahrverhalten eines Menschen seinen Charakter bloßlegt. Drastischer noch wird diese Tatsache durch den Ludwigsburger Psychologen Dr. Albert Sting zum Ausdruck gebracht. Dr. Sting faßt seine Erkenntnisse über Autofahrer in die Worte:

„Hinter dem Steuer läßt jedermann die Maske fallen, und sein Innenleben liegt ausgebreitet da."

Ein Autofahrer kann sich nach Ansicht der Experten länger als zehn Minuten, also über eine Fahrstrecke von einigen Kilometern hinweg, nicht verstellen. Denn das Auto hat die „Eigenschaft, den Menschen in seinen primitivsten Zustand zurückzuführen", wie es Prof. Dr. Roger Piret von der Universität Lüttich ausdrückte. Im einzelnen lassen sich auf der Autobahn und am Straßenrand die folgenden Fakten erkennen:

○ Am Wagensteuer kommen alle verdrängten Minderwertigkeitskomplexe und möglichen verbrecherischen Eigenschaften an die Oberfläche. Diese Tatsache erklärt die zahlreichen, durch brutales Verhalten verursachten Unfälle.

○ Rechthaberische Fahrer, die gegenüber anderen Verkehrsteilnehmern unbedingt ihren Willen durchsetzen wollen, versuchen auch sonst im Leben und in der Ehe stets recht zu behalten.

○ Fahrer mit Liebeskummer fahren weithin unbewußt und reagieren unzureichend. Sie sind deshalb schwierigen Verkehrssituationen nicht gewachsen.

## Was man durch sein Fahrverhalten verrät

Aus dem Fahrverhalten läßt sich im einzelnen sehr viel ersehen, was den Fahrer kennzeichnet.

*Lenken:* Die auffälligste Aussage über den Charakter erfolgt durch die Handhabung des Lenkrads. Wer das Auto mit zwei Fingern steuert, faßt auch im Leben alles lässig oder leichtfertig an. Ein ausgeglichener und vertrauenswürdiger Charakter verrät sich dadurch, daß er das Steuer mit beiden Händen in der Uhrzeigerstellung auf dem Zifferblatt „Zehn vor zwei" hält. (Über spezielle Gesten am Lenkrad siehe weiter unten.)

*Überholen:* Im rücksichtslosen Überholen und Kolonnenspringen zeigt sich der Egoist; das ist auch dann der Fall, wenn diese Fahrweise als „Sport" ausgeübt wird.

*Unterhalten:* Ein Fahrer, der unausgesetzt redet, hat weder an den übrigen Verkehrsteilnehmern noch an seinem Beifahrer ein wirkliches Interesse. Er liebt nur sich selber, sucht Resonanz und braucht dafür ein großes Publikum. Eine andere Gruppe von Dauerrednern will auf diese Weise Mißerfolge im Leben oder mangelnde Fahrkenntnisse vertuschen.

*Linksfahren:* Das ständige Linksfahren zeigt Sturheit und einen Mangel an Willenskraft. Die Ursache für das Fahren auf der linken Fahrspur liegt in der Scheu vor der Entscheidung, zur Überholung anzusetzen. Deshalb bleibt dieser Fahrer gleich auf der linken Spur.

*Anfahren:* Das angriffslustige Anfahren ist als Hinweis zu betrachten, daß der Fahrer etwas zu verbergen hat. Die starke Beschleunigung wirkt als Ersatzbefriedigung. Wer mit quietschenden Reifen anfährt, ist in der Liebe meist weitaus weniger angriffslustig.

*Schalten:* Wer sich um das Einlegen eines anderen Ganges zu drücken versucht, neigt dazu, auch sonst im Leben dem Unbequemen aus dem Wege zu gehen. Initiativgeist ist nur schwach entwickelt, und deshalb wird leicht der richtige Zeitpunkt verpaßt. Gegen Vorwürfe schützt sich dieser Fahrer durch ein dickes Fell.

*Verkehrszeichen:* Ein Fahrer, der mit Absicht ein Stoppschild überfährt oder in falscher Fahrtrichtung eine Einbahnstraße entlangrast, ist mit Vorsicht zu genießen. Er ist unberechenbar, angriffslustig und streitsüchtig. Was er besitzt, genügt ihm nicht; er will alles haben, was er sieht. Er ist auch in der Liebe grenzenlos und versucht von allem Besitz zu ergreifen.

*Abstandhalten:* Wer keinen Abstand von seinem Vordermann hält, ist auch sonst nicht bereit, sich auf die Umwelt einzustellen. Der immer möglichst dicht auffahrende Autofahrer ist gemütsarm und fühlt sich am wohlsten, wenn er allein ist.

*Bremsen:* Wer stets im allerletzten Augenblick auf die Bremse tritt, liebt die Gefahr mehr als alles andere. Diesem Draufgänger ist jede Fürsorge für andere Menschen fremd. Der übervorsichtige, frühe Bremser ist pingelig und nörgelig und geht Auseinandersetzungen gern aus dem Wege.

## Gesten und ihre Deutung

Mancher Mensch fühlt sich wohler, wenn er am Autosteuer sitzt. Wer einen großen Teil seines Daseins in einem Wagen zubringt, ist nicht mehr in der Lage, seine Persönlichkeit vom Auto ganz und gar zu lösen. Das Auto ist ein Stück seiner Person und seines Lebens geworden.

Die Geschwindigkeit, über die er herrscht, läßt ihn seine Verdrängungen und Komplexe vergessen. Allerdings wird er die Komplexe damit nicht los. Er lebt sie nur aus. Wir wollen nachstehend gewisse Gesten in ihrem tieferen Sinn analysieren, die der Mensch mit seinen Neurosen, mit seinen Komplexen und seinem Verfolgungswahn am Autosteuer zeigt. Es geht um die Gesten und Bewegungen, die wir alle schon bei Autofahrern beobachtet haben. Wir erinnern uns an diesen oder jenen, oder wir erkennen uns plötzlich selbst im Spiegel dessen, was man am Autosteuer nicht tun sollte.

1. Die Hände auf dem oberen Halbkreis des Steuerrads verraten Phantasie, intellektuellen Geschmack, Heiterkeit, Lebenskraft, aber auch die Neigung, sich mit anderen auseinanderzusetzen (Abb. 154).

2. Die Hände auf dem unteren Halbkreis bedeuten: weicher Charakter, nicht gerade kampfbereit, ein Mensch, der sich leicht von anderen überrunden – oder auf der Straße überholen läßt (Abb. 155).

Abb. 154

Abb. 155

3. Die Hände von unten her an der unteren Hälfte des Steuerrades festgekrampft: Der Fahrer nimmt sich sehr ernst. Er ist entschlossen, alle zu überholen, niemanden vorbeizulassen; er ist ein brutaler Fahrer, der mit Vorsicht zu behandeln ist (Abb. 156).

4. Die Hände eng beieinander an der unteren Hälfte des Steuerrads: ein wenig Angeber, Feinschmecker, oft Musikliebhaber, ein Mensch mit Geschmack für Poesie. Ihm ist es gleichgültig, ob ein anderer ihn überholt. Er ist auf der Straße und im Leben ungefährlich (Abb. 157).

Abb. 156

Abb. 157

5. Die Hände am oberen Teil des Steuerrads verkrampft, den Oberkörper weit nach vorn gebeugt, die Nase fast an der Scheibe: keineswegs ein Kurzsichtiger, wie man glauben könnte, sondern meist ein Anfänger, oder jemand, der ununterbrochen sein ganzes Leben lang einen Unfall befürchtet und auch dementsprechend fährt (Abb. 158).

6. Die Arme fast gerade von sich gestreckt, den Rücken gegen die Polster gedrückt: die einzig mögliche Haltung für wohlbeleibte und sogenannte ruhige Fahrer, die sich keine Sorgen und keine großen Gedanken machen und die dennoch oder deshalb Gefahr laufen, mehr Unfälle und Pannen zu verursachen als alle anderen (Abb. 159).

Abb. 158

Abb. 159

7. Die linke Hand irgendwo auf dem heruntergedrehten Fenster, das Auto nur mit der rechten Hand steuernd: ein erklärter Angeber (Abb. 160)! Auf ihn trifft Anna Magnanis Ausspruch mehr als auf jeden anderen zu: „Ein Mann am Steuer eines Autos ist ein Pfau, der sein Rad in der Hand hält." Aber schlimmer noch: dieser Typ des Angebers kann zur öffentlichen Gefahr werden.

Abb. 160

## Gefährlich für sich selbst und seine Umwelt

Nun gibt es noch eine ganze Anzahl weiterer Fingerzeige, die als Anhaltspunkte zur Kennzeichnung des Charakters eines Autofahrers dienen.

So soll der Fahrer, der immer Handschuhe trägt, Minderwertigkeitskomplexe haben, die er aber geschickt zu tarnen versteht.

Der Mensch, der am Steuer mit den Händen redet und dauernd auf den Beifahrer einzuwirken versucht, ist von unberechenbarer Nervosität. Er wirft in der Praxis das Problem auf, ob man zwei so schwierige Dinge (gut zu fahren und vernünftig zu reden) zur gleichen Zeit tun kann.

Auch sind hier die Lärmbolde, die Schimpfer zu erwähnen, Menschen, die bei jeder Gelegenheit vom Steuer aus gegen die anderen toben, die sich anscheinend „wie die ersten Menschen" benehmen. Meist ist diese Neigung ein Zeichen einer schweren Verdrängung, mit der der Unglückliche nicht fertig wird.

Mancher Mensch ist tatsächlich – und das wissen die Psychologen und Psychiater immer wieder zu bestätigen – am Steuer ein ganz anderer: er spricht anders, er hält sich anders, er scheint wie verwandelt zu sein.

Das läßt sich nur zum Teil mit dem unterschiedlichen Verhalten der verschiedenen Konstitutionstypen erklären. Aufschlußreicher wäre die Kenntnis der seelischen Schäden, die den Menschen veranlassen, sich so ungewöhnlich zu benehmen, wie man ihn am Steuer erlebt. So manches Unfallgeschehen beweist deutlich: Der „andere" Mensch am Steuer ist häufig gefährlich – nicht nur für sich selbst, sondern mehr noch für seine Umwelt.

Der schon zitierte Dr. Leslie Morrish glaubt sogar festgestellt zu haben, daß sehr aggressive Fahrer in Sexfragen äußerst unsicher und oft impotent sind. Sie versuchen das, was sie sonst nicht leisten können, durch Aggression am Steuer auszugleichen. Sie versuchen sich so ein Potenzgefühl oder gar eine Art Ersatzbefriedigung zu verschaffen. Zu dieser Erkenntnis kommt auch der deutsche Verkehrsexperte Prof. Dr. Lewerenz.

Wer die Knüppelschaltung der Lenkradschaltung vorzieht, soll besonders sinnlich sein, was nicht gleichbedeutend ist mit Potenz.

Übrigens urteilen auch viele Frauen über einen Mann erst dann endgültig, wenn sie mit ihm ein oder zwei Stunden im Auto gefahren sind. Denn sie wissen, daß der Mensch sich meist im Alltagsleben – wenn es darauf ankommt und er sich enthemmt fühlt – so benimmt wie am Steuer.

Dasselbe sagen besonnene und nicht allzu heiß verliebte Männer von der Frau am Steuer, die dort oft ihren Egoismus deutlicher zeige als vor der Welt und „vor der Zeit“.

## Wie steigt eine Frau aus dem Auto?

Steigt eine Frau aus dem Auto, so ergeben sich für den scharfen Beobachter manche Anhaltspunkte, um den Charakter einer Frau zu bestimmen. Auch wie eine Frau das Auto verläßt, besagt einiges. Ist sie verschämt, ungeschickt oder herausfordernd, kühl oder leidenschaftlich, zimperlich oder anmaßend? Hier einige Tips:

*Die Naive* (Abb. 161): Sexy? Durchaus möglich, aber vielleicht ist es mehr Gedankenlosigkeit als Absicht. Sie ist sich unter Umständen ihres Sexes nicht bewußt, macht sich keine Gedanken über den Minirock und ist ahnungslos, daß Sittenrichter etwas zu tadeln finden könnten. Sie „weiß nicht, was sie tut“, sie gehört zu den Naiven.

Abb. 161

Abb. 162

Abb. 163

Abb. 164

Abb. 165

*Die Zerstreute* (Abb. 162): Solche verwirrten Typen, die alles durcheinanderbringen, haben wir alle schon getroffen. Hier ein Musterbeispiel. Sie versucht, alles auf einmal zu tun und verheddert sich hoffnungslos. Sie sind meistens unordentlich und mehr als nur ein wenig hilflos. Aber dafür völlig harmlos.

*Die Rebellin von Geblüt* (Abb. 163): Nur eine Frau mit einem unabhängigen Gemüt würde so in den Wagen steigen. Es gibt kaum etwas, wovor sie zurückschreckt, wenn sie es für richtig hält. Sie ist aggressiv und verachtet das Herkömmliche. Sie ist eine Persönlichkeit.

*Lustiges Mädchen für reizvolle Stunden* (Abb. 164): Eine Frau, die so aussteigt, kennt kaum eine Schranke, die sie nicht lächelnd zu nehmen wüßte. Diese Frau liebt es, ihre Reize spielen zu lassen. Sie ist ein Mädchen für nette Stunden. Aber gerade deswegen: mit Vorsicht zu genießen.

*Aufgeschlossen, aber prüde* (Abb. 165): Diese Sittsame will „modern" sein, aber sie durchlebt tausend Ängste im Bemühen, sittsam auszusteigen. Vergeblich ist sie bemüht, den Rocksaum unten zu halten. Sie würde sich viel wohler fühlen, würde sie ihrem Wesen nachgeben und sich mit einem weniger enthüllenden Mini zufriedenzugeben. Aber sie kann den Gedanken nicht ertragen, für altmodisch zu gelten.

## Was das Auto über den Inhaber verrät

Das Auto, das ein Mensch fährt, verrät viel über seinen Charakter und seine Wesensart. Mancher versucht, hinter einem Prestige verleihenden Luxuswagen Minderwertigkeitsgefühle zu verbergen, während ein anderer jünger erscheinen möchte, als er ist, indem er ein Auto fährt, das zur Zeit die Jugend gerade vorzieht. Aber nicht nur der Wagentyp, sondern vor allem auch die Autofarbe ist vielsagend.

Der Farbenpsychologe Prof. Dr. Max Lüscher[1] mißt den einzelnen Farben folgende Bedeutung zu:

*Weiß:* Wagen in der „Farbe der Reinheit und Klarheit" kaufen Ästheten, die überhaupt im Leben eine klare Linie und geordnete Verhältnisse erstreben oder zum mindesten vortäuschen möchten.

*Gelb:* Diese Farbe spiegelt den Wunsch, um jeden Preis auffallen zu wollen und läßt gleichzeitig erkennen, daß die Spannung, unter der das eigene Leben steht, nur schwer bewältigt werden kann. Gelb bringt aber auch den Wunsch nach Befreiung vom Druck und die Erwartung eines neuen Lebensglücks zum Ausdruck. Die Farbe weist auf das Vorwärtsdrängen, das Neue und Moderne hin.

*Beige:* Diese zarte und weiße Farbe gefällt dem Träumer. Da Beige aber auch eine fahle Farbe ist, bleibt – was auch mancher bedenkt – der Staub meist unsichtbar.

*Orange:* Wer diese Farbe, scharf wie Pfeffer, wählt, steckt voller Dynamik, neigt aber auch zu hektischer Erregung.

*Braun:* Die braune Farbe entspricht der problemlosen, konfliktfreien Gemütlichkeit und verrät das Bedürfnis nach Erholung im Wege der Behaglichkeit und psychischer Befriedigung.

*Rot:* Die Farbe der Liebe und des Blutes bringt vitale Lebenskraft zum Ausdruck. Sie wirkt erregend und imponierend. Der Fahrer eines roten Wagens ruft in die Welt: „Vorsicht, jetzt komme ich!" Oder, wie Professor Lüscher sagt: „Rot ist der Drang, Wirkung zu erzielen, Erfolg zu erobern und hungrig zu begehren, was Intensität und Lebensfülle bieten. Rot ist der Impuls zu notorischem Tun, zu Sport, Kampf und unternehmerischer Produktion."

*Grün:* Diese Farbe bringt zwar den Wunsch zum Ausdruck, imponieren zu wollen, ist aber ohne jede Energie. Das Streben nach Anerkennung will sich passiv behaupten. Die ruhigste aller Farben verrät eine gewisse Temperamentlosigkeit.

*Violett:* Ein Wagen in dieser ausgefallenen Farbe spiegelt den Wunsch, eine magische Wirkung auszuüben, sich aber auch selber verzaubern zu lassen. Die anderen Menschen sollen sich dem suggestiven Charme nicht entziehen können.

*Hellblau:* Die Farbe der sorglosen Heiterkeit und Unbekümmertheit. Die Fahrt mit einem hellblauen Auto weckt Ferienstimmung.

*Dunkelblau:* Wer die blaue Farbe schätzt, besitzt Gemüt und liebt die Ruhe. Er ist treu, vertrauenswürdig und schenkt Geborgenheit. Der Besitzer eines blauen Wagens hat Erfüllung gefunden.

---

[1] *Der Lüscher-Test,* erschienen bei Rowohlt, Hamburg 1971

*Silber:* Hier kommt eine kühle Distanz zum Ausdruck, die sich beim Auto auf die Formel bringen läßt: Komm mir nicht allzu nahe! Diese Farbe wird von einem Fahrer bevorzugt, der etwas Besonderes sein will.

*Grau:* Wer einen Wagen dieser Farbe fährt, will sich nicht zu erkennen geben. Um jeder Aufregung aus dem Wege zu gehen, versucht er sich vor entsprechenden Einflüssen abzuschirmen.

*Schwarz:* Die Farbe bringt den Wunsch zum Ausdruck, durch Verzicht seinem Schicksal entgehen zu wollen. Der Fahrer der seriösesten Farbe sieht es gern, wenn man ihm achtungsvoll begegnet.

## Wie Sie sitzen – so sind Sie!

Aus der Art und Weise, wie ein Mensch sitzt bzw. auf einem Stuhl oder in einem Sessel Platz nimmt, kann man Schlüsse auf seinen Charakter ziehen. Jeder hat schon einem Fremden oder Bekannten einen Stuhl angeboten und sich dann gewundert, daß der Betreffende merkwürdig zögernd auf dem Stuhl Platz nahm – entweder nur auf einer Ecke oder weit nach vorn auf einer Kante, nervös, unruhig hin und her rückend oder sich weit hintenüberlehnend – oder steif sitzend wie eine Puppe.

*Nur auf dem Stuhlrand*

(Zu Abb. 166.) Jeder Mensch sitzt anders. Wer, was man sehr häufig beobachtet, nur auf dem vordersten Rand eines Stuhles oder Sessels Platz nimmt, ist sich der Sache, um derentwillen er gekommen ist, und auch seiner Person und seines Temperaments nicht ganz sicher. In jedem Falle ist er in seinen Schlüssen ungeduldig und voreilig, Stimmungsschwankungen stark unterworfen und nicht so zuverlässig, wie er scheinen möchte. Oft verschweigt er auch etwas, was er längst hätte sagen sollen.

Abb. 166

Abb. 167

Abb. 168

Abb. 169

Abb. 170

(Zu Abb. 167.) Sitzt ein Mensch auf dem Stuhlrand und neigt sich weit nach vorn, aber ohne sich auf die Knie zu stützen, dann haben wir es mit einem etwas unterwürfigen, nach außen hin aufmerksamen, aber mit einiger Vorsicht zu genießenden Menschen zu tun.

*Mit ganzer Sitzfläche*

(Zu Abb. 168.) Wer sich auffällig wuchtig, breit und fest mitten auf den Stuhl setzt und deutlich sichtbar anlehnt, also betont wirken will, der ist letzten Endes doch innerlich irgendwo unsicher und nicht so tatkräftig, wie er erscheinen möchte; er sucht einen Halt, den er aber bis zum Augenblick noch nicht gefunden hat.

(Zu Abb. 169.) Gerader Sitz, aufrecht, ohne sich anzulehnen, bedeutet starke Energie, jedenfalls aber eine große Selbstherrlichkeit, Beherrschung, Selbstbewußtsein und Tatkraft. Ob diese Eigenschaften sich immer in unserem eigenen Interesse günstig auswirken, bleibe dahingestellt. Mitunter ist für uns ein ausgeglichener, ruhiger, nicht allzu energischer Mensch vorteilhafter und nützlicher als jemand, der nur sich selbst sieht und kennt.

*Übereinandergeschlagene Knie* (Abb. 170)

Die beim Sitzen übereinandergeschlagenen Knie können, wenn dies ohne Verkrampfung ruhig und gleichmäßig geschieht, rein konventionelle Ursachen haben. Mancher hält es für bequemer oder eleganter, so zu sitzen. Das verkrampfte, ständige Übereinanderlegen der Beine soll dagegen auf eine überbetonte Sinnlichkeit hinweisen. Jedoch glauben wir darauf aufmerksam machen zu müssen, daß diese Deutung von den jeweiligen Umständen abhängt. Hören wir, was der Psychologe und der Arzt über das Kreuzen der Beine zu sagen wissen:

Das Kreuzen der Beine, das Übereinanderschlagen der Knie ist keineswegs das Zeichen einer körperlichen Entspannung, wie bisher immer angenommen wurde, sondern der Beweis für starke innere Nervosität und meist für Minderwertigkeitskomplexe. Man kreuzt die Beine, weil sich auf diese Weise der Oberkörper, der unter der Last des Tages oder der Jahre in der Wirbelsäule etwas weich geworden ist, automatisch streckt. Man schafft sich auf diese Weise die Illusion, überlegen, stark und sicher zu sein, was einer künstlichen Aufpulverung des Selbstbewußtseins gleichkommt.

Es ist nachgewiesen, daß Menschen mit starkem Willen die Beine nur dann kreuzen, wenn sie entweder in ihrer Entscheidung zögern, oder aber die erste Etappe des gesteckten Zieles erreicht haben.

## Die Frau und ihre Beinhaltung

Amerikanische Psychiater behaupten, daß man die Frau immer nach der Haltung ihrer Beine beurteilen kann:

Sie sitzt mit überschlagenen Beinen, wobei sie leicht mit dem rechten wippt: intelligent und ehrgeizig.

Sie schlingt das eine Bein leicht um das andere: übertriebene Einbildungskraft.

Sie streckt Beine und Füße aus: Mangel an Geist, Humor und Begriffsvermögen. Ausgesprochene Nörglerin.

Sie hält die Beine parallel aneinander, die Füße geschlossen: sorgfältig, treu, pünktlich, aber ungebildet.

Sie hält die Knie zusammen, ebenso die Füße, deren Spitzen sich berühren: nervös und ängstlich.

Sie streckt die Beine aus und legt die Füße nachlässig übereinander: oberflächlich, bequem, aber lustig und immer guter Laune.

## Durch Selbstbeherrschung zum Ziel

Der Psychologe Dr. Bondor gibt zur Umerziehung einen guten Rat. Wer im Leben erfolgreich sein wolle, der möge versuchen, zwei Stunden auf einem Stuhl zu sitzen, ohne die Beine zu bewegen. Wer seine Beine während zwei Stunden nicht übereinanderschlägt, der verfüge über eine übernormale Selbstbeherrschung. Diese Selbstbeherrschung aber sei die erste Vorbedingung des Erfolgs.

Ein klares Bild von der Haltung eines sitzenden Menschen gewinnen wir allerdings erst dann, wenn wir ihn vom Profil aus betrachten. Seine gerade Haltung, die Richtung seiner Wirbelsäule, die Art, wie er sich auf dem Stuhl hält, sind wichtige Kennzeichen.

## Rückschlüsse aus der Schlaflage auf den Charakter

Aus einer Befragung von rund 10.000 Personen in drei Erdteilen ergab sich, daß 61 Prozent aller Menschen auf der rechten Seite bzw. auf dem Bauch schlafen. 24 Prozent liegen auf der linken Seite und nur 15 Prozent auf dem Rücken. Da nach der Ansicht der modernen Psychologie jedes Verhalten des Menschen einen physiologischen oder psychologischen Hintergrund hat, muß auch in der Schlaflage, im Verhalten des Menschen im Schlaf, sein Charakter zur Geltung kommen. Man kann also (beinahe) sagen: Wie Sie schlafen, so sind Sie.

Seit Jahr und Tag versuchen Physiologen und Ärzte vergebens, eine klare Definition des Schlafs zu finden. Eine solche Definition ist unerläßlich, wenn wir vom Schlaf, vom Verhalten im Schlaf Rückschlüsse auf die Wesensart des Menschen ziehen wollen. Wir wissen, daß der Schlaf nicht etwa nur eine Ausschaltung, gewissermaßen eine Narkotisierung der Großhirnrinde ist, sondern es handelt sich beim Schlaf um einen sogenannten regenerativen, d. h. erholenden aktiven Prozeß im vegetativen Gesamtgeschehen des Menschen.

So erklärt es sich auch, daß wir nach einer Narkose oder nach der Benutzung von Schlafmitteln nicht jene Erquickung empfinden, die wir nach einem gesunden natürlichen Schlaf verspüren. Wir wissen, daß der Schlaf in den Körperfunktionen verschiedene Veränderungen herbeiführt:

1. Verlangsamung des Herzrhythmus,
2. Absinken des Blutdrucks,
3. verminderte Erregbarkeit des Atemzentrums mit verminderter Atmung,
4. Verengung der Pupillen,
5. Umschaltung der Drüsenabsonderungen im Bereich des Kopfs und des gesamten Organismus.

Es gibt eine ganze Menge von Schlaf-Theorien, deren Erörterung hier zu weit führen würde.[1]

Was wir vom Schlaf sicher wissen, ist jedenfalls die Tatsache, daß er in regelmäßigen Intervallen eintritt und während mehrerer Stunden zu einem Bewußtseinsverlust führt.

Dieser Bewußtseinsverlust ist begleitet von bestimmten geistigen und körperlichen Vorgängen – wie z. B. dem Traum, einer veränderten Tätigkeit der Leber, der Nieren etc.

Nimmt man aber, wenn wir den Schlaf nun einmal als eine unvermeidliche Gegebenheit quittieren, den Menschen auf der Schlafmatte unter die Lupe

[1] Wer sich hierfür im besonderen interessiert, dem sei G. Luces und Dr. Segals *Besser schlafen – Ursachen der Schlaflosigkeit und ihre Abhilfe* empfohlen, erschienen im Ramòn F. Keller Verlag, Genf 1971.

und schließen wir ihn an den Elektroenzephalographen an, dann läßt sich eine ganze Anzahl Vorgänge ermitteln, die uns einen Schritt weiterbringen auf der Suche nach der Charakteranalyse, die wir aus dem Schlaf ziehen können.

## Ein paar Tatsachen

○ Bei einer durchschnittlichen Schlafdauer von 6 bis 10 Stunden verbringen wir rund ein Drittel unseres ganzen Daseins im Bett, jedenfalls im Schlafzustand.

○ Die normale Schlafdauer beträgt bei einem Kind von sechs Monaten 22 Stunden und sinkt mit zunehmendem Alter (60 bis 80 Jahre) schließlich auf 5 bis 6 Stunden.

○ Innerhalb von 6 bis 10 Stunden verändern wir, wie Filmaufnahmen eindeutig verraten, 45- bis 60mal unsere Schlafhaltung, ein Vorgang, der sich aus veränderten Muskelspannungen ergibt.

Wie die moderne Physiologie sagt, wird das Wesen des Menschen von seiner Erbmasse bestimmt, in den Charakterausschlägen von dem Verhalten der Innenorgane, der Drüsen, von dem Gleichgewicht, das zwischen den einzelnen Organen herrscht oder das gestört ist. Die übersteigerte Ausschüttung von Galle ins Blut kann dem Menschen einen „galligen" Charakter verleihen. Eine ungünstige Leberfunktion, eine nicht normale Tätigkeit

Abb. 171

Abb. 172

Abb. 173

der Nieren – solche Vorgänge reichen aus, den Charakter des Menschen zu verändern. Andererseits wird dieser, wie die moderne Psychologie dargetan hat, auch von seelisch-geistigen, zum Teil völlig unbewußten Faktoren und emotionalen Spannungen mitbestimmt.

Da nun im Schlaf (unter Abschaltung des Bewußtseins) der Mensch unbewußt auf seinen Körper und seinen Geist reagiert, ist die Schlaflage, die er einnimmt, symptomatisch für günstige und ungünstige Vorgänge im Körper, für Störungen, denen der Schlafende unbewußt auszuweichen versucht.

## Was die Schlaflage verrät

Theoretisch läßt sich feststellen, daß eine leicht zur Seite geneigte, völlig ausgestreckte Schlafposition den Kreislauf nicht behindert und die Wirbelsäule ebenso wie die Muskeln und Innenorgane ohne Spannung läßt. Wird eine andere Schlafhaltung eingenommen, dann kann man aus der jeweiligen Haltung Schlüsse ziehen, die folgende Deutungen zulassen:

*Embryonallage* (Abb. 171), also das Anziehen der Beine an den Körper, in Nachahmung der Position eines Embryos vor der Geburt: verrät scheues Wesen, Angst vor einer Auseinandersetzung mit den Lebensverhältnissen und den Alltagsschwierigkeiten, die sich nicht vermeiden lassen. Der gesundheitliche Nutzen oder Nachteil der Embryonallage ist stark umstritten.

*Totale Rückenlage* (Abb. 172): gestattet eine gute Blutzirkulation, verrät aber – wenn sie eindeutig bevorzugt wird – einen spitzfindigen, nervösen, oftmals überreizten Charakter, vor allem wenn die Oberschenkel leicht angezogen sind.

*Bauchlage* (Abb. 173) unter Anziehung eines Beins und seitlicher Streckung der Arme gilt als eine der häufigsten Schlafpositionen, die neben der Rechtslage von wenigstens 62 Prozent aller Menschen im Lauf der Nacht während gewisser Zeiten eingenommen wird.

Es heißt, daß der Mensch, der vorzugsweise auf dem Bauch schläft, oft in stärkstem Maße egozentrisch ist, nur sich selbst auf der Welt kennt und schätzt und sich gegenüber der Umwelt dementsprechend verhält.

## Die Schlaflage von Mann und Frau

Die amerikanische Psychologin Margaret Fuller zieht zum Thema der bevorzugten Lage im Bett von Mann und Frau unterschiedliche Schlüsse. Sie stellt weitere interessante Kriterien heraus.

1. *Embryonallage* (siehe oben): Spiegelt Schüchternheit, Verschlossenheit, Erschöpfung und den Wunsch nach Sicherheit. Diese Lage deutet gewöhnlich auf berufliche Schwierigkeiten.

2. *Lage mit ausgestreckten Gliedmaßen* (Arme und Beine sind weit vom Körper gestreckt, während das Bettuch und möglicherweise auch der Partner vor dem Bett liegen, d. h. „ausgebootet" wurden): Dies ist die Lage des sich selber vertrauenden Siegers und Erfolgsmenschen, den nichts aufhalten kann, das Abenteuer des Lebens zu genießen.
3. *Aggressionslage* (beide Fäuste des Schläfers sind zusammengeballt): Ein Mann, der so schläft, beschimpft möglicherweise seine neben ihm liegende Frau unbewußt im Schlaf. Wenn eine äußerlich ruhige Frau so schläft, zeigt das den Wunsch an, andere beherrschen zu wollen.
4. *Schüchternheitslage* (die Arme oder Beine werden kreuzweise übereinander gelegt): Bei einem Mann zeigt diese Schlaflage Angst vor Mißerfolg an, bei einer Frau weist sie auf eine untergründige Angst vor einem Angriff oder Überfall hin.
5. *Arme-über-dem-Kopf-Lage:* Diesen Schläfer beunruhigt nichts. Beruflich hält er die Leistungsspitze. Das Leben ist so leicht, daß es ihm fast unwahrscheinlich erscheint. Kinder schlafen oftmals in dieser Lage.
6. *Baby-Doll-Lage* (Kauerlage mit dem Kissen oder einem Stofftier in den Armen): Diese Lage drückt die Furcht aus, den Ehemann, den Freund oder den Arbeitsplatz zu verlieren. Sie zeigt einen starken Mangel an Selbstvertrauen an.
7. *Rückenlage:* Diese Lage mit ausgebreiteten Beinen weist auf Herrschsucht und Egoismus hin.
8. *Rücken-Querlage:* Wer auf dem Rücken, aber quer über das Bett ausgestreckt schläft, blickt mit utopischer Grundanlage vertrauensvoll in eine oft illusionäre Zukunft.
9. *Leicht seitliche Bauchlage:* Wer so schläft, ist leicht sentimental und bevorzugt die einfachen Freuden des Lebens.
10. *Halbseitenlage:* Der Schläfer besitzt Verantwortungsgefühl und realistische Einstellung, neigt aber dazu, die Dinge übertrieben ernst zu nehmen.
11. *Hände-am-Kinn-Lage:* Diese Lage ist als Hinweis auf die Angriffsfreude des Schläfers anzusehen.

## Schlafdauer verrät die Wesensart

Die Ansicht, daß der Mensch unbedingt acht Stunden Schlaf benötigt, um gesund zu bleiben, ist überholt. Prof. Dr. Michel Jouvet, der viele Jahre die menschlichen Schlafgewohnheiten untersuchte, kam zu der Erkenntnis, daß jeder Mensch ein individuelles Schlafbedürfnis hat, das Rückschlüsse auf den Charakter erlaubt. Anderseits haben neue Forschungen über die

Bedeutung der Schlafdauer weitere Einblicke in typische Wesenszüge des Menschen gebracht. Prof. Dr. Jouvet unterscheidet vier verschiedene Gruppen.

*Extreme Kurzschläfer:* Die kürzeste, bei Testpersonen festgestellte Schlafdauer beträgt viereinhalb Stunden pro Nacht. Diese extremen Kurzschläfer sind außerordentlich aktiv und packen das Leben mit beiden Händen an. Negative Charaktereigenschaften dieser Personengruppe sind im Vergleich zu normalen Schläfern Aggressivität und Ungeduld. Nur rund drei Prozent aller Menschen kommen mit diesem extremen Kurzschlaf aus.

*Kurzschläfer:* Auch wer fünf bis sieben Stunden schläft, ist noch den Kurzschläfern zuzurechnen. Diese Personengruppe ist lebhaft, besitzt eine rasche Auffassungsgabe und steht dem Leben positiv gegenüber. Diese Schläfer stehen mit ungewöhnlich großer Selbstsicherheit überall ihren Mann.

*Normalschläfer:* Zu dieser Gruppe zählt die Hälfte aller Menschen. Ihre Schlafdauer bzw. ihr Aufenthalt im Bett beträgt sieben bis acht Stunden. Der Normalschläfer ist weder besonders dynamisch noch ausgesprochen faul, sondern erweist sich im allgemeinen als ein gleichmäßig und zuverlässig arbeitender Berufstätiger.

*Langschläfer:* Ein Drittel der Menschheit zählt zu dieser Personengruppe, die neun und mehr Stunden schlafend verbringt. Der Langschläfer ist in sich gekehrt und sensibel und oftmals eine empfindliche Künstlernatur. Allerdings neigt er zu Depressionen und psychosomatischen Krankheiten.

Allgemein ist zu sagen, daß z. B. in Westeuropa die Frauen länger als die Männer schlafen. Etwa zehn Millionen Westeuropäer gönnen sich kaum sieben Stunden Nachtruhe. Doch sind die Hauptgründe dafür nicht psychologischer Art, sondern sind in Lärm und im Fernsehen zu suchen.

## Unser Lieblingstier ist kein Zufall

Die nachstehende Studie führt zu interessanten Ergebnissen, die sich wie folgt vorwegnehmen lassen: „Sage mir, was für ein Tier du hast, und ich sage dir, wie du bist!“

Die Wissenschaft von den Beziehungen zwischen dem Charakter von Herr und Hund verdanken wir dem französischen Veterinär Michel Klein.

Klein wurde als Betreuer der Hunde von Filmstars bekannt, darunter der vierbeinigen Freunde von Liz Taylor, Maria Callas, Sophia Loren, Prinzessin Gracia von Monaco, Audrey Hepburn und Brigitte Bardot. Dr. Klein hält in der ganzen Welt Vorträge über den Hund. Während der zwanzig Jahre seiner Praxis wurde der Tierarzt zu einem erstrangigen Spezialisten, der schließlich aus eigener Beobachtung zu der Erkenntnis gelangte, daß der Charakter von Männern und Frauen über den Hund, den sie halten, sichtbar wird.

Nach Klein unterliegt es keinem Zweifel, daß z. B. der Umstand, daß jemand einen Dackel und keinen Dobermann wählt, Ausdruck seines inneren Wesens ist. Hierbei spielen gefühlsmäßige und seelische Momente eine ebenso große Rolle wie ästhetische. Durch die Anschaffung eines bestimmten Hundes offenbart der Mensch seinen Charakter.

Dr. Klein hat die nachfolgend verdeutlichten Beziehungen herausgestellt, je nachdem, welchen Hund Sie haben oder bevorzugen.

## Welcher ist Ihr Hund?

*Bastard (Promenadenmischung):* Sie sind großmütig. – Wenn Sie ganz bewußt einen Hund ohne Rassen gewählt haben, kann man Vertrauen zu Ihnen haben. Sie sind ganz gewiß ehrenhaft, mitempfindend und haben ein gutes Herz. Sie lieben das ruhige und einfache Familienleben. Ein blindes Selbstvertrauen ist Ihnen unbekannt; im Gegenteil, Sie benötigen Ermutigung und einen Anstoß, um etwas zu unternehmen.

Wird Ihnen eine Verantwortung, ein Posten, eine Anstellung übertragen, so erfüllen Sie Ihre Pflicht mit größter Sorgfalt. Man kann sich auf Sie verlassen. Obwohl Sie Ihr Vertrauen nicht leichtfertig verschenken, sind Sie eines großmütigen Verhaltens fähig. In der Liebe sind Ihre Gefühle im allgemeinen dauerhaft. Sie verspüren keine Abneigung gegen einen willensstarken und selbstbewußten Partner. Sie verstehen es, die Forderungen anderer zu erfüllen, ohne Ihren eigenen Charakter dabei zu verlieren.

Ihre kleinen Fehler: Sie sind leicht erregbar; es fehlt Ihnen an Ausdauer.

*Cocker und Dackel:* Sie sind gefühlvoll. – Wenn Sie Besitzer eines Hundes dieser Rassen sind, dann sind Sie zweifellos sehr gefühlvoll. Sie haben a priori stets Vertrauen zu den Menschen, die Ihnen begegnen. Mitunter kann Ihr Benehmen einen Zug von Naivität enthalten. Sie stehen freiwillig „zur Verfügung" und sind bereit, Ihre Freundschaft ohne Überlegung zu verschenken, ohne mögliche Enttäuschungen in Betracht zu ziehen. Für die Einsamkeit haben Sie nichts übrig. Sie brauchen Gesellschaft, um nicht der Langeweile zu verfallen und sich nicht schwarze Gedanken zu machen.

In der Liebe müssen Sie Ihr Gleichgewicht finden. Ihre Hingabe wird um so größer, wenn Ihr Partner Ihnen die Zärtlichkeit und Liebe entgegenbringt, die Sie benötigen, um glücklich zu sein.

Ihre kleinen Fehler: Sie lieben es, zu gefallen und zu verführen. Sie sind keineswegs schüchtern.

*Pudel:* Sie sind leidenschaftlich. – Dieser Hund verrät, daß Sie sensibel, verführbar, humorvoll und weich sind. Einerseits führen Sie ein regelmäßiges Leben und beherrschen Ihr Temperament, andererseits lassen Sie sich bis zum Exzeß gehen und werden maßlos. Sie schwanken himmelhoch jauchzend und zu Tode betrübt. Ungerechtigkeiten können Sie leicht in Erregung versetzen. Sie zögern nicht, für große Ideen und hohe Ideale in den Kampf zu ziehen.

Obwohl Sie sich in Ihrer Arbeit unschlüssig zeigen, sind Sie bemüht, alles, was Sie tun, sorgfältig auszuführen, eine Eigenschaft, die Ihnen Wertschätzung einbringt. Sie sind leicht verletzt, wenn Sie angegriffen werden. Sie fürchten stets, von anderen übervorteilt zu werden.

In der Liebe sind Sie in der Lage, viel zu geben, aber Ihr Partner muß Ihnen folgen, ohne sich durch Ihre Empfindlichkeit irritieren zu lassen. Sie brauchen Zärtlichkeit und Sympathie, um wirklich glücklich zu sein.

Ihr kleiner Fehler: Sie leiden zu sehr unter einer Tendenz zur Selbstbemitleidung.

*Langhaardackel:* Sie sind sehr treu. – Sie sind sensibel. Sie lieben es, mit Ihrer Umgebung in Eintracht zu leben und friedlich die Freuden des Daseins zu genießen. Sie wollen Ihre Sorgen in den Hintergrund verbannen.

In der Liebe besitzen Sie große Vorzüge. Sie verstehen es, sich aufmerksam, zärtlich und verständnisvoll zu zeigen. Sie haben volles Vertrauen zu Ihrem Partner, weil Sie selbst auch ziemlich treu sind. Wenn nötig, sind Sie bereit, für den von Ihnen auserwählten Partner Opfer zu bringen. In Ihrer Ehe sind Sie sich Ihrer Verantwortung bewußt.

Ihr kleiner Fehler: Durch Gleichgültigkeit lassen Sie sich im Laufe Ihres Lebens nicht wenige Möglichkeiten entgehen.

*Deutscher Schäferhund:* Sie haben Charakter. – Wenn Sie einen Schäferhund gewählt haben, so ist das ein Anzeichen dafür, daß Sie „Charakter haben". Sie wollen im Leben respektiert werden und wünschen eine gewisse Ordnung. Sie bemühen sich, rechtschaffen zu sein und die Wertschätzung anderer zu verdienen. Sie hassen Zeitverschwendung. Sie wollen nicht, daß jemand auf Ihre Kosten lebt.

In der Liebe sind Sie treu und besitzen einen ausgeprägten Familiensinn. Der Besitz eines Schäferhundes weist oftmals darauf hin, daß sich unter einem rauhen und selbstsicheren Äußeren ein Minderwertigkeitskomplex verbirgt. In der Tiefe Ihres Wesens sind Sie unruhig.

*Dalmatiner:* Sie sind ehrgeizig. – Dieser Hund sagt vieles über Sie aus! In Ihrem ganzen Leben werden Sie niemals völlig mit Ihrem Schicksal zufrieden sein. Sie wollen stets weiter und höher hinaus. Ihr Ehrgeiz ist niemals zufriedengestellt. Um Ihre Ziele zu erreichen, zeigen Sie sich in den Mitteln nicht wählerisch. Ausschließlich der Erfolg zählt. Sie brauchen Zuhörer und Schmeichler. Da Sie Charme und eine gewisse Macht über andere besitzen, fällt es Ihnen nicht schwer, Aufmerksamkeit zu erregen. Sobald Sie allein sind, sind Sie nicht mehr Sie selbst und verfallen leicht der Niedergeschlagenheit.

Es fällt nicht leicht, Sie zu verführen. Sie lassen sich nur schwer von der Liebe fesseln. Wenn Sie aber einmal verheiratet sind, handeln Sie gemäß Ihrer Verantwortung und erweisen sich als guter Partner.

Ihr versteckter Fehler: Sie sind in der Freundschaft nicht sehr treu.

*Spaniel:* Sie sind mutig (und eigensinnig!). – Dieser Hund zeigt bei Ihnen solide Qualitäten an. Sie sind realistisch, mutig, zurückhaltend. Ihr gelegentlich auftretender Eigensinn beruht darauf, daß Sie nicht gern zugeben, unrecht zu haben. Sie sind selbstsicher und in der Lage, Entscheidungen zu treffen und Initiativen zu ergreifen. Ohne übertriebene Skepsis sind Sie mißtrauisch. Sie vergeben Ihr Vertrauen und Ihre Freundschaft nur nach reiflicher Überlegung. Andererseits ändern Sie in dieser Frage Ihre Ansicht nicht leicht, wenn Sie jemanden für vertrauenswürdig halten. Sie verachten Leichtfertigkeit und Oberflächlichkeit.

In der Liebe sind Sie treu. Wenn Sie nicht zutiefst enttäuscht werden, ändert sich darin nichts.

Ihr kleiner Fehler: Sie sind nicht sehr duldsam, was die Haltung anderer angeht.

*Dobermann:* Sie sind autoritär. – Es ist nicht einfach, mit Ihnen zusammenzuleben. Sie sind herrschsüchtig und zeigen Kampfgeist. Sie lassen sich nicht gern auf die Füße treten. Sind Sie der Unterlegene, dann sicherlich nur für kurze Zeit. Ihren Mitmenschen erscheinen Sie merkwürdig und undurchschaubar, ein Eindruck, den Sie absichtlich verstärken. Denn Sie lieben Verwirrung und Intrige.

In der Liebe sind Sie besitzergreifend, eifersüchtig, exklusiv und leidenschaftlich. Man langweilt sich nicht mit Ihnen.

Ihr kleiner Fehler: Sie sind nicht sehr diplomatisch. Sie zeigen sich angriffslustig, oft aus reiner Freude am gefährlichen Spiel.

*Fox-Terrier, Schnauzer:* Sie sind Künstler. – Dieser Hund weist mit unbedingter Sicherheit auf eine loyale, freimütige und aufrichtige Persönlichkeit. Sie lieben Ihre Bequemlichkeit und haben oft künstlerisches Temperament. In der Liebe sind Sie ehrlich, ergeben und feurig. Sie tun das Unmögliche, um denjenigen, die Sie lieben, ein Leben ohne Not zu schaffen.

Ihre kleinen Fehler: Sie sind manchmal zornig. Es mißfällt Ihnen nicht, Ihre Umgebung aus Spaß „zur Weißglut" zu reizen.

*Setter:* Sie sind gefallsüchtig. – Sie geben sich im Leben nicht mit dem zufrieden, was Sie besitzen. Eine mittelmäßige Anstellung oder ein Beruf ohne Zukunft paßt Ihnen nicht. Sie sind ehrgeizig, realistisch und begabt. Sie bemühen sich, ans Ziel zu kommen. Es mißfällt Ihnen nicht, im Mittelpunkt der Unterhaltung zu stehen und die Aufmerksamkeit auf sich zu ziehen.

In der Liebe sind Sie treu. Sie möchten das Vertrauen Ihres Partners wert sein. Liebe ohne Bewunderung ist für Sie undenkbar.

Ihre kleinen Fehler: Sie neigen dazu, sich wichtig zu nehmen.

*Dänische Dogge:* Sie lieben es, den Ton anzugeben. – Als Besitzer dieses Hundes sind Sie mit sich sehr zufrieden. Sie möchten Interesse und Eifersucht erregen. Ihr Leben wird vom Ehrgeiz bestimmt. Sie suchen einen Platz an der Sonne und sind, um ans Ziel zu gelangen, in der Wahl Ihrer Mittel nicht kleinlich. Sie zögern nicht, Ihre Gegner auszubooten.

In der Liebe können Sie ein idealer Partner sein, wenn Ihr Wille respektiert wird.

Ihre kleinen Fehler: Sie sind oft launisch. Im Zorn können Sie gewalttätig werden.

*Jagdhund:* Sie lieben den Luxus. – Sie lieben es, beachtet zu werden. Im Leben bewegen Sie sich großartig, selbst wenn dieses Verhalten nur eine Maske ist. Sie fühlen sich zum Luxus hingezogen, zu allem Schönen. Im Geschäftsleben zeigen Sie sich unnachgiebig. Sie lieben Kritik und verachten die Mittelmäßigkeit. Sie sind ein Idealist.

In der Liebe können Sie glücklich werden, wenn es Ihr Partner versteht, Sie von einem Ihnen im Grunde nicht liegenden gekünstelten Lebensstil zu befreien.

Ihre Fehler: Sie sind nicht immer ganz aufrichtig. Sie lieben es, mit verdeckten Karten zu spielen und die Mitwelt zu täuschen.

*Pinscher:* Sie lieben das gute Leben. – Sie lieben es, das Dasein von der angenehmsten Seite zu nehmen, ohne sich um Kleinigkeiten zu kümmern. Sie haben Humor und sind ohne Mißtrauen. Sie sind ein Materialist im guten Sinne des Wortes.

Als Ehepartner sind Sie vollkommen, denn Sie besitzen ein ausgeglichenes Wesen, und Sie verstehen es, in der Ehe Humor und Harmonie zu beweisen. Um glücklich zu werden, brauchen Sie allerdings einen Partner, der von gefährlichen Leidenschaften frei ist.

Ihr kleiner Fehler: Sie können nicht widerstehen, wenn Ihnen eine Verlockung begegnet.

## Welches ist Ihr bevorzugtes Tier?

Wer ein Haustier sein eigen nennt, kann gleich weiterlesen, wenn er davon überzeugt ist, daß die bereits getroffene Wahl seines tierischen Gefährten richtig war. Im anderen Fall ist es angebracht, erst einmal auf einem Blatt zu notieren, welches Wesen aus dem Tiergarten der Natur Ihre Sympathien findet, welches Tier Sie am liebsten bei sich zu Hause beherbergen möchten. Vielleicht mögen Sie gar kein Tier. Auch das ist bezeichnend. Unter Umständen gilt Ihre Neigung einem ganz ausgefallenen vierbeinigen Lebewesen – oder einem solchen ganz ohne Beine, z. B. einer Schlange oder dergleichen.

## Haustier oder Spieltier?

„Ich kann Katzen nicht leiden. Das war auch schon immer so! Aber Hunde – so viele Sie wollen!“

Diese Äußerungen haben manche von uns irgendwann einmal gemacht. Sie wechseln in der Formulierung. Ein anderer mag keine Hunde leiden und schätzt Katzen über alles. Es gibt Sonderlinge, die auf Papageien oder Raben oder Schlangen versessen sind, ganz abgesehen von weißen Mäusen oder Riesenschildkröten.

Ausschlaggebend ist, ob wir das Tier, an das wir uns innerlich anschließen, als unseren Freund, als unseren Gefährten in der Einsamkeit des Daseins betrachten, oder ob dieses Lebewesen für uns nur ein gelegentlicher Zeitvertreib, ein Spielzeug ist, ein Spieltier.

Ergänzung oder Ventil – lautet die andere Formulierung. Ist nun die Vorliebe des Menschen für eine bestimmte Tierart ein Zufall, ist sie abhängig von der ersten Begegnung mit dieser oder jener Sorte von Tieren?

Wir wissen aus der Tier- und Menschenpsychologie, daß es eine direkte Beziehung zwischen den Menschentypen und den Tierarten gibt. Nicht umsonst spricht man z. B. von Katzenmenschen, Hundeliebhabern, Kanarienfreunden, Schlangenverehrern.

## Ihr Wesen – dem Tier entsprechend

Es hat sich gezeigt, daß die Wesensart der Liebhaber gewisser Tiere der Wesensart dieses Tieres angepaßt ist. Wir registrieren hier bestimmte regelmäßig festgestellte Absonderlichkeiten.

*Katzenmenschen:* Fast immer bleiches Zahnfleisch und ziemlich lange Zähne; spitze Handschrift, aber doch einigermaßen harmonisch; Neigung zu Anregungsmitteln wie Kaffee und Tee; bei Erregung rotes Anlaufen im Gesicht, während Ohrläppchen und Nasenflügel weiß bleiben; beim Gehen auf der Straße Abneigung gegen den Rand des Bürgersteigs, statt dessen „Anlehnung“ an die Häuserfront; langsames Trinken, beim Trinken Blick ins Leere gerichtet.

*Hundeliebhaber:* Ruhiger, tiefer Schlaf, scheinbar traumlos; erhebliche Vitalität, leichte Genesung bei ernster Erkrankung; Versuch, jede Geste und Bewegung zu kontrollieren, um nicht undiszipliniert zu erscheinen; Neigung zu Schwermut und Melancholie, immer aber zur Selbstbemitleidung; Neigung zu einem guten Trunk, dessen normales Maß nur überschritten wird, wenn eine Erschütterung des inneren Gleichgewichts (Ärger oder Freude) stattfand.

*Kanarienfreunde:* Verdeckte Neigung zur Romantik; Nervosität im Umgang mit Fremden, speziell mit Kindern; Empfindlichkeit der Eingeweide, daher sehr sorgfältige Auswahl der zu genießenden Nahrungsmittel; Mißtrauen gegenüber älteren Personen und ganz jungen Menschen, besonders in allen geschäftlichen Fragen; Abneigung gegen längere Sonneneinstrahlung.

*Schlangenverehrer:* Neigung, sich von der Welt abzusondern und geistig eine besondere Rolle zu spielen; Neigung zur Sonne und Abneigung gegen den Mond; Gefühl der Überlegenheit gegenüber den meisten Mitmenschen, sowohl in beruflicher als auch in charakterlicher Hinsicht; blitzschnelles Erfassen der Schwächen der Menschen der näheren Umgebung; Vorliebe für das Spiel mit der Gefahr.

Diese letzteren Hinweise gelten übrigens auch für Personen, die sich gern mit Schildkröten abgeben bzw. Meerschweinchen züchten.

Die meisten Menschen haben übrigens ein „Wunschtier" – ein Tier, das sie sein möchten. Eine kürzliche Umfrage ergab, daß 10 Prozent aller Männer wünschten, ein Adler oder ein anderer Raubvogel zu sein. Im Fell eines Löwen, Leoparden, Tigers oder Panthers würden sich 9,7 Prozent wohl fühlen. Zum Leben eines Hundes fühlten sich 6,1 Prozent, eines Elefanten 5,2 Prozent hingezogen. Als Affe möchten 4,8 Prozent der Männer leben, während je 3,9 Prozent Bär und Delphin erwählten. Die Katze erhielt 2,9 Prozent, das Pferd 2,6 Prozent der männlichen Wunschstimmen.

Ganz anders sah das Ergebnis der Befragung bei den Frauen aus, denn 12 Prozent der befragten weiblichen Personen hatten den Wunsch, eine Katze zu sein. Der Löwe und anderes Großwild erhielten 8,1 Prozent der Stimmen, der Hund 6,5 Prozent, der Elefant 4,5, das Pferd 4,3, der Adler 3,4, der Vogel 2,8, das Reh 2,6, der Affe 2,6 und das Eichhörnchen 2,1 Prozent.

Aus diesem Umfrageergebnis lesen Psychologen ab, daß Männer im allgemeinen optimistisch, rücksichtslos, leistungsorientiert, angepaßt und sicherheitsbedürftig sind, während bei den Frauen Weiblichkeit, Mütterlichkeit, Zufriedenheit und Sicherheitsstreben im Vordergrund stehen.

Freilich kann man aus dem Meinungstest noch mehr ablesen. Der Wunsch, eine Katze zu sein, könnte auch den Abscheu gegenüber Mäusen zum Ausdruck bringen. Die Männer flögen gern als Adler über den Wäldern, würden aber sehr ungern mit einem buschigen Schwanz herumlaufen, wie das bei ihnen ungenannt gebliebene Eichhörnchen. Die Frauen möchten es vermeiden, als Affen komisch zu wirken. Beides ist verständlich.

# IV. Reaktionen und Charakteristika

## Die Kopfhaltung und deren Deutung

Man sagt von einem Menschen, er zeige Haltung oder er lasse den Kopf hängen. Mahnend klingt noch heute in unseren Ohren der väterliche Ruf: „Kopf hoch!" Die Haltung des Menschen, die Art und Weise, wie er den Kopf trägt, ist aufschlußreich für den Charakter eines Menschen.

*Kopf gerade, Kinn ein wenig hoch* (Abb. 174)

Wir sind alle schon Menschen begegnet, die heute den Kopf hoch tragen und ihn morgen hängen lassen. Die einfachste Regel der Menschenkenntnis lautet: Man geht so durch das Leben, wie man seinen Kopf trägt. Hält man den Kopf aufrecht, das Kinn ein wenig hoch, dann haben wir eine unabhängige Natur vor uns, einen Menschen, der selbstbewußt, ein wenig zu stolz, vielleicht arrogant ist. Er wird sich dem Willen eines anderen ohne dringendste Notwendigkeit niemals beugen. Er ist nicht zu beeinflussen. Er glaubt an sich selbst und geht gerade seinen Weg.

*Kinn stark vorgereckt* (Abb. 175)

Wer mit der erhobenen Stirn die Neigung verbindet, das Kinn vorzurecken, muß mit Vorsicht behandelt werden, weil diese Haltung Angriffslust, oft auch Anmaßung, jedenfalls das deutliche Bestreben verrät, sich dem anderen überlegen zu zeigen.

Abb. 174

Abb. 175

Abb. 176

*Stirn dem Boden zugewandt* (Abb. 176)

Wer den Kopf gesenkt trägt, versteckt gleichzeitig seine Stirn und seine Augen vor der Umwelt und versucht unbewußt, auch seinen Charakter zu verschleiern. Dieser Typ muß nicht schlecht, unfreundlich oder gefährlich sein. Es genügt, daß ein Mensch das Vertrauen zu sich selbst verloren hat, davor zurückschreckt, Verantwortung auf sich zu nehmen, oder Zweifel hegt, sich durchsetzen zu können: schon senkt er die Stirn zu Boden.

Abb. 177

Abb. 178

*Kopf schräg gelegt* (Abb. 177)

Menschen, die den Kopf zur Seite neigen – sei es nach rechts, sei es nach links –, sind sehr häufig leicht beeinflußbare Naturen. Sie erliegen äußeren Suggestionen und sind nicht nur in ihrer Seele, sondern meist auch körperlich empfindlich und anfällig.

*Im Bann ewiger Unruhe* (Abb. 178)

Wir kennen jene Menschen, die ihrem Kopf keinen Augenblick Ruhe gönnen, die nach rechts, nach links schauen, auf jeden Blick, der sich von rückwärts, von oben oder unten auf sie richtet, sofort reagieren. Es handelt sich um neugierige Menschen und solche, bei denen sich mit einer gewissen Intelligenz starkes Lebensinteresse verbindet, die weder bei Tag noch bei Nacht ruhig bleiben. Sie sind immer in Erwartung der großen Überraschung, die sie vom Leben, von der Liebe, im Beruf und vom Schicksal erwarten.

## Fehlhaltungen und deren Deutung

Der Mensch verwendet unbewußt einen Teil seiner verfügbaren Muskelkraft auf Gebärden und Gesten. Verschleppte, zunächst unbewußt ausgeübte Bewegungen können jedoch mitunter den Ablauf der normalen Haltungs- und Bewegungskoordination erheblich stören und auf diese Weise akute Krankheitsbilder hervorrufen (akute Lumbago und rheumatischer Schiefhals).

Manche Störung, die dem Anschein nach auf Rheuma zurückgeht, ist in Wahrheit dadurch entstanden, daß Komplexe zu einer Verkrampfung führten. Die schnellste Heilung wird dadurch erreicht, daß die Geste wieder in ihrer Eigenheit bewußt gemacht wird. Sie kann dann abgebaut und auf ihre ursprüngliche Bedeutung als situationsbezogener Ausdruck reduziert werden.

Die häufigsten Fehlhaltungen, die aus verhaltenen Gesten und Gebärden hervorgegangen sind, hat Dr. Albert Cramer wie folgt beschrieben.

Abb. 179

Abb. 180

Abb. 181

*Die Aufbäumhaltung* (Abb. 179)

Die Geste des Aufbäumens bringt völlige Abwehr und Mißbilligung zum Ausdruck. Diese Haltung, die Rückenmuskeln und Wirbelsäule in Mitleidenschaft zieht, zeigt sich oft verschleppt bei Lumbagikern, die diese Geste sogar im Schlaf beibehalten können. Der aktute Hexenschuß wird oft durch Schreck oder eine kulminierende Belastung ausgelöst.

*Die Suchhaltung* (Abb. 180)

Es handelt sich dabei, genau gesagt, um die Hilfe-Such-Haltung. Dabei ist die Lendenwirbelsäule gestreckt und das Becken vorn aufgerichtet. Die lumbalen Rückenstrecker sind leicht enttonisiert. Bei hängenden Schultern wird der Kopf zu weit vor dem Körperlot getragen.

*Die Versagerhaltung* (Abb. 181)

Diese Haltung zeigt sich dadurch, daß z. B. bei der Antwort auf eine Frage die Schultern in charakteristischer Weise angehoben und das Kinn vorgestreckt wird. Wenn von Berufs wegen oder aus anderen Gründen diese Haltung immer erneut wiederholt wird, können die Schultern hoch stehen bleiben. Zu dem Nacken-Schulter-Schmerz kommen mit der Zeit strahlende Schmerzen in den Armen.

Abb. 182

Abb. 183

*Die Hingabehaltung* (Abb. 182)

Situationen, die wie das Autofahren die volle Aufmerksamkeit und Zuwendung erfordern, führen leicht zu Rücken- und Nackenschmerzen.

*Die Scheugebärde* (Abb. 183)

Sobald der Mensch sich scheut, etwas anzufassen, zeigt er einen leicht angezogenen Kopf, angewinkelte Ellenbogen, zurückgebogene Handgelenke und leicht gebogene Fingergelenke. Dies ist u. a. die Haltung einer Stenotypistin, die zwar das Schreiben scheut, aber es dennoch ausführt. Hierdurch entsteht eine doppelte Muskelbelastung durch Gebärde und Arbeit.

Wer unter Steifheit und Verkrampfungen leidet, versucht oft, die verlorengegangene Beweglichkeit dadurch zurückzugewinnen, daß er gegen die Verkrampfung angeht. Die Folge davon ist aber ein noch schlimmeres Fehlverhalten. Hier Abhilfe zu schaffen, ist Aufgabe des Arztes und Psychotherapeuten. Für uns sind diese Fehlhaltungen zur Charakterdeutung wichtig.

## Kritzeln auf dem Zeitungsrand

Auf großen Konferenzen werden jeweils nach Abschluß der Sitzungen nicht nur die Papierkörbe geleert, sondern auch die Zeitungen und Löschblätter entfernt, die auf den Tischen zurückblieben. Bisweilen war es nämlich Männern von diesem oder jenem Geheimdienst gelungen, derartige Löschblätter und Notizpapier zu entführen und unter die Lupe der Psychologen der Gegenseite zu nehmen.

Auch die Großen haben die Angewohnheit, „Bildchen" zu malen, Verzierungen in den Ecken ihrer Zeitungsränder, auf Löschblättern und Notizblöcken anzubringen.

## Immer nervös

Die Seelensprache im Bekritzeln von Zeitungsrändern und in der Löschblattmalerei läßt wichtige Auslegungen zu, weil das Unterbewußtsein über den Bleistift und auf dem Umweg über die Figur, die da „gedankenlos" entsteht, einen Blitzableiter sucht. Der eine zeichnet Veilchen und der andere Würfel, der dritte bringt ganze Linienbänder zu Papier, der vierte zeichnet mit viel Sorgfalt Häuschen.

Aus den Feststellungen von Graphologen und Psychologen ergeben sich interessante Deutungen der Kritzeleien bekannter Persönlichkeiten:

Der sowjetische Außenminister Gromyko hat nach einer Rede in den Vereinten Nationen in New York das vor ihm liegende Blatt mit seltsamen Zickzacklinien bedeckt. Der Psychologe schließt daraus, daß Gromyko sich zwar nach außenhin großartig beherrschte, aber innerlich nervös und angespannt war.

Der französische Exaußenminister Couve de Murville ist bekannt dafür, daß er kleine Figuren zeichnet und solche Figuren auch bei großen Banketten aus weichem Brot knetet. Er gilt, nach Aussagen der Psychologen, als harter Realist, der in Wirklichkeit nur zeichnet, weil er sich durch die Linienführung oder das Kneten des Brotes zwischen seinen Fingern ablenken will, um nicht den Suggestionen eines anderen Redners oder eines Verhandlungspartners zu erliegen.

U Thant, langjähriger Generalsekretär der Vereinten Nationen, malte immer wieder Blümchen auf das Papier. Seine Aufgabe war es, den streitenden Parteien manches durch die Blume zu sagen und gleichzeitig das Problem des Friedens, der die Blumen sprießen läßt, von der positiven Seite zu sehen.

Konrad Adenauer, der verstorbene deutsche Alt-Bundeskanzler, zeichnete hartnäckig Rosen und Ranken mit Dornen. Seit seiner Jugend war er Blumenspezialist und Rosenliebhaber. Andererseits sagte er nicht alles, was es zu sagen gab, durch die Blume. Es waren oft kräftige Dornen dran.

General Charles de Gaulle, Exstaatspräsident von Frankreich, kritzelte immer nur Schilderhäuschen und spitze Bajonette. Sie waren bezeichnend für seine unentwegte Angriffslust.

Von Josef Stalin weiß man, daß er Wölfe zeichnete, die an Felsmalerei erinnerten, Wölfe mit Gebissen in Zickzacklinien.

Auch von Napoleon, von Bismarck und Richelieu weiß man, daß sie sich nicht bezähmen konnten, Papier zu bekritzeln. Häufiger als man gemeinhin annimmt, ist unbewußt das Bemühen maßgebend, sich dem suggestiven Einfluß des Partners über diesen Blitzableitern der Kritzeleien zu entziehen.

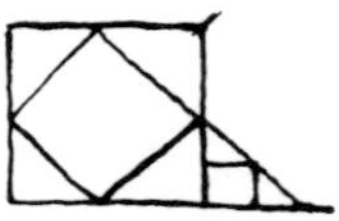

Geometrische Figur: Schwierigkeiten, sich einem Diktat zu unterwerfen, sich einer Disziplin anzupassen. Etwas egoistisch, mit mehr Phantasie begabt, als man zugeben will.

Ein Schiff mit einem Treppenaufsatz: Unzufriedenheit mit dem Lebenskreis, in dem man sich momentan befindet. Das Bedürfnis nach Aufstieg, aber auch nach Veränderung des Milieus.

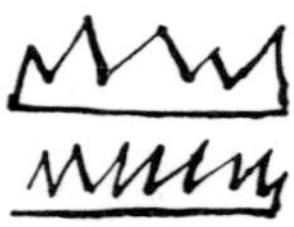

Zähne einer Säge: Angriffslust, ausgeprägter Egoismus. Minderwertigkeitskomplexe, die durch Bluff nach außen verdeckt werden.

Kringel und Kreise, die von innen nach außen laufen: Verhaltene Leidenschaft, aber auch unterdrückte ehrgeizige Pläne, die nur schwer zu verwirklichen sind. Solche Menschen haben fast immer Schwierigkeiten mit der Umwelt.

Zeichnung einer Blume: Die wahren Gedanken werden verhüllt. Man konzentriert sich auf sich selbst und versteckt auch seine Gedanken. Oft bestehen Schwierigkeiten, mit der Außenwelt in lebensnahe Fühlung zu kommen.

## Der Baum – ein Zeichentest

Für unseren analytischen Zeichentest brauchen wir nichts anderes als ein Blatt Papier und einen Bleistift. Jeder kann diesem Test unterworfen werden. Das Alter spielt keine Rolle. Ein Kind von sechs Jahren wird ebenso schnell und gründlich durch diesen Test in seinen Anlagen analysiert wie ein Mann im Alter von 85 Jahren.

Nur zwei Ausnahmen müssen gemacht werden. Es ist sinnlos, diese Aufgabe Personen zu stellen, die von Beruf Landschaftsmaler oder Gärtner sind. Diese beiden Berufe belasten den Menschen so weit, daß er nicht mehr sachlich ist, wenn er das Wort „Baum“ hört.

Natürlich könnte man genauso gut ein Haus zeichnen lassen, ein Männlein, ein Tier, ein Schiff oder dergleichen. Aber es hat sich aufgrund von etwa 12.000 Zeichenexperimenten in Schulen, öffentlichen Instituten, Kasernen und Gefängnissen, Irrenanstalten und Krankenhäusern ergeben, daß der gezeichnete Baum die größte Annäherung an die Graphologie in sich schließt; aber mit einer viel stärkeren Ausdrucksfähigkeit, als es meist in der Schrift möglich ist. Denn die Schrift zwingt den Menschen, sich an den Buchstaben zu klammern, sich an die Linie zu halten, orthographisch zu denken und möglichst dem, was geschrieben wird, auch noch einen Sinn zu geben. Das alles fällt fort, wenn man einen Baum zeichnet.

Dieses Wissen um den gezeichneten Baum geht zurück auf die Feststellungen des Diagnose-Instituts, das in Menlo Park (New Jersey) mit staatlicher Unterstützung eingerichtet wurde, und auf die langjährigen Forschungsarbeiten des Schweizer Psychologen Dr. Charles Koch, der ein Institut für Psychotechnik in Luzern leitet.

Dr. Charles Koch kam zuerst auf den Gedanken, eine Analysierung der menschlichen Psyche aufgrund eines gezeichneten Baums zu entwickeln, als er eines Tages beobachtete, wie eine Frau einen Baum zeichnete und darunter einen Korb auf das Papier brachte, in welchem fünf Äpfel sichtbar waren. Die Frau hatte fünf Kinder. Eine Spielerei? Ein Zufall?

Das dachte Dr. Charles Koch zuerst auch; aber dann vertiefte er sich in das Thema. Nach einigen Jahren war er so weit, daß ein einziger Blick auf die Zeichnung oft genügte, um eine ernste psychische Erkrankung zu erkunden. Als er zum Beispiel einen Architekten von 45 Jahren, einen Mann, der in seinem Berufsleben größte Erfolge zu verzeichnen hatte, aufforderte, einen Baum zu Papier zu bringen, sah er zu seinem Erstaunen, daß dieser Architekt ein Baumgebilde zeichnete, das einen riesenlangen, viel zu dünnen Stamm aufwies mit einer ganz kleinen Baumkrone. So etwas hatte er bisher nur bei geistig zurückgebliebenen Kindern beobachtet oder bei Personen, die irgendwie ihr Leben als verfehlt betrachteten und „den Geschmack am Dasein verloren hatten“.

Dr. Koch schloß andere Teste an. Der außerordentlich intelligente Architekt war stutzig geworden und bewältigte mit scharfer Konzentration die Teste, so wie er sollte. Aber vier Monate später wurde der Architekt mit allen Anzeichen schwerster Depression und nach zwei Selbstmordversuchen in eine Heilanstalt eingewiesen. Der Baum hatte es im voraus verraten.

Wir wollen uns auf Normalmenschen beschränken, die Bäume zeichnen, die von der Psychologie aufgrund der vielen tausend Experimente in Katalogform zusammengetragen werden konnten. Es gibt buchstäblich heute keine Baumform mehr, die nicht schon an Hand der Zeichnung ihre Analyse erfahren hätte bzw. zu welcher der Schlüssel nicht schon vorläge. Wir greifen aus der Serie der Baumanalysen die wichtigsten heraus. Wenn wir

*Abb. 184:* Kurzer breiter Stamm und eine Baumkrone, die nach oben strebt, verraten Selbstvertrauen, Gestaltungswillen, Bedürfnis, sich durchzusetzen und seine Pläne zu realisieren, geistiges Geltungsbedürfnis, Stolz, Begeisterungsfähigkeit, unerschöpfliche Neugier in bezug auf alles Interessante in Leben und Wissenschaft.

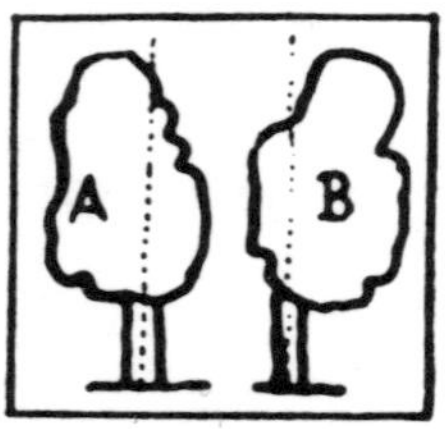


*Abb. 185:* Die unsymmetrischen Baumkronen, die nach links oder rechts überhängen, sind von ganz besonderer Wichtigkeit: Überhängen nach links bedeutet vorsichtige Zurückhaltung, Nachdenklichkeit, verbunden mit entsprechendem Mißtrauen. Überhängen nach rechts große Selbstsicherheit, innere Unruhe, Nervosität, manchmal auch eine gewisse Anmaßung bei gleichzeitig starkem Betätigungsdrang.

*Abb. 186:* Hängende Baumkrone, also symbolisches Blätterwerk, das rechts und links vom Stamm nach unten ragt, bedeutet Unfähigkeit, eine schnelle klare Entscheidung zu fassen. Es ist kaum zu erwarten, daß der Zeichner zum Angriff übergeht. Die Laune ist stärksten Schwankungen unterworfen. Der Zeichner dieses Baumes wird gelenkt und gesteuert.

*Abb. 187:* Die oben abgeschnittene Baumkrone, der platte Baum also, verrät, daß der Zeichner irgendwie seine Unabhängigkeit eingebüßt hat, er hat es aufgegeben, Widerstand zu leisten, er fügt sich, weil er sich ständig unter Druck fühlt. Eine entschlossene, klare Haltung oder Entscheidung ist von ihm nicht zu erwarten.

also die Menschen unserer Umwelt prüfend analysieren, dann brauchen wir nur die Zeichnungen mit den Bildern zu vergleichen, die wir mit den entsprechenden Analysen hier wiedergeben.

*Abb. 188:* Dieser Baum gleicht einem Kanonenlauf. Das Laubgebilde sieht aus wie die Rauchentwicklung und die Astansätze täuschen typisch den Explosionsvorgang am Ausgang des Kanonenlaufs vor. Choleriker, Menschen, die von einer Sekunde zur anderen in Wut geraten können und buchstäblich „explodieren", zeichnen solche Bäume und sind entsprechend vorsichtig zu behandeln.

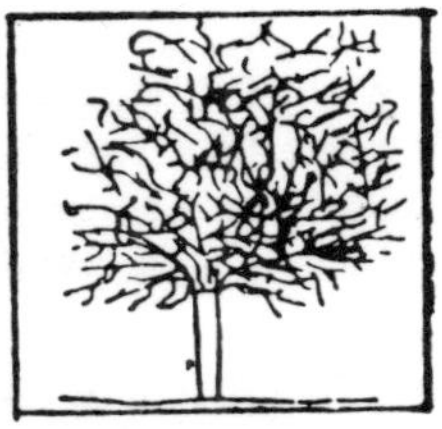

*Abb. 189:* Die Auflösung der Baumkrone in viele kleine Striche, also ein Blätterwerk, durch das niemand hindurchschauen soll, verraten den Lügner, den Betrüger, den Hochstapler, jedenfalls jemanden, der sein wahres Wesen oder seine wahren Absichten zu tarnen bemüht ist. Man muß ihnen immer mit Vorsicht entgegentreten, auch wenn sie noch so „sympathisch" sind.

*Abb. 190:* Die wirren, aber zusammenhängenden Linien, die hier die Baumkrone und das Blätterwerk darstellen sollen, sind die Zeichen für starke Lebenskraft, lebhafte Reaktionen auf die Umwelt, einen sicheren Instinkt, dem aber in der Anwendung auf das praktische Leben die Methode fehlt. Überraschende Entscheidungen stellen oft die Umwelt vor Rätsel.

*Abb. 191:* Äste, die wie die Strahlen einer Sonne nach allen Seiten streben, ohne mit Blättern verziert zu sein, lassen ahnen, daß der Zeichner sich immer irgendwie angegriffen fühlt. Manchmal wittert er auch den Angreifer einfach im Schicksal, das er überlisten möchte. Er ist geschickt im Umgang mit Menschen, aber ungeduldig. Er liebt es, das Schicksal im Glücksspiel zu versuchen.

*Abb. 192:* Die Baumkrone gleicht der Wolle eines Schäfchens. Der Zeichner hat ein fröhliches Naturell. Er ist immer tätig. Er läßt sich begeistern. Er redet ein wenig viel. Gewisse künstlerische Talente sind nicht abzusprechen. Er kann sich in jeder Gesellschaft zurechtfinden. Es ist schwer, ihn in Verlegenheit zu bringen; denn er weiß immer die Situation richtig zu meistern.

*Abb. 193:* Das wolkige Blättergebilde des Baums verrät Lebhaftigkeit, gut entwickelte Phantasie, Anpassungsgabe, häufig etwas Eitelkeit, auch wohl übertriebene Ansprüche, die man an das Leben stellt. Aber im allgemeinen gute Verträglichkeit mit der Umwelt.

(Die Zeichnungen stammen aus den Bildmappen des Schweizer Psychologen Dr. Charles Koch, Luzern).

## Lachen auf mancherlei Art und Weise

Die beste philosophische Definition für das Lachen lautet: „Lachen ist das Zeichen des Erstaunens über etwas Unerwartetes."

Die Pointe bei einem Witz, ein Vorgang im Alltag, ein Wortspiel, mit dem man gar nicht rechnete, können ebenso Lachen auslösen wie eine Tasse, die vom Tisch fällt und in viele Scherben zerbricht, wie jemand der ausrutscht und in ein Schlammbad fällt. Man ist erstaunt und überrascht durch etwas, das man nicht erwartete.

Deshalb sagt der Psychologe, Lachen sei eine Primitivreaktion, ein meist physiologisch bedingter Vorgang, der übrigens guten Anhalt für die Beurteilung eines Menschen biete.

Will man den Mitmenschen aufgrund seiner Art zu lachen, beurteilen, ist dies nur möglich im Zusammenhang mit einer Wertung seines Gesichts- und Augenausdrucks. Folgende Erkenntnisse gelten als einigermaßen zuverlässig:

*Lachen – laut und bei nichtigen Anlässen:*

Unsicherheit, Leichtgläubigkeit, Wankelmütigkeit, Mitteilsamkeit, Dienstfertigkeit und primitive Freundlichkeit.

*Lachen – kurz, verhalten, selten, nicht allzu laut:*

Beständigkeit, Beharrlichkeit, Intelligenz, Zurückhaltung, Treue, Verschwiegenheit, Arbeitseifer.

*Lachen – oft mit weit aufgerissenem Mund,* vor allem, wenn mit lebhaften Kopfbewegungen verbunden:

Wechselhaft in der Haltung, oft Mißgunst und Neid bei robusten, jovialen Manieren.

*Lachen – mit spöttischem Zug um den Mund:*

Anmaßung, Hartherzigkeit, Verbissenheit, Neigung zu Jähzorn und Rachsucht, Lügenhaftigkeit.

*Lachen – selten und vorsichtig, aber natürlich,* mit einem Mund, der sich nur schwer zum Lachen verzieht:

Besonnenheit, Scharfsinn, Geduld, Beharrlichkeit.

*Lachen – meckernd, unangenehm:*
Diese Art zu lachen mahnt selbst bei sonst gut aussehenden Menschen zur Vorsicht: Unzuverlässigkeit, Neigung zu Nachrede, Verrat und Haß.

*Lächeln – einseitig mit etwas schiefem Mund:*
Schüchternheit, Mangel an Offenheit, Unsicherheit, dadurch bedingt wenig Klarheit und Aufrichtigkeit.

*Lächeln – mit zusammengepreßten Lippen,* wobei die Zähne verborgen werden:
Dieses Lächeln mahnt zur Vorsicht. Mangel an Offenheit.

## Nach Vokalen analysiert

Die Psychologen glauben auch nach der Tonmalerei urteilen zu können, die sich beim Lachen ergibt – je nachdem ob jemand beim Lachen brüllt, feixt, kichert oder kreischt.

Lautkontrollen ergaben, daß die Vokale a-e-i-o-u das Lachen in Ton und Klang bestimmen.

*Haha* – gibt die Möglichkeit, offen und herzhaft im tiefen Baß und glockenhell zu lachen. Das ist nur Menschen möglich, die sich vorbehaltlos freuen können und sich und den anderen nichts vormachen.

*Hehe* – ist die Grundlage des meckernden, spöttischen, überheblichen oder von Minderwertigkeitskomplexen bestimmten Lachens, das meist etwas nasal klingt und zur Vorsicht mahnt.

*Hihi* – ist das echt oder geheuchelt naiv-kindliche kichernde Lachen ganz junger Menschen oder solcher, die jung scheinen möchten. Mitunter klingt bei Hihi auch Schadenfreude durch. Die Hihi-Lacher sind allerdings meist weniger gefährlich als die Hehe-Lacher.

*Hoho* – zeigt eine erstaunte, verwunderte Reaktion, oft auch die Abwehrreaktion eines Menschen, der durch irgend etwas peinlich berührt wurde. Es ist gewissermaßen der Ausdruck für: „Das sollte man doch nicht für möglich halten!“ Dieses Lachen ist fast nie bösartig gemeint.

*Huhu* – lacht man, wenn ein echter oder vorgetäuschter Schauer (oder Schauder) heiter aufgefangen wird. Wer mutig durch eine tatsächliche oder symbolische heiß-kalte Wechseldusche schreitet – lacht so und ziert sich ein wenig.

## Worte, die den Sprecher verraten

„Unsere Sprache kommt aus unserer tiefsten Seele. Kein Vergrößerungsglas läßt einen Mann so genau erkennen wie – seine Sprache.“ Dies sagte schon vor dreihundert Jahren Ben Jonson.

Im praktischen Leben sieht die Kontrolle der sprachlichen Äußerungen eines Menschen, das Horchen und Lesen zwischen den Worten, so aus, daß wir aus einer ganz bestimmten Anzahl von Wiederholungen von Sätzen und Worten unsere Schlüsse in bezug auf das ziehen können, was der andere zwar im Sinn trägt, aber nicht über die Lippen bringt. Die indirekte Sprache verrät ihn!

Die Psychoanalyse, die sich mit diesen Fragen beschäftigt hat, ist zu dem Ergebnis gekommen, daß ein Mensch, der z. B. bei lobender Schilderung von Ereignissen oder Personen gern die Bezeichnung „stark", „überwältigend" oder „machtvoll" gebraucht, eine innerliche Abneigung hat gegen die Begriffe „schwach", „unbedeutend" und „klein". Man kann von einem solchen Menschen sagen, daß er alles nach Umfang und Stärke beurteilt. Wenn einem solchen Mann eine Frau begegnet, die in ihrer Sprache vor allem die Worte „schön", „reizvoll", „lieblich" verwendet, dann kann man voraussagen, daß diese beiden Menschen sich auf die Dauer nicht verstehen werden, vielmehr über kurz oder lang die Beziehungen auseinanderbrechen, jedenfalls nicht zu einer glücklichen Ehe führen.

In Untersuchungen verschiedener Heilanstalten, in deren Verlauf die Gespräche von geistig gestörten Personen und von Schizophrenen aufgezeichnet wurden, ergab sich die überraschende Feststellung, daß geistesgestörte Menschen die Worte „ich", „mir", „mich", „mein" etwa zwölfmal häufiger verwenden als normale Menschen. Universitätsprofessor Dr. O. Hobart Mowre fand für diese Tatsache eine einfache Erklärung: „Wenn das Auto eines Menschen nicht in Ordnung ist, dann spricht er dauernd davon. Wenn der Motor in einem Menschen eine Störung hat, dann fühlt sich offenbar der geistig gestörte Träger dieses Motors gezwungen, immer wieder seine eigene Person in den Vordergrund zu rücken, um sich aller Zweifel zu entheben, die ihm im normalen Dasein über seine eigene Person kommen könnten."

Typisch für die Möglichkeit, zwischen den Worten Dinge zu sagen, die man gar nicht auszudrücken braucht und die doch verstanden werden können, sind Unterhaltungen, die manchmal von Frau zu Frau geführt werden, wobei man der anderen keine direkte Angriffsfläche bietet und ihr doch alles serviert, was man ihr zu verpassen gedenkt.

In einer Damengesellschaft greift eine Frau eine andere an: „Ihr Kleid ist recht nett, meine Tante hatte etwas Ähnliches im vergangenen Jahr; sie trug es damals auch schon einige Zeit und hatte es sehr gern!"

Dann weiß natürlich die Angegriffene, was die Uhr geschlagen hat. Immerhin hat man ihr direkt nichts Böses gesagt, jedenfalls nicht offen.

Oder eine Frau mit einer bemerkenswert guten Figur und einem sehr stark ausgeschnittenen Kleid erringt im Nu die Bewunderung aller anwesenden Männer. Aber eine Frau will sie in die Enge treiben und spricht von neuen Büchern und bekannten Gemälden. Doch die Schöne, die gleichzeitig nicht dumm ist, läßt sie abfallen mit den Worten: „Sie sind großartig! Wieviel Sie lesen! Was bin ich verglichen damit für ein armes Geschöpf! Ich weiß überhaupt nichts. Ja, wenn ich so viele Abende einsam zu Hause verbringen könnte, dann würde ich auch mehr lesen . . . !“

## Gespräche unter dem Haartrockner

Noch eine wichtige Feststellung, die sogar über den Rahmen des Hörens zwischen den Worten und den Buchstaben hinausgeht: Wenn eine Frau beim Friseur unter dem Haartrockner sitzt und ihre eigenen Worte nicht hören kann, erzählt sie Dinge, die sie sonst niemals äußern würde. Die Psychologin Barbara Cartland machte zuerst darauf aufmerksam, daß die Gattinnen von Diplomaten niemals allein zu einem Friseur gehen dürften, weil sie als Beobachterin auf dem Lauscherposten in Friseursalons aus dem Mund der Diplomatengattinnen Dinge vernahm, die ihre Haare zu Berge stehen ließen: Staatsgeheimnisse, Indiskretionen aus dem Familienleben von Fürstlichkeiten und Botschaftern. Sie brauchte nicht einmal zwischen den Worten Dinge herauszuhören, alles wurde direkt gesagt. Weil die Selbstkontrolle des Echos der eigenen Stimme fehlte, die letzte Bremse der Beredsamkeit!

## Charakteranalyse aus der Art zu lügen

Es gibt kein Lebensalter und keine Lebenslage, in welchen nicht gelogen würde. Der eine kann es gut und der andere um so schlechter. Es wird nicht nur in der Politik Stein und Bein gelogen, sondern überall in der Welt. Wir dürfen nicht glauben, daß der andere nur lügt, um uns irgendwelchen Schaden zuzufügen. Es wird auch aus Güte und aus Freundlichkeit gelogen. Die Art, wie man lügt, gestattet eine Charakteranalyse. Hierzu einige Fälle aus dem Leben.

„Ganz bestimmt, Mutti, ich habe den Hund, der so groß wie ein Pferd ist, drüben an der Ecke gesehen. Ganz sicher, Mutti, und dieser Hund hatte rote Augen!“
Die Mutti schlägt die Augen zum Himmel empor, schüttelt den Kopf und stöhnt: „Von wem hast du das nur, mein Junge, du lügst!“

„Ich gehe heute abend spazieren mit einer Freundin, es ist so schönes Wetter, Papa!“
„Meine Tochter, du lügst!“

„Es handelt sich um eine sehr schwierige geschäftliche Verhandlung, die sich lange hinziehen kann, du brauchst nicht auf mich zu warten. Geh ruhig schlafen!“
Sie legt den Telefonhörer auf und sagt zu sich selbst: „Er lügt!“

## Vor Lügnern und Betrügern wird gewarnt!

Wenn Menschen lügen, dann benehmen sie sich ganz und gar unterschiedlich. Menschen, die dünn und hager sind, denen man die Nervosität gewissermaßen ansieht, die unter den Stürmen des Alltags geradezu erzittern – sind in der Regel ganz große Lügner. Zu 70 Prozent schwindeln sie aus Eitelkeit, aus Furcht oder aus einer nicht zu bändigenden Phantasie. Die schönsten Liebeslügen werden von solchen Menschen geflüstert. Manchmal halten diese Lügen sogar über die Flitterwochen hinaus.

Meist ahnt man freilich schon die Lüge bei diesen dünnen und nervösen Menschen. Anders ist es bei den Feisten und Rundlichen, die ein wenig erhöhten Blutdruck haben. Mindestens 50 Prozent dieser Rundlichen lügen einfach aus der Notwendigkeit heraus, sich das Leben angenehmer zu gestalten. Hier die erste Warnung: Vorsicht vor den rundlichen Lügnern; denn wir können das Opfer eines dicken, feist und harmlos aussehenden Betrügers werden.

Der kleine nervöse Junge, der das Riesen-Hund-Pferd an der Ecke sah, hatte nur das Bedürfnis, sich als kleiner magerer Kerl wichtig zu machen. Der dicke Junge nebenan schwindelt das Blaue vom Himmel herunter, um den anderen einzuschüchtern, und bei dem Mädchen ist es das gleiche.

Die ruhigen, etwas oberflächlichen und dem Leben gegenüber scheinbar gleichgültigen Menschen haben gar nicht das Zeug zum Lügen. Aber wenn ein Phlegmatiker zu lügen beginnt, dann biegen sich die Balken. Er schlägt dann alle anderen Lügner um viele Längen.

Vorsicht also vor den Menschen, die unbedingt den Eindruck größter Vertrauenswürdigkeit machen und mit einer ruhigen und eindringlichen Stimme die unglaublichsten Dinge vom Himmel herunterlügen. Man kann sogar behaupten, daß jene Lügner die gefährlichsten sind, die genau den Ton der Wahrheit in ihren Worten nachzuahmen wissen – und ein Lügengebäude konstruieren, dessen Haltbarkeit sich dann im Sturm der Zeit niemals erweisen kann.

Zu diesen Lügnern gehören auch jene, vor denen der Psychologe an Hand zahlreicher Erfahrungen immer wieder warnt, ebenso jeder Richter, jeder Kriminalist, jeder Geistliche.

## Merksätze zur Enthüllung von Lügnern

Ein französischer Forscher stellte folgende Richtlinien auf, in dem Bestreben, Menschen unserer Umgebung an ihren Lügen zu erkennen:

Jeder Mensch, der von seiner Ernsthaftigkeit und seiner seriösen Lebensart spricht, ist mindestens ein sehr starker Kandidat für erstklassige Lügen.

Jeder Mensch, der zur Bekräftigung dessen, was er sagt, seine Hand auf sein Herz legt, dürfte bei der ersten sich bietenden Gelegenheit seine Hand abirren lassen – in die Taschen des Nächsten.

Du sollst nicht schwören! – heißt es schon in der Bibel. Menschen, die ihre Treue, ihre Zuverlässigkeit beschwören, haben zumindest die Absicht, uns zu täuschen, wenn sie es nicht schon getan haben.

Jeder, der zur Untermauerung seiner Worte, zur Erhärtung dessen, was er sagt, oder dessen, was er dir beibringen will, Meisterleistungen der Mimik vollbringt, Gesichter schneidet und in Blicken und Bewegungen übersteigerte Begeisterung beweist, zählt wenigstens zur Gruppe der Verdächtigen.

## Wenn man glauben möchte – Vorsicht!

Die Wahrheit zu sagen ist deshalb so schwierig, weil sie in der Regel unangenehm, hart, kostspielig, schmerzhaft oder kompromittierend ist. Deshalb entwickelt sich die Lüge oft aus den Lebensumständen heraus.

Man muß immerhin unterscheiden zwischen der Lüge, die uns schadet, und der Lüge, mit der man uns schmeichelt oder etwas Gutes tun will.

In einem alten Werk über das Vertrauen zum Menschen fanden wir folgende kluge Sätze:

„Wenn es dir sehr angenehm ist, das zu glauben, was man dir sagt, dann mußt du achtgeben, nicht belogen zu werden.

Glaube allen ehrenhaften Menschen; aber lebe mit ihnen, als ob sie Spitzbuben wären.

Reiße deine eigene Maske von deinem Antlitz, um zu vermeiden, daß andere dich als Lügner hinstellen.

Jedoch – wenn du zu jemandem Vertrauen gefaßt hast, mißtraue deinem eigenen Mißtrauen!"

Die Quintessenz all dieser Erkenntnisse ist und bleibt die Tatsache, daß alle Menschen lügen und jene, die von sich behaupten, sie hätten nie gelogen, diejenigen sind, von denen uns die größten Gefahren drohen.

Alle Menschen leiden an der Krankheit der Lüge. Das darf man nicht vergessen. Nur müssen wir, wie wir schon zweimal sagten, in der Bewertung einen Unterschied machen zwischen dem, der uns mit der Lüge schont, und dem, der uns damit planmäßig und im eigenen Interesse und zu unserem Schaden überfährt.

## Krawatten und Hemden als Charakterschlüssel

Der saloppe Mann ist nicht mehr das Urbild des Genialen, der keine Zeit für gute Kleidung und angeblich Wichtigeres zu tun hat, als sich um Krawatten, Bügelfalten und Rockaufschläge zu kümmern. Dieses Modebewußtsein des Mannes ist ein Zeichen der Zeit, aber auch der Wandlung der Charaktere, die man aus den Attributen der männlichen Mode, aus Krawatten, Hüten und Kragenform – um nur einige zu nennen –, abzulesen vermag. Kleidungsstücke sind Seelenschlüssel ersten Ranges. Bei der Krawatte ist die Farbe, das Muster, die Art und Weise, wie man sie trägt, aufschlußreich.

Die selbstgebundene Krawatte, wie wir sie heute tragen, ist kaum 50 Jahre alt. Vorher wurden die Krawatten fertig hergestellt und hinter dem gestärkten Kragen mit einer Schnalle geschlossen. Es war ein weiter Weg vom Schlips, wie man das vorgebundene Ungetüm nannte, bis zum Selbstbinder. Heute ist der Selbstbinder eine Selbstverständlichkeit, ganz gleich, ob man diesen Selbstbinder nun herabhängend trägt oder aber zu einem Schmetterling gebunden. Lesen wir in einem Journal für Herrenmode nach, dann erfahren wir: „Die weiße oder hellgraue Krawatte aus schwerer Seide einfarbig oder mit diskreten Mustern wird nur noch auf Empfängen und feierlichen Anlässen getragen. Sonst sind selbst zu korrekten Anzügen sehr dunkle Krawatten und sogar schwarze oder marineblaue mit unauffälligen Mustern oder nur mit einem ornamentalen Motiv große Mode. Das gilt nicht für den leichten Tagesanzug, zu welchem Krawatten auch aus Twill oder aus Foulard-Seide getragen werden. Die Schmetterlingsschleife, die fast ganz verschwunden war, gewinnt wieder Anhänger."

Aber wir wollen hinter die psychologischen Geheimnisse kommen, die den Menschen veranlassen, dies oder jenes zu tragen, die lange Krawatte oder den Schmetterling oder vielleicht gar ein Plastron oder eine Lincoln-Krawatte. Alles hat seinen besonderen Sinn.

Die lange Krawatte: Man wagt nicht vom Hergebrachten und Normalen abzuweichen und geht mit dem Alltäglichen konform.

Der Schmetterlingsknoten: Man legt sehr viel Wert auf das Äußere und hat einen bewußt betonten Sinn für Schönheit. Man löst sich von den übrigen Männern bewußt ab und möchte etwas Besonderes sein.

Schmetterlingsknoten, dessen Flügel unter dem Kragen verborgen sind: exzentrische Neigungen, in sich verschlossen, verschwiegen, ohne allzuviel Neigung, anderen etwas vom eigenen Seelenleben anzuvertrauen.

Plastrons oder Lincoln-Krawatten, die meist den Träger älter machen als er ist: eine ungewöhnliche geistige Einstellung zur Umwelt. Unbedingtes Streben, jedes Hindernis und jeden Widerspruch zu überspielen. Feinheit in der Planung, aber auch dynamische Selbstbehauptung bei einer bewußten, aber oftmals gar nicht in diesem hohen Maß vorhandenen konservativen Lebenseinstellung.

## Gestreift, uni, gestrickt

Aber gehen wir ein wenig mehr ins einzelne und prüfen wir die Farben und die Muster der Krawatten. Wenn wir behaupten, daß die Muster und die Farben viel von der Wesensart eines Menschen verraten, wird man mit Recht entgegenhalten, daß die meisten Männer ihre Krawatten geschenkt bekommen, also die Krawatten gar nicht aussuchen. Aber das ist letzten Endes ein Fehlschluß. Denn unter den geschenkten Krawatten wird der Mensch unbewußt, ohne es zu wollen, nach den Mustern greifen, die ihm unter den Geschenken gefühlsmäßig am sympathischsten sind.

Eine grundsätzliche Feststellung vorweggenommen:

Die Farben Rot und Gelb sind die sogenannten aktiven Farben, Farben, die Dynamik und Vitalität verraten.

Die Farben Blau und Grün sind sogenannte passive Farben, die erkennen lassen, daß der Antrieb zum Erleben schwach ist und die Richtung des Erlebens nach innen geht.

Versuchen wir nun, hinter die Krawattengeheimnisse zu kommen, die in den Punkten, in den Schottenmustern oder Streifen verborgen liegen.

Die nachstehenden Feststellungen wurden auf einem Kongreß von Psychiatern in Zürich bekanntgegeben, wobei die Fachleute für Seelenkunde ausdrücklich versicherten, daß erst aufgrund langwieriger Kontrolluntersuchungen und Tests diese Resultate verraten werden:

*Krawatten mit breiten Streifen:* Ein ernsthafter, reservierter Mann, der nachdenkt, bevor er handelt, der positiv zum Leben steht und dem die Initiative im Alltag nicht fehlt.

Eine *Schottenkrawatte,* also mit einem Karomuster: Meist in der Denkart einfach und gradlinig, anfangs ein wenig ängstlich, dann aber schnell anschlußfreudig und heiter, und sich in jedem Lebenskreis zurechtfindend, in den er mit seiner Dynamik hineinpaßt. Sportlich mit Vorliebe für große Geschwindigkeiten.

*Punkte und Kreise:* Ein wenig absonderlich im Leben, aber meist mit viel schöpferischer Phantasie, häufig wissenschaftlichen Arbeiten zugeneigt, mit einem sehr großen Selbstvertrauen und Glauben an das Gute in einigen Menschen. Häufig aber kleinlich.

*Krawatte mit leuchtenden Farben:* Selbstzufriedenheit, manchmal etwas oberflächlich, im männlichen Stolz rasch verletzt, mit reicher Initiative und praktischem Sinn, fast immer optimistisch.

*Dunkelfarbige Krawatte:* Eiserne Disziplin, Neigung, eine sichere Situation mit großer Energie für sich zu erobern und durch methodische und gleichmäßige Arbeit das gesteckte Ziel zu erreichen.

*Gestrickte Krawatte:* Praktischer Sinn, Neigung zur Bequemlichkeit, dennoch eine lebhafte Einstellung zur Umwelt, manchmal mit einer sehr starken Tendenz zum bürgerlichen Leben und zur stillen Alltäglichkeit. Er will ernst genommen werden, ist manchmal aber ein wenig unduldsam!

## Rückkehr zum „Vatermörder“?

Es ist noch gar nicht so lange her, da trugen die Herren – ganz gleich ob sie Genies waren oder Alltagsbürger – gestärkte Kragen. Die gestärkten Kragen als hohe steife Halsbekleidungen, auch „Vatermörder“ genannt, wurden mit großen Halsbinden oder später mit den schon erwähnten vorfabrizierten Schlipsen getragen. Mit geringen Milderungen blieben diese Vatermörder bis zum ersten Weltkrieg modern. Unterstrichen werden sollte das Würdige, das Steife und Feste, das Unerschütterliche unter Verneinung jeglicher Jugend. Wenn man den „Vatermörder“ anzog, dann war man ein zeitlos gewordener Mann.

Ab und zu ist man in den letzten zwanzig Jahren zum Hemd mit hochsitzendem Kragen übergegangen, der an die „Vatermörder“ erinnert. Aber im großen und ganzen ist es so, daß die Kragenformen heute nur wenig variieren und die weißen Hemden dominieren. Bestenfalls duldet man noch Pastellfarben zum „korrekten“ Anzug. Die sensationellen Versuche, eine ganz neue Hemdenform durchzusetzen, sind vorläufig in Experimenten steckengeblieben. Man hat auf verschiedenen Ausstellungen Spitzenhemden für den Herrn präsentiert, d. h. echte Spitzen auf die Hemdenbrust, die dadurch besser hervortreten, daß man die Spitzen auf schwarzem Popelin auflegt, das in die Hemdenbrust eingenäht ist.

Doch niemand wagt, diesen Versuchen eine lange Zukunft zu prophezeien. Nur wer ungewöhnlich sein oder zum mindesten erscheinen will, trägt solche nicht alltäglichen Hemden im Zeitalter der verklingenden Hippie-Blumenblusen und farbigen Rollkragen-Pullis.

## Farbenwahl enträtselt den Menschen

Ein neuer Zweig der Charakterkunde ist die Enträtselung der Menschenseele im Hinblick auf die Farbenwahl eines Menschen. Jeder hat eine Farbe, die er gefühlsmäßig bevorzugt, während er andere ablehnt. In dieser Bevorzugung oder Ablehnung schwingen interessante Gesetze mit.

Zögernd stehen wir vor den vielen leuchtenden Farben in bunten Stoffen oder Tapeten, die vor uns ausgebreitet werden. Plötzlich strahlen die Augen. Wir greifen hastig nach einem Stoffstreifen oder einem Tapetenmuster. „Das ist genau, was ich suche, das nehme ich – diese Farbe mag ich so gern; sie tut mir direkt wohl!“

Die Entscheidung ist gefallen. Der Zögernde wählte ein zartes Grün. Es bestand in diesem Fall wirklich kein anderer Grund, diesen Stoff zu wählen, als nur diese innere Sympathie für diese Farbe. Nur Sympathie? Es ist ein geheimes Gesetz, das den Käufer zwang, so zu handeln, wie es geschah, sich für diese Farbe zu entscheiden und die anderen beiseite zu schieben.

Nicht umsonst spricht man heute von den Farberlebnissen der Seele des Menschen. Prof. Dr. H. Wohlbold, München, faßte es in die treffenden Worte: „Es ist die Seele der Natur, die durch die Farben zur Seele des Menschen spricht. In den Farben walten die gleichen Grundgesetze wie in der Seele. Darum gibt es warme und kalte Farben. Gelb und Rot nennt der Künstler warm; Blau gilt als kalte Farbe."

Um aber diese Überlegungen und Schlüsse des Farben-Professors zu verstehen, müssen wir uns an das erinnern, was uns einmal im Physikunterricht über Licht und Farben gesagt wurde.

Farben sind Empfindungen, die von Lichtstrahlen je nach ihrer Wellenlänge im menschlichen Auge, d. h. auf der Netzhaut des Auges, erregt werden. Farben sind also Lichtwellenlängen, ausgehend von dem weißen Licht der Sonne, das durch ein Prisma in die Grundfarben zerlegt werden kann: Rot, Orange, Gelb, Grün, Blau, Indigo und Violett.

Wenn jener Käufer ein zartes Grün wählte, dann war diese Wahl ein Beweis dafür, daß die Seele im Augenblick ausgeglichen und ruhig war, zum mindesten diesen Ausgleich und diese Ruhe anstrebte.

In Erziehungsheimen, in Krankenhäusern, in der Nervenklinik ist es schon seit langem üblich, wenn die finanziellen Mittel für moderne Einrichtungen zur Verfügung stehen, den Kranken, den Nervösen, den ewig Gereizten mit Farben zu behandeln. Durch Milchglasfenster oder Decken werden die Räume mit den Farben im Licht durchflutet, die für die Gemütsart des Patienten passend erscheinen. Die Lichtwirkungen auf die Psyche und den Organismus stehen nach jahrelangen Beobachtungen fest:

*Grün* wirkt ausgleichend und beruhigend und fördert den Heilungsvorgang unter normalen Verhältnissen;

*Rot* kann schwermütige Personen und solche, deren Gesundheitszustand durch Depressionen sich nicht bessern will, aufheitern und zufriedener werden lassen;

In einem von *blauem Licht* durchfluteten Raum können sogar Tobsüchtige oft innerhalb einiger Minuten, spätestens nach Ablauf einer Stunde, beruhigt werden.

## Farben und Temperamente

Als vor einigen Jahren Prof. W. L. Goldschmidt, Leiter des Instituts für Experimentalpsychologie an der Universität Münster, aus Cambridge sein „Farbenklavier" mitbrachte und vorführte, waren seine Überlegungen und Erfahrungen anfangs für seine Mitarbeiter Neuland. Aber dann zeigte sich, daß es genug Menschen gab, die rein gefühlsmäßig den tieferen Sinn dieses Farbenklaviers erfaßten, das ihnen die Möglichkeit bot, jede gewünschte Farbe schnell auf der Leinwand erscheinen zu lassen und durch vorgeschobene Raster Farbkombinationen zu erzeugen. Es bedurfte nur einiger

Wochen intensiver Beschäftigung mit diesem Farbenklavier, um den Nachweis zu liefern, daß in jedem Menschen eine gewisse Ansprechbarkeit für manche Farben besteht, die das ganze Innenleben und manchmal auch das äußere Leben bestimmen.

Gibt es nicht ganze Völker, die gewisse Farben bevorzugen und deren Vorliebe für bestimmte grelle, nämlich rote, grüne und blaue Farbtöne den westlichen Menschen immer wieder erstaunt?

Auf dem Farbenklavier greifen die einzelnen Typen zu folgenden Farben:

*Die Melancholischen* wählen Violett und ein bestimmtes Grünblau.

*Die Phlegmatiker* entscheiden sich entweder für Weiß, für eine Elfenbeinfarbe oder aber für Purpur.

*Der Choleriker*, der Mensch, der schnell außer sich gerät, wählt Grün und Grünblau, während er Rot, Purpur und Weiß ablehnt.

*Der Sanguiniker* ist davon überzeugt, daß Orangerot für ihn die wichtigste Farbe ist.

Aber man findet bei der Farbwahl auch wichtige Unterschiede des Geschlechts. Jedenfalls stehen nach den Erfahrungen der Psychologie folgende Tatsachen in der psychologischen Farbenlehre fest:

Typisch weibliche Farben sind anscheinend Blau, Gelb, Lila, Blaugrün und Rosa.

Sogenannte männliche Farben dürften sein: Rot, Orange, Grau, Hellgrün, Dunkelgrün, Violett und Schwarz.

Außerdem fand man noch eine Farbe, die anscheinend zwischen den Geschlechtern liegt: Orangerot.

Knaben bis zum 10. bzw. 12. Lebensjahr bevorzugten fast ausnahmslos Dunkelblau.

Es wird manchen überraschen zu erfahren, daß die Vorliebe, die Sympathie für gewisse Farben mit den Jahren wechselt, sich verschiebt. Der junge Mensch, der bis zum 12. Lebensjahr Dunkelblau bevorzugt, wird nach dem 13. Lebensjahr ganz anderen Farben seine Zuneigung schenken und eine neue Wandlung durchmachen, wenn er erst einmal über das 20. Lebensjahr hinausgelangt ist.

## Farbensymbolik – dient dem Ausdruckswillen

Prof. Dr. Richard Müller-Freienfels schreibt zum Farbenproblem: „Die Farbensymbolik dient dem Ausdruckswillen. Erhöhtes Selbstgefühl drückt sich in satten, leuchtenden Farben aus oder unbunt in tiefem Schwarz oder blendendem Weiß. Der Purpur der Alten (der ein tiefes Violett war), das

Schwarz der spanischen Tracht in der Barockzeit und auch unserer Smokings oder Fräcke sind Würdefarben.

Neben der Uniform der Würde, der männlichen Selbsterhöhtheit, gibt es auch eine Uniform der ‚leichten', schwebenden weiblichen Selbsterhöhtheit: der Anmut. Diese wird zum Ausdruck gebracht durch leichte Stoffe und leichte, duftige Farben: Weiß, Rosa, Hellgelb, Lichtblau, ein zartes Grün."
Der Gegensatz dazu, die Ich-Herabsetzung, verwendet unauffällige Töne wie das stumpfe Grau, Braun oder auch Schwarz, das hier nicht als Würdefarbe Glanz erhält.

## Typgebundene Farben

Wir alle kennen Menschen, die sagen, daß sie „rot sehen", wenn ihnen irgend etwas nicht so gelingt, wie sie möchten, oder wenn sie sich über irgend etwas aufregen. Aus ihrem Hirn strahlt also ein negatives Moment in ihre Augen. Sie sehen im wahrsten Sinne des Wortes rot und handeln auch meist entsprechend impulsiv, feurig und meist falsch.

Wir können übrigens an Hand der nachstehenden Farbenskala einen interessanten Test mit unserer Umgebung anstellen, indem wir andere auffordern, ohne nachzudenken die erstbeste Farbe zu nennen, die ihnen in den Sinn kommt. Meist werden es reine Farben sein, nur selten Mischfarben, die nicht in der Tabelle enthalten sind. Aber wir können an Hand der Farbantworten, die uns der Befragte gibt, Rückschlüsse nicht nur auf seine Stimmung, sondern auch auf den Menschen und seine charakterlichen Eigenschaften ziehen.

## Reaktionsskala von Rot bis Violett

Bei den Reaktionen des Menschen auf die Farbe ist zu unterscheiden zwischen einer positiven oder negativen Ansprechbarkeit.

*Rot*

Positiv: Wille, Glaube, Mut, Energie, Unternehmungslust, starker Ehrgeiz, Neigung zum Herrschen.

Negativ: Chaotisches Gefühlsleben, Unbeherrschtheit, Affekthandlungen, Disharmonie, Leidenschaften, Unmäßigkeit, Jähzorn.

*Orange*

Positiv: Vergeistigender Intellekt, positiver Rhythmus, Elastizität, Anpassungsfähigkeit, Ausstrahlung großer Energie auf andere.

Negativ: Pessimismus, Unbeständigkeit, Übertreibungen, häufig Prahlsucht, Verschwendung, Anmaßung.

*Gelb*

Positiv: Starkes Gefühlsleben, viel Seele, Liebe, Inspiration, Adel des Herzens, Großmütigkeit, oft mit starker Intuition begabt.

Negativ: Fehlende Konzentration, Neid, Eifersucht, ständig wechselnde Meinungen, unbestimmtes Gefühlsleben, Spott, Schärfe.

*Grün*

Positiv: Gestaltendes Leben, Streben nach Harmonie, Optimismus, praktische Veranlagung, vernünftiges Handeln, Ausgleich und Kompromiß.

Negativ: Trägheit, Genußsucht, Fehlen jeglicher Verantwortung, Unreife, Gewissenlosigkeit in Geldfragen, Spekulation.

*Blau*

Positiv: Verstand, Hoffnung, inneres Gleichgewicht, Ordnung, Rechtsgefühl, Treue, meist auch Intelligenz, charakterlich einwandfreie Haltung, speziell in bezug auf Pflichttreue, aber vereint mit Diplomatie.

Negativ: Trügerische Hoffnungen, Süchtigkeit, ohne sich darüber klarzuwerden, verschwommene Romantik, Launenhaftigkeit, Kälte, fehlende Disziplin.

*Indigoblau*

Positiv: Lebhafte geistige Tätigkeit, Unternehmungsdrang, Gerechtigkeit, Pflichtbewußtsein, Klugheit, wenn auch manchmal gepaart mit Lebensangst oder Melancholie.

Negativ: Anmaßung, Überspanntheit, oft Hysterie, gefährlicher Pessimismus, Hypochondrie.

*Violett*

Positiv: Starke Erfindergabe, Originalität, instinktsicheres Handeln, klare Intuition, schöpferisch, oft selbstlos, häufig tief religiös.

Negativ: Verdrängte Süchtigkeit, gefährliche Ambitionen, unsicheres Gefühlsleben.

Mit diesem Rüstzeug können wir uns selbst und unsere Mitmenschen in bezug auf die Farben, die uns sympathisch sind und dem anderen „liegen", prüfen.

## Bestimmte Vorlieben für weibliche Formen

Manche Frau wird sich gewundert haben, weshalb dieser oder jener Mann sich „ausgerechnet" für eine Konkurrentin interessierte, die gar keine Formen oder deren zuviel hatte. „Die sieht doch unmöglich aus!" sagt man von der anderen, vergißt aber, daß der Mann seine eigenen geschmacklichen Neigungen in bezug auf Formen hat, die anscheinend in vielen Fällen schon im Gen, in der Erbmasse verankert sind oder in der Frühzeit der Entwicklung erworben wurden. Jedenfalls kamen bei der Untersuchung der männlichen Vorliebe für weibliche Formen Psychologen der Universität Illinois aufgrund langwieriger Forschungen zu überraschenden Schlüssen. Sie sind überzeugt, daß sich in der Auswahl dessen, was ein Mann bei einer Frau am meisten liebt (Busen, Po, Beine) Geheimnisse seiner eigenen Persönlichkeit spiegeln. Die Psychologen Dr. Jerry Wiggins, Dr. Nancy Wiggins und Miß Judith Cohen Conger von der Universität Illinois sind aufgrund ihrer Forschungen zu den folgenden Ergebnissen gelangt.

Männer, die Mädchen mit großen Brüsten vorziehen, gehen leicht aus sich heraus. Sie sind witzig und leicht der Mittelpunkt jeder Gesellschaft. Sie sind gern in weiblicher Umgebung. Sie treiben Sport, sind selbstsicher, rauchen und trinken, lassen es aber oft an Willen und Ausdauer fehlen.
Nur selten bevorzugen Männer, die gehobenen Gesellschaftsschichten entstammen, Frauen mit großen Brüsten.

Männer, die die Frau mit kleinen Brüsten bevorzugen, sind meist keine Trinker. Sie neigen zu festen Überzeugungen, aber auch leicht zu Depressionen. Es mangelt ihnen oft an Ehrgeiz. Sie kommen häufig aus reichen Familien.

Ein Mann, der kurze Frauenbeine vorzieht, zeigt starken gesellschaftlichen Ehrgeiz und ist häufig Mitglied in Klubs und Vereinen. Er ist hilfsbereit und braucht das Bewußtsein, von anderen geschätzt und begehrt zu sein. Er hat oft Schwierigkeiten im Beruf. Er raucht, lehnt aber den Alkohol ab. Seine Lieblingslektüre bildet der Sportteil der Zeitung.

Männer, die Vorliebe für lange Frauenbeine zeigen, sind zwar besonders angriffslustig, leiden aber auch leicht unter Schuldgefühlen. Sie sind meist Geschäftsleute mit einer zarten Seele, die unter den Elternteilen die Mutter bevorzugen.

Männer, die das Mädchen mit rundem, großem Po vorziehen, sind Ordnungsmenschen und sehr korrekt, oft gute Organisatoren, neigen sie bisweilen zu Pedanterie. Meist sind sie im Geschäft oder im Büro tätig. Gesellschaftlich sind sie jedoch von anderen abhängig. Sie haben den Hang, sich die Schuld zu geben, wenn etwas schiefgeht. Auch sind sie stark gefühlsbetont.

Männer, die die Frau mit einem kleinen Po vorziehen, neigen dagegen nicht zu Schuldgefühlen. Sie sind beharrlich in ihrer Arbeit. Sie haben nicht den Wunsch, Mittelpunkt sein zu wollen. Am aktiven Sport sind sie meist nicht interessiert. Eine eigentümliche Tatsache wurde bei diesen Typen festgestellt: Die meisten Testpersonen wurden als Säuglinge an der Brust genährt.

Wer sich weder von großen noch von kleinen Brüsten oder Hintern, weder von langen noch von kurzen Beinen angezogen fühlt, sondern – ohne wie immer geartete Vorliebe – das Mittelmaß bevorzugt, soll einen recht widerspruchsvollen Charakter haben. In diesem Fall sei sein Ich unausgeglichen.

# V. Graphologie, Charakter und Krankheit

## Der Mensch in seiner Handschrift

Der Mensch schreibt heute nur noch, wenn er muß, mit der Hand. Die Schreibmaschine wird schon in der Schule zum Hilfsmittel. Das Diktiergerät vereinfacht den Schriftverkehr. Mancher schreibt ein ganzes Jahr hindurch nicht einmal zehn oder zwanzig Zeilen mit der Hand. Er beschränkt sich auf seine Unterschrift unter Anträgen, Schecks und Quittungen.

Häufiger werden Zahlen mit der Hand geschrieben. Sie behaupten sich auch im Zeitalter der Technisierung.

Ob Buchstabe oder Zahl – das Geschriebene hat seine Bedeutung. Und die Art und Weise, wie Buchstabe und Zahl geformt und in der Schrift gelagert sind, gestatten interessante Rückschlüsse auf Charakter und Wesensart des Schreibenden.

In der modernen Graphologie schenkt man der Neigung der Schrift – nach rechts oder links – und dem Streben nach oben oder unten größte Beachtung. Die Graphologin Geneviève Bouillon entwickelt daraus folgende These:

„Die Handschrift, das Schreiben, ist eine Handlung. Wie jeder menschliche Akt, setzt er sich aus bewußten und unbewußten Bewegungen und Faktoren zusammen. Der Symbolismus des Weltraums ist eng verbunden mit dem unbeschriebenen Blatt Papier, auf das der Schreiber seine Feder setzt, und das für ihn in gewisser Weise den Weltraum darstellt. Die Art und Weise, wie er sich zu diesem Blatt stellt, zeigt, wie er die äußere Welt erfaßt.

Die Handschrift wird so zu einem Film, in dem jeder Schreiber sein eigenes Charakterbild niederlegt.

Studiert man die verschiedenen Formen künstlerischer Tätigkeit im Ablauf der Kulturen, so ergibt sich, daß schon früh das Individuum sich im Mittelpunkt des Weltalls sah und den Himmel als geistige Autorität anerkannte.

Auf diese Weise stellt der Mensch sich selbst in den Mittelpunkt, d. h. zwischen oben und unten. Hier befindet er sich in der Zone des „Ich". Hier kann er seine Kenntnisse frei entfalten. Hier findet er gleichzeitig seine Grenzen, die ihm durch Furcht und Verbote gesetzt sind.

Von jeher hat die Linke das passive und weibliche Prinzip, die Rechte das aktive, maskuline Prinzip verkörpert. Man hat sogar die These vertreten, daß die magischen Kräfte der linken Hand eigen sind, während die irdischen Kräfte Teil der rechten Hand sind.

Interessant ist auch die Feststellung, daß die Schreibweise von links nach rechts, die uns geläufig ist, mit der Entwicklung der Menschheit verbunden zu sein scheint. Allerdings gibt es auch heute noch hohe Kulturen, die sich der Schrift von rechts nach links bedienen. Zu ihnen gehören besonders die hebräische und die arabische.

Als erste haben die Griechen die Schrift von links nach rechts eingeführt, und zwar in horizontaler Anlage, gleich dem Boden, der uns trägt.

Alle Bewegung nach links hin symbolisiert eine Rückkehr nach innen, zum Vergangenen, zur Meditation. Der Symbolismus der Linken schließt alles ein, was seit Urzeiten mit dem weiblichen Prinzip verbunden war: Passivität, Empfängnis, Erdverbundenheit, Ausdauer, Beharrlichkeit, Erhaltung der Art, Liebe und Gefühl.

Alle Bewegung nach rechts beweist Aktivität, Kämpfertum, Eroberungswillen und Unternehmungslust. Die Rechte beweist einen Sinn für die Zukunft, für die Welt und für seinesgleichen.“

## Graphologie als „Seelenschlüssel“ schon im Vorschulalter

Wenn Kleinkinder beobachten, daß ihre Geschwister, die schon die Schule besuchen, schreiben, dann sind sie geneigt, auch ihre eigenen Schreibversuche zu unternehmen. Man soll sie nicht daran hindern. Denn schon aus dem allerersten Geschreibe und Gekritzel, das noch gar nicht in Buchstaben den letzten Ausdruck findet, ist mancherlei deutlich zu erkennen: Wir sehen bei einem Kind, das ohne jegliche Schreibkenntnis Schrift nachahmt, eine klare Linienführung; wir erkennen Höhen und Unterlängen; aus dem ungeordneten und verworrenen Gekritzel sogenannter schwieriger Kinder ist unter Umständen auf ernste geistige Störungen zu schließen.

Das Kind verrät jedenfalls in der Handschrift Willens- und Gefühlsveranlagungen genau wie eine erwachsene Person. Das wird ganz besonders deutlich, wenn wir Gelegenheit haben, ein Kind in verschiedenen Stadien, d. h. im Laufe seiner Entwicklung, zu verfolgen. In dem Maße, in welchem ein junges Menschenkind sich durch die verschiedenen Stufen hindurchwindet, verändert sich die Schriftführung, die Richtung der Schrift, unter Umständen auch die Stärke, die Energie oder die Schwäche.

Bis zu einem gewissen Grad sind es die gleichen Gesichtspunkte, die bei der Schrift Erwachsener zu berücksichtigen sind. Nur verdient folgender Gesichtspunkt eine stärkere Beachtung:

Das Kind wird mit sechs Jahren in das Joch der Schule gespannt. Aber nach einer ersten Unterwerfung stemmt sich die Kindesseele gegen die Vergewaltigung und wird eigenwillig. Dabei sind in der Kinderschrift folgende wichtige Erkenntnisse zu beachten, die in der Schrift von Erwachsenen nicht so deutlich sichtbar werden oder nicht mehr in Erscheinung treten:

Der Wille zeigt sich bei einem Kind in der gleichen Art und Weise wie die Starrköpfigkeit. Eine breite, sich in Spitzen entladende Schrift stellt den härtesten Ausdruck des Starrsinns und des eventuell sich daraus entwickelnden eigenen Willens dar. Eine schwache, zittrige abfallende Schrift ohne Spitzen und ohne Betonung läßt auf einen völligen Mangel an Willen schließen.

Phantasie ist in der Kinderschrift besonders in den sogenannten Oberlängen zu erkennen, vor allem dann, wenn Buchstaben plötzlich ganz hoch gezogen werden, wobei das ganze Schriftbild auch im allgemeinen recht bewegt ist.

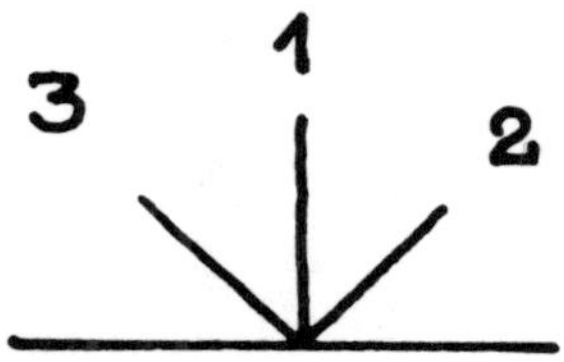


Abb. 194: Deutungshilfe für Kinderschriften: Neigungswinkel Richtung 1 zeigt normale stimmungsmäßig unbeeinflußte Schriftlage; Richtung 2 verrät mit Rechtsneigung Romantik; Richtung 3 ist das Zeichen für Eigensinn, Opposition und Ablehnung der Umwelt.

Abb. 195: „Schriftprobe" eines Kleinkindes mit normaler Begabung.

Abb. 196: Schreibversuche eines fünfjährigen nervösen und egozentrischen Kindes.

Abb. 197: Vergebliche Schreibversuche eines geistig nicht ganz normalen Kindes im Alter von fünf Jahren, das keine Linie einhalten konnte und es nur zu diesem Gekritzel brachte.

Intelligenz im allgemeinen Sinn wird häufig in der Schnelligkeit der Schriftführung bei einem Kind gesucht. Aber die Langsamkeit der geistigen Funktionen ist nicht ein Zeichen geistiger Unterlegenheit. Die Intelligenz zeigt sich in der Schärfe der Beobachtung, in der Darstellung und Aufmachung der Schrift im ganzen und in der Fähigkeit der Anpassung durch kindliche Diplomatie, die nicht zu unterschätzen ist.

## Handschrift als Charakterschlüssel

Erinnern wir uns an unsere Schulhefte, in denen vier Linien unser Schriftbild einengten. In der Mitte waren zwei enge Linien, zwischen die wir die sogenannten kleinen Buchstaben zwängten. Was darüber lag, war hoch, was darunter lag, war tief.

Genau wie damals in der Schulzeit wird unser Schriftbild beherrscht von den kleinen Buchstaben in der Mitte, den anderen, die nach oben hinausschießen, und jenen, die nach unten hängen.

Nehmen wir einmal den Raum der kleinen Buchstaben als das Herz unserer Schrift, dann sitzt darüber der Kopf, und unten hängen die Beine.

Mehr als hundertjährige Praxis hat erwiesen, daß der geistige Auftrieb sich tatsächlich in den nach oben ausschlagenden Buchstaben zeigt. Geistige Schwungkraft, Kopf, Gehirn und Verstand liegen also in der Schrift oben. In der Mitte, d. h. im Bereich der kleinen Buchstaben, sehen wir das Herz, einen Teil des Gefühlslebens. Alles was unterhalb der dritten Linie ist, gehört der Triebhaftigkeit an – und, wenn diese Triebhaftigkeit bezwungen und gesteuert ist, der Lebenspraxis, der Beherrschung des Daseins. Siehe Abb. 198.

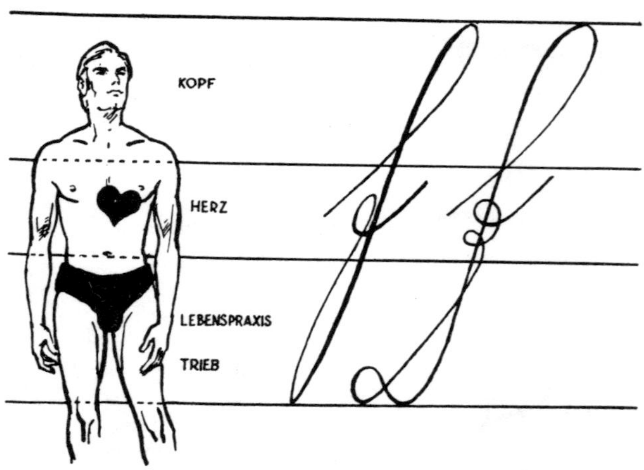


Abb. 198

Die Schrift, die eine gerade Linie einhält, entspricht einem Schreiber, der nicht von seinem geraden Weg abweicht – jedenfalls nicht sichtbar, nicht vor der großen Welt. Wer in seiner Schrift schwankt, schwankt auch in seiner Stimmung. Steigt die Schrift den Berg hinauf, dann ist sein stimmungsmäßiger Aufstieg optimistisch. Sinkt die Schrift nach unten, dann ist der Ausklang stimmungsmäßig gedrückt, pessimistisch, negativ.

*Der Buchstabe a*

Normalschrift.

Eingerollt mit Schnecke – Zeichen von Vorsicht, starkem Mißtrauen, niemals sich selbst und seine Karten ganz aufdeckend.

Verbissen und eigensinnig, mitunter grausam, oft sogar zu einer asozialen Haltung neigend.

*Der Buchstabe e*

Normale Schrift.

Nervöse Verzerrung, Ruhelosigkeit, oft Mangel an Disziplin.

Engherzigkeit, Sparsamkeit, Kleinlichkeit.

Überbetonung des eigenen Werts. Man trägt sein Herz auf Händen.

*Der Buchstabe f*

Normalbuchstabe.

Übertriebene Unterlänge zeigt kalten Realismus, gleichzeitig Organisationssinn, Einfluß des Unbewußten. Manchmal instinktsicheres Handeln, aber auch Übergewicht des Instinktes in erotischen Dingen.

Verstärkte Oberlänge – Übergewicht der intellektuellen Interessen, aber auch Überbewertung der eigenen Person. Oft ausschweifende Phantasie, die mit entsprechender Unterlänge zu Hemmungslosigkeit führen kann.

Mit Knick in der Herzzone – Beeinträchtigung der Persönlichkeitsentwicklung, Widersprüche zwischen gutem Wollen und bösem Trieb.

Nach vorn gerichtete Unterlänge – Versuch, sich durchzusetzen, sich selbst zu behaupten. Zähe Hartnäckigkeit, allen Schwierigkeiten zum Trotz.

Rückwärts gebeugte Unterlänge – Zeichen für Unselbständigkeit und Angstzustände. Fehlender Mut infolge erlittener Enttäuschungen.

*Der Buchstabe g*

Normalbuchstabe.

Herrschsucht, Neigung, nur den eigenen Willen gelten lassen.

Oft sehr energisch, verworrenes Triebleben gut getarnt.

Angst vor der Umwelt, starkes Anlehnungsbedürfnis, fehlende Selbständigkeit, im Umgang mit der Umwelt nicht immer ganz normal.

Verständnis für Übersinnliches, Poesie, zarte Beziehungen. Bei starker Gestaltung verbunden mit Jähzorn.

Alles ist irgendwie doppelsinnig in diesem Leben. Das gilt für geschäftliche Fragen, eventuell aber auch für moralische Gesichtspunkte.

*Der Buchstabe h*

Normalbuchstabe.

Starke Phantasie, Offenherzigkeit, innere Aufgeschlossenheit, Gesprächigkeit, zugänglich für neue geistige Eindrücke.

Übertreibung und Angeberei, Wichtigmacherei, eventuell Aufdringlichkeit und Dreistigkeit.

Überspannte Phantasie, unsachlich, wenn mit Verzerrungen und mit Schnörkeln verbunden. Selbstgefälligkeit und Eitelkeit.

## *Wo sitzt der I-Punkt?*

Bei dem Buchstaben i ist zu beachten, ob sich eine Schleife bildet, also aus dem Ansatz zum kleinen I praktisch ein kleines L wird; nicht minder wichtig ist die Art und Weise, wo der I-Punkt aufgesetzt wird; hoch oder tief, dick oder dünn, dem Buchstaben voreilend oder nachlaufend – alles ist von Wichtigkeit.

Normalbuchstabe.

Scharfe Beobachtungsgabe, große Genauigkeit, manchmal sogar Kleinlichkeit und Schwierigkeiten im Umgang wegen pedantischen Wesens.

Mit hochgezogenem I-Punkt starker Idealismus, der allerdings nicht immer echt zu sein braucht, sondern vorgetäuscht sein kann.

Große Vorsicht, infolge schlechter Erfahrungen in der Vergangenheit klug geworden und dieser Vergangenheit noch immer eng verbunden.

Zu schwungvoll, den Dingen in der Phantasie vorauseilend, oft Wichtiges vergessend.

## *Die Welt im T-Strich*

Normalbuchstabe.

Lebhafte Anteilnahme an der Welt, mitunter etwas vielseitig im Interesse.

Je dicker und weitläufiger der Querstrich des kleinen T ist, um so stärker das Bedürfnis, andere zu schützen und nicht nur zu schützen, sondern auch zu beherrschen.

Je spitzer und je stärker aufsteigend der T-Strich in Erscheinung tritt, um so gefährlicher ist die Neigung, den anderen zu beurteilen. In jedem Fall zeigt der T-Strich eigenen Willen, eigenen Entschluß und die Neigung zum Widerstand gegen das Alltägliche, das Hergebrachte.

## Die Zahl als charakterologisches Indiz

Jeder hat seine eigene Art, Zahlen zu schreiben. Der eine setzt die Zahlen gerade nebeneinander wie Soldaten. Der andere legt sie nach links, der dritte nach rechts.

*Zahl nach links geneigt:* Verdrängung, Unfähigkeit, sich anzupassen.

*Zahl nach rechts geneigt:* Unterwürfigkeit, Bedürfnis nach Anlehnung. Weichheit, Romantik, Suche nach Deckung.

*Zahl senkrecht:* Festigkeit, Selbstkontrolle, Energie, oft Härte.

*Eingerollte 2 und 3:* Schlechte Blutzirkulation, körperliche und seelische Verkrampfung.

*Fadenförmig ausgezogene 4 und 7:* Zeichen körperlicher Schwäche und geringer Widerstandskraft des Nervensystems.

*Die Zahl 5 im Zickzack:* Nervosität, gallige Einstellung der Umwelt gegenüber.

*Untere Schleife der Zahl 8 dicker als die obere Schleife:* Überwiegen des Ernährungsdranges und erotischer Bestrebungen.

*Die Zahl 9 mit einem massiven Ausläufer, also einem keulenförmigen Schwanz:* Starke Energie, Selbstbehauptung, manchmal Brutalität; mitunter Kraft, die im Unterbewußten ruht.

*Sehr kleine Ziffern:* Mangel an praktischer Einstellung zum Leben. Oft Unfähigkeit, sich in geschäftlichen Dingen selbständig zu orientieren. Angst vor eigenen Entschlüssen.

*Sehr große Ziffern:* Unfähigkeit, den eigenen Haushaltsplan in Ordnung zu halten oder überhaupt mit Geld so zurechtzukommen wie andere Menschen. Verschwendungssucht und gefährliche Unordnung gehen mit übertrieben großen Zahlenbildern parallel.

*Annähernd senkrechte Ausrichtung der Zahlenkolonnen von oben nach unten:* Methodik, Selbstbeherrschung. Bestreben, der Welt immer eine einwandfreie Fassade zu bieten und durch oft übertriebene Ordnung echtes oder scheinbares Gleichgewicht in die Dinge zu bringen.

*Gebogene Kolonnen:* Neigung zur Träumerei, manchmal Gedankenblitze, oft ein wenig geistesabwesend.

*Nach rechts ausgebuchtet:* Spekulation in die Zukunft hinein. Streben nach Erfolg und einer gewissen Bequemlichkeit im Leben.

*Nach links ausgebuchtet:* Neigung zur Opposition, Kampfansage an jeden Gegner, leichte Erregbarkeit.

*Alle Kolonnen nach links gezogen:* Mißtrauen, häufig Geiz, in jedem Fall Egoismus.

*Alle Kolonnen nach rechts gezogen:* Energische Planung, häufig plötzliche Entschlüsse. Das Streben, sich unter allen Umständen durchzusetzen.

## Krankheit verändert die Schrift

Die Handschrift verändert sich gewollt oder ungewollt. Dabei gibt es natürlich verschiedene Faktoren, die eine Veränderung der Schrift herbeiführen. Schon allein die Stimmungslage ist oft verantwortlich für tiefgreifende Schriftveränderungen. Enttäuschungen oder Freude verschieben das Schriftbild vor allem in den Oberlängen. Sodann kann Krankheit von einem Tag auf den anderen die Schrift grundlegend verändern, speziell in den Unterlängen.

Es gibt aber auch Zeichen, die symptomatisch andeuten, daß gesundheitlich etwas nicht in Ordnung ist. Hier sind einige der deutlichsten Anzeichen:

Magenleiden spiegeln sich oft in einem allgemeinen Schrifttonus wider, der absteigend ist, also durch absteigende Schreibrichtung.

Empfindliche Leber wird häufig durch aufsteigende Schriftrichtung verraten.

Schwanken in der Schriftrichtung, also hin und her zwischen aufsteigend und absteigend, weist auf Störungen im Verdauungsapparat hin.

Kreislaufstörungen sind oft dort festzustellen, wo die Schrift eventuell noch an falscher Stelle breit und etwas verschmiert wird, wo man also das Gefühl hat, daß die Feder „spuckt".

Störungen in der Lendenzone und im Bereich der Nieren und der Blase zeigen sich sehr häufig in Unterlängen bei den Buchstaben f und p, wenn die Unterlängen plötzlich nach rückwärts, das heißt, nach links ausschlagen. Nervöse Störungen und „fixe Ideen" zeigen sich in Form von verschlungenen Buchstaben, die wie Krabben geformt und verkrampft sind bzw. wie Kometenschweife Schriftzeichen ausklingen lassen bzw. die Punkte oder Striche über den Buchstaben i und u markieren.

Je enger eine Schrift liegt, um so sparsamer ist der Verbrauch an Lebensenergie, um so länger sind Energievorräte vorhanden, während die weite Schrift auch Verschwendung der Lebensenergie verrät.

Sind die sogenannten kleinen Buchstaben oder Kurzbuchstaben besonders hoch, dann ist gleichfalls mit einer Verschwendung oder Überspannung in bezug auf die Lebensenergie zu rechnen.

Fest, genau und in mittlerer Höhe angebrachte Zeichen über den Buchstaben i und u versprechen starke Lebenskraft und Ausdauer in der Überwindung alltäglicher Leiden und Schwierigkeiten.

## Länger oder kürzer leben

Wenn wir aufgrund dieser Feststellungen eine Rechnung aufstellen, bei der wir die Untersuchungen von Bruno Kurth, Prof. Georges Spurny und Prof. E. Kretschmer sowie Prof. Junge berücksichtigen, dann ergibt sich nachstehendes Bild:

*Das durchschnittliche Lebensalter*
verschiebt sich

| | |
|---|---|
| bei starkem Druck in der Schrift | + 15 Jahre |
| bei schwachem Druck in der Schrift | — 10 Jahre |
| bei enger Schrift | + 10 Jahre |
| bei weiter Schrift | — 10 Jahre |
| bei geringen Längenunterschieden | + 30 Jahre |
| bei großen Längenunterschieden | — 20 Jahre |
| bei regelmäßiger Schrift | + 35 Jahre |
| bei unregelmäßiger Schrift | — 20 Jahre |
| bei sehr hohen Kurzbuchstaben | — 10 Jahre |

Diese Zahlen sind dem natürlichen und zu erwartenden Lebensalter hinzuzuzählen bzw. davon abzuziehen. Das natürliche Lebensalter ergibt sich aus dem Alter der Eltern und Großeltern auf beiden Seiten und aus der allgemeinen Konstitution oder in unserem Fall aus dem Schriftbild im allgemeinen.

## Raumausnutzung auf dem Schreibplatz

Eines der wichtigsten Indizien ist die Verwertung des für eine Schrift zur Verfügung stehenden Raums. Jeder von uns weiß, daß es Menschen gibt, die von der äußersten linken Ecke bis zur rechten hinüberschreiben und vielleicht sogar noch quer in die Seite hinein weitere Zeilen und Wörter setzen, ohne Rücksicht darauf, ob der Empfänger Mühe hat, dieses Geschreibsel zu entziffern. Andere halten einen sauberen linken Rand, einen schönen rechten Rand. Wiederum andere schreiben nur in der Mitte. Alles hat seine Bedeutung!

*Bogen eng und dicht voll beschrieben:* Rücksichtslosigkeit, Egoismus, wenig Hemmungen, oft Mangel an Ästhetik und einfachster menschlicher Güte. Nur die eigene Person zählt. Nur auf sich nimmt man Rücksicht. Jeder Vorteil wird ausgenutzt.

*Linker Rand breit:* Oft ausgeprägtes Schönheitsempfinden, Neigung zur Verschwendung, meist innerliche Harmonie, Abstand gegenüber häßlichen Dingen, feines Gefühl für Benehmen und Raumeinteilung. Die eigene Ansicht zählt!

*Rechter Rand ist breit:* Zuviel Rücksichtnahme auf den anderen, angstvoll im Umgang mit der Welt, unfähig, schnelle Entschlüsse zu fassen, Notwendigkeit, von dritten Personen angetrieben und gesteuert zu werden. Nicht immer in der Lage, mit den Erfordernissen des Lebens fertigzuwerden. Unzufriedenheit mit sich selbst. Oft Geldmangel!

*Breiter Raum überall:* Immer Rücksicht auf die äußere Form. Planmäßigkeit in der Beziehung zur Umwelt. Beachtung gesellschaftlicher Erfordernisse steht im Vordergrund. Innere und äußere Exaktheit wird angestrebt. Manchmal Neigung zu Verschwendung, um Eindruck zu erzielen.

## Der Druck in der Handschrift

Es leuchtet jedermann ein, daß der Druck in der Handschrift von Bedeutung und daher sorgfältig zu beachten ist.

1. *Normaler Druck* stellt sich dort ein, wo eine Druckäußerung im Charakter des Buchstabens liegt. Dieser Druck ist ein Zeichen der Willenskraft, Arbeitskraft, aber oft auch von Romantik, die sich mit Eifer und Fleiß verbindet.
2. *Falscher Druck* zeigt sich dort, wo Druck normalerweise gar nicht liegen dürfte. Der Schreiber betont Nebensächlichkeiten als Wichtiges, beachtet Kleinigkeiten und übersieht das, worauf es ankommt.
3. *Überdruck* ist nicht mehr Zeichen überstarker Kraft, sondern sogar einer übermäßigen Hemmung, die bis zu einer psychologischen Lähmung gehen kann.
4. *Jede Unregelmäßigkeit* im Druck ist eine unregelmäßige Stauung, ein unregelmäßiger Abfluß von Wollen und Handeln. Diese Eigenarten können ungesund in einem krassen Machtstreben, in anmaßender Haltung gegenüber der Umwelt, aber auch in einem falschen Willenseinsatz im Triebleben Gestalt annehmen.[1]

## Maschinenschrift graphologisch analysiert

Die Maschine ist scheinbar nur ein „totes Ding" aus Metall. Aber ist sie es wirklich? Hat nicht jede Maschine (vom Auto über den Rasierapparat und die Waschmaschine bis zur Schreibmaschine) ihre Eigenarten, auf die man sich einstellen kann, sogar einstellen muß, um mit ihr zurechtzukommen? Entwickelt aber der Mensch einmal seine Art, mit der Maschine umzugehen, dann wird sie für ihn Ausdrucksinstrument. Die Schreibmaschine wird auf den Schreiber reagieren, je nachdem wie er im Moment – seelisch und körperlich – anschlägt!

Normalerweise interessieren den Empfänger die Eigenarten der Maschinenschrift kaum. Er will nur wissen, was ein Brief besagt, er beurteilt, ob er klar ist im Inhalt und gut leserlich in den Zeilen. Immer häufiger werden heute auch persönliche Briefe mit der Maschine geschrieben. Immerhin darf man sagen:

○ Maschinengeschriebene Liebesbriefe sind der Ausdruck unserer Zeit und großer Eile.

---

[1] Wer sich über den Rahmen einer Menschenkenntnis auf den ersten Blick hinaus für Probleme der Handschrift und deren Deutung interessiert, dem sei A. M. Cobbaerts *Graphologie*, erschienen beim Ramòn F. Keller Verlag in Genf, empfohlen.

○ Persönliche Briefe, die mit der Maschine geschrieben wurden, entbehren häufiger der Phantasie und des Gefühls; bisweilen tarnt man hinter der Maschinenschrift irgend etwas, was man nicht aufdecken möchte.

○ Maschinengeschriebene Briefe sind oft, wenn es um persönlichste Dinge geht, Ausdruck dessen, was man klar und mit einer gewissen Härte sagen will.

Ist dies zu kraß geurteilt? Finden wir nicht, wenn es ganz nah an unser Herz herangeht, den Weg zurück zum Federhalter oder zum Schreibstift? Dem Empfänger des getippten Briefes schauen – wenn es darauf ankommt – der Psychologe, der Arzt und der Kriminalist über die Schulter.

Den Kriminalisten interessiert der Schreibmaschinenbrief nur, wenn er „anonym" in die Welt ging und nun sein Urheber eruiert werden soll. Seine Arbeit ist schnell getan. Seine Fragen sind einfach: Wie alt ist die Maschine, mit der geschrieben wurde? War der Schreiber routiniert oder tippte er mühsam? Schrieb er nach dem Zehnfingersystem oder tippte er mit einem Finger? War er Rechtshänder oder Linkshänder? In welcher Stimmung befand er sich, als er den Brief schrieb?

Aber damit sind wir schon beim Psychologen angelangt, der der Maschinenschrift vieles ablesen kann, wenn gewisse Vorbedingungen erfüllt sind.

## Voraussetzungen für eine Maschinenschrift-Analyse

Wenn wir Maschinenschrift untersuchen wollen, dann müssen wir nach Möglichkeit zwanzig bis dreißig Zeilen oder, besser noch, ein ganzes vollgeschriebenes Blatt einer Maschinenschrift zur Verfügung haben. Ferner sollte das Band nicht zu neu sein. Es darf sich auch nicht um eine elektrische Maschine handeln, bei der ein elektrisch-mechanischer Vorgang den Anschlag besorgt und die Hand über die Taste nur den Effekt auslöst. Die schreibende Person sollte nicht mehr als zwei oder drei Stunden Arbeitstätigkeit hinter sich haben. Die Eigenarten der Maschine müssen der schreibenden Person bekannt sein, sie muß also auf der Maschine eingeschrieben sein.

Sind diese Voraussetzungen erfüllt, dann können wir uns auf ein neues Nebengeleise der Graphologie begeben, das ein witziger Graphologe „Tippologie" genannt hat.

Jeder, der auf der Maschine zu schreiben gewohnt ist, weiß, daß er an manchen Tagen erheblich mehr Tippfehler macht als an anderen Tagen. Ferner gibt es Tage, an denen die Buchstaben häufiger zusammenschlagen und sich verfangen.

## Feststellbare Rhythmen

Nehmen wir ein maschinengeschriebenes Blatt zur Hand, das betippt wurde, ohne daß die schreibende Person wußte, daß man das Geschriebene nachher kritisch mustert, dann sehen wir eine Folge von schwach und stark angeschlagenen Buchstaben. Zählen wir die zwischen den stark angeschlagenen Buchstaben liegenden Abstände, dann ergibt sich ein gewisser Rhythmus. Dieser Rhythmus scheint nach neuesten Feststellungen mit dem Puls- und dem Herzschlag der schreibenden Person zusammenzuhängen.

Das gilt auch für das „Verschreiben“, für die Tippfehler also, die bei einer nervösen Person regelmäßiger wiederkehren als bei einem gleichgültigen, phlegmatischen Maschinenschreiber. Grundsätzlich kann festgestellt werden, daß ein Vertippen um so häufiger vorkommt,

- je sensibler ein Mensch ist,
- je heftiger sein Gefühlsleben angesprochen wurde,
- je stärker der Erschöpfungszustand ist, in dem er sich momentan befindet oder in den verflossenen 24 Stunden befand.

## Das Phänomen des Anschlags

Nun gibt es routinierte Maschinenschreiber, die sich meisterhaft in der Hand haben, die keine Tippfehler machen und die Buchstaben sauber aneinandersetzen, die sich aber dennoch in der Maschinenschrift verraten, und zwar durch den Anschlag.

Man unterscheidet einen starken und einen schwachen Anschlag auf der Schreibmaschine. Schon in einer einzigen Zeile sind manche Buchstaben stark und andere ganz schwach „betont“. Wenn zum Beispiel zwei aufeinanderfolgende gleiche Buchstaben – wie ss oder tt getippt werden, dann kann das erste T oder das zweite S das stärkere sein.

Analytiker der Schreibmaschinenschrift behaupten, es seien – im Gegensatz zu den vier klassischen Temperamenten – sechs Temperamente unterscheidbar:

- Der *Pessimist* schlägt beim Schreiben einer Zeile anfangs kräftig zu und wird dann im Anschlag immer schwächer, um aber wieder stark zu werden, wenn er den Schlußpunkt setzt bzw. Interpunktionszeichen anbringt, die seinem Gedankenfluß eine Bremse anzulegen scheinen.
- Der *Gleichgültige,* der Phlegmatiker, schlägt immer nur dann stark an, wenn er große Buchstaben zu schreiben hat. Die Interpunktionszeichen sind gewissermaßen „in die Enge“ getrieben. Sie haben keine Luft.

○ Der *Explosive,* der Choleriker, der leicht Erregbare, fängt mit mattem Anschlag an, hämmert gewaltig drauflos in der Mitte der Zeile, vertippt sich dort und verklingt dann so matt, wie er begonnen hat.

○ Der *Sensible,* der Melancholiker, ist sehr unterschiedlich in seinen Anschlägen. Bei ihm fühlen wir den Rhythmus seines Pulsschlags, seines Herzschlags buchstäblich in jeder Zeile.

○ Der *Lebhafte,* der Sanguiniker, der Leichtblütige, macht die meisten Fehler, schlägt die Wörter zusammen, irrt sich, setzt kleine Buchstaben an Stelle der großen, vergißt die Interpunktion und ist an der Schreibmaschine so wie im Leben.

○ Der *Tyrann,* der Diktatorische, hämmert alles gleich hart in die Maschine, schreibt, wenn es nur nach ihm geht, die Zeilen voll und durchlöchert das Papier mit den Punkten, den Ausrufungszeichen und allem, was sich kräftig durchschlagen läßt!

Die normale Erregbarkeit eines Menschen setzt übrigens nur selten mit dem ersten Buchstaben ein, sondern in der Regel zeigt sie sich nach dem 6. bzw. 9. Anschlag.

# VI. Zeichen im Blut und in den Sternen

## Die Blutgruppe verrät den Charakter

Lange Zeit hielt man die Einteilung in Blutgruppen für eine rein medizinische Angelegenheit, die nur bei Blutübertragungen von Wichtigkeit war. Die Forschung ist aber inzwischen zu überraschenden weiteren Erkenntnissen gelangt:

- Personen gleicher Blutgruppe haben ähnliches Temperament.
- Die Blutgruppe legt grundsätzliche Charaktermerkmale fest.
- Ganze Völker lassen sich in ihrer Eigenart aus der vorherrschenden Blutgruppe erkennen.

Die wichtigste und bis heute noch gültige Blutgruppeneinteilung, auf der alle anderen Systeme mehr oder weniger aufbauen, ist das von K. Landsteiner im Jahre 1901 aufgestellte A-B-Null-System. Erst in neuester Zeit hat jedoch die Psychologie die Charakteranalysen hierzu geliefert.

Man unterscheidet die Gruppen A, B, AB und 0 (Null). Die Gruppe AB ist durch Erbmischung aus A und B entstanden.

Jeder kann seinen Arzt fragen, welche Blutgruppe er hat, soweit ihm dies nicht von früheren ärztlichen Untersuchungen bekannt ist. Man wechselt die Blutgruppe im Laufe seines Lebens nicht, auch nicht bei Erkrankungen des Blutkreislaufs.

## Völkerschicksale

In der Evolution der Menschheit haben sich – so behaupten einige Wissenschaftler – aus der ursprünglich einzigen Blutgruppe Null durch Erbsprung (Mutation) die Blutgruppen A und B abgespalten. Die Gruppe A entstand nach dieser Theorie in Skandinavien, der mutmaßlichen Urheimat der germanischen Völker. Die Gruppe B begann ihr Eigenwesen in der uralten Kulturlandschaft Indiens.

Vergleiche zwischen Völkern, die vorherrschend die eine oder andere Blutgruppe haben, ergaben nun charakterliche Übereinstimmungen, die als sensationell zu bezeichnen sind. Die Völkerkunde ist um ein ganzes Kapitel bereichert worden, und selbst die Politik wird in den kommenden Jahrzehnten nicht an diesen neuen Erkenntnissen vorbeikommen.

Als relativ unverträglich untereinander kann man von der Blutgruppe her Russen und Polen bezeichnen, oder Polen und Tschechen.

Große Übereinstimmung herrscht dagegen zwischen den Völkern der Tschechoslowakei und Rumäniens, zwischen Deutschen und Spaniern sowie Portugiesen, aber auch Franzosen und Polen, Deutschen und Japanern, um nur ein paar Beispiele zu nennen.

Verbindendes Element ist die Gruppe Null, die überall ausgleichend wirkt. Ohne sie wäre ein ständiges Chaos, ein ununterbrochener Kampf zwischen A und B, AB und A usw. die Folge. Und tatsächlich dürften sogar ernste politische Auseinandersetzungen in diesen Temperamentunterschieden ihre Ursprünge haben.

## Charakter-Analyse

Was aber kann der einzelne aus den Erkenntnissen der psychologischen Blutgruppenforschung lernen? Darüber geben wir nachstehend Auskunft. Für jede der vier Blutgruppen folgen Charakterdarstellungen sowie Einzelheiten über die Verträglichkeit der Charaktere untereinander.

## Gruppe A – gewissenhaft, pflichtbewußt

Die Menschen der Blutgruppe A bedürfen manchmal eines kleinen Anstoßes, um ihre Aufgaben zu erkennen. Wenn ihr Interesse aber erwacht ist, lassen sie sich kaum von jemandem übertreffen in der Erfüllung übernommener Pflichten.

Gewissenhaft gehen sie ihrem Beruf nach und stellen alles andere zurück. Leichtsinn und Nachlässigkeit bei der Berufsarbeit wird man bei ihnen kaum antreffen.

Dasselbe gilt natürlich – da dies eine grundsätzliche Verhaltensweise ist – auch für übernommene private Verpflichtungen oder Versprechen. Man wird selten enttäuscht sein, wenn ein Mensch der Blutgruppe A ein Versprechen abgegeben hat. Eher wird er im voraus offen seine Meinung kundtun und sagen, daß er dies oder jenes nicht tun könne. Hat er aber ja gesagt, bleibt es dabei.

### *Leidenschaftlich bei der Sache*

Eine wesentliche Einschränkung zu dem bisher Gesagten muß man jedoch machen. Die A-Menschen nehmen zwar sehr ernst, was sie einmal zu tun übernommen haben, aber sie sind noch lange nicht für alles zu haben. Eine Sache oder ein Mensch muß sie wirklich interessieren, Oberflächlichkeit kennen sie nicht. Entweder sind sie leidenschaftlich bei der Sache oder überhaupt nicht.

Daher kommt es, daß man A-Menschen gelegentlich als abweisende und wenig freundliche Menschen erlebt. Es liegt jedoch nur daran, daß sie nichts Nebensächliches tun und sich nur einem Menschen oder einer Arbeit zuwenden können, wenn sie sich mit ihrer ganzen Person und aller Leidenschaft auf eine Arbeit stürzen oder sich mit der ganzen Seele einem Menschen öffnen dürfen.

So kann diese Einschränkung, die man bei den A-Menschen machen muß, zum Vorteil oder zum Nachteil sein. Ist er gezwungen, in einem ungeliebten Beruf zu arbeiten, wird er häufig Schwierigkeiten haben – ganz einfach, weil er sich nicht aus bloßem Pflichtgefühl einer Sache widmen kann, sondern immer mit Leib und Seele dabei sein möchte. Ein klug in die Wege geleiteter Berufs- und Arbeitsplatzwechsel kann unter Umständen Wunder wirken.

Für die persönliche Beziehung zum A-Menschen gilt sinngemäß dasselbe: Seine Freundschaft oder Liebe zu erwerben, kann schwer sein, bevor er überzeugt ist, den Richtigen oder die Richtige gefunden zu haben. Eher macht der A-Mensch am Beginn einer persönlichen Beziehung „reinen Tisch" und sagt, was er denkt. Hat er sich aber für einen Menschen entschieden, bleibt er dabei.

## Gruppe B – empfindlich und sehr sensibel

Die Feinfühligkeit weiß er oft genug unter einer rauhen Schale zu verbergen. Er läßt sich nicht schnell aus der Reserve hervorlocken. Die Erregbarkeit ist bisweilen gering. Dieser scheinbare Widerspruch von innerer Feinfühligkeit und geringer Erregbarkeit von außen her ist ein Hauptmerkmal des B-Menschen.

Aus dieser Grundhaltung ergibt sich Bescheidenheit im äußeren Verhalten, ferner eine Furcht vor falscher Sentimentalität und Gefühlsduselei – Verhaltensweisen, die er auch bei anderen verurteilt.

An sich selbst stellt der B-Mensch hohe Anforderungen, und er verzeiht sich keine Schwäche. Für den Umgang mit ihm ist es aber nun charakteristisch, daß er ebenso bei den Menschen, die ihn umgeben, keine Schwächen sehen mag und daher gelegentlich sehr intolerant sein kann.

Dieser Drang, an sich selbst und an die Mitmenschen gern Höchstforderungen zu stellen, kann zu Konflikten führen, wenn kein bewußter geistiger Ausgleich herbeigeführt wird, d. h. der B-Mensch muß sich darüber klarwerden, daß ein gewisses Maß an Toleranz den Mitmenschen gegenüber einfach unerläßlich ist, wenn das menschliche Zusammenleben überhaupt funktionieren soll.

*Drang zum Absoluten*

So kann man die Grundeigenschaft des B-Menschen nennen. Diese Eigenschaft führt in Liebesangelegenheiten rasch zur Eifersucht. B-Männer und noch mehr B-Frauen können maßlos eifersüchtig sein, wenn sie nicht den idealen Partner finden, der genau ihren Wunschvorstellungen entspricht. Sie sind dabei auf alles eifersüchtig, was die Verwirklichung ihres Idealwunsches stört, seien es Personen, Dinge oder ganz einfach die äußeren Lebensumstände, an denen sie herumkritisieren.

Wer mit einem B-Menschen in Liebe verbunden ist, wird deshalb immer diesen Drang zur Eifersucht einkalkulieren müssen. Weiß er das jedoch einmal, wird er dieser Eifersucht, soweit kein wirklicher Grund vorliegt, nicht allzuviel Bedeutung beimessen. Der B-Mensch ist ja nicht aus Bösartigkeit eifersüchtig, sondern weil er von einem Ideal träumt, das er gar zu gern verwirklicht sehen möchte.

## Gruppe AB – von Gefühlen beherrscht

Männer und Frauen der Blutgruppe AB haben einen Charakter, der nicht unkompliziert ist. Ihre hervorstechendste Eigenart ist die, daß keine einzelne Eigenschaft überdeutlich hervortritt. Die Folge hiervon ist jedoch nicht ein besonders ausgeglichener Charakter, sondern die verschiedenen Elemente liegen im Streit miteinander, d. h. das Gefühlsleben eines AB-Menschen kommt nie zur Ruhe.

Sie sind abhängig von ihren Gefühlen, die AB-Menschen, sie vertrauen aber auch auf den feinen Instinkt, der sie das Richtige tun läßt, und handeln weniger aus dem Verstand und bewußten Willen.

Diese Eigenart läßt sie oft schwankend erscheinen, wenngleich dies auch nur bedeuten kann, daß sie sich sofort von einem Menschen oder einer Tätigkeit wieder abwenden, wenn ihr Gefühl ihnen sagt, daß sie mit diesem Menschen oder dieser Tätigkeit nicht zurechtkommen werden. Oft können sie keinen vernünftigen Grund für ihre Verhaltensweise angeben, sondern sie behaupten: „Mein Gefühl sagt mir, dies ist richtig und jenes ist falsch." In der Beziehung zu sich selbst ist der AB-Mensch häufig von Zweifeln geplagt, ja, er wird bisweilen das Opfer unbegründeter Ängste, und sein Selbstgefühl kann unter den Nullpunkt sinken. Er traut sich dann rein nichts mehr zu, versinkt in Depressionen.

„Himmelhoch jauchzend, zu Tode betrübt." Mit diesem Zitat ist sein Charakter wohl recht gut umschrieben. Denn seine Depressionen dauern zum Glück nie allzulange. Findet er schöne Erlebnisse, steigt auch sein Selbstgefühl rasch wieder. Doch wird er es nie dazu bringen, eogistisch im strengen Sinne des Wortes zu sein.

*Idealer Partner*

In den zwischenmenschlichen Beziehungen, besonders in Liebe, Freundschaft und Ehe, sind die AB-Menschen nahezu ideale Partner. Ihre gefühlsbetonte Veranlagung sucht nicht nur das eigene Glück, sondern fühlt sich erst voll befriedigt, wenn es der Partner ebenfalls ist. Sie verzeihen gern die kleinen Schwächen des Partners, und selbst bei schweren Fehltritten des nahestehenden Menschen sind sie noch bereit, um des gemeinsamen Glückes willen zu verzeihen.

Gern suchen sie seelischen Halt beim Partner und wollen diesem nicht ihren Willen aufzwingen. Im Gegenteil, sie ordnen sich leicht unter, wenn sie erkannt haben, daß dies z. B. in der Ehe von Vorteil ist. Besonders bei einem andersgearteten Partner fügen sie sich diesem, um das gemeinsame Glück zu erleichtern; sie sind nicht unglücklich dabei, denn ihre wahre Wesensart verliert sich nicht in einem solchen Verhalten.

## Gruppe 0 – immer in Bewegung

Die Menschen der Blutgruppe Null haben eines mit denen der AB-Gruppe gemeinsam: sie sind überaus reichlich mit Gefühlen gesegnet. Ob das ein Vorteil oder ein Nachteil ist, hängt von den übrigen Charakteranlagen ab. Ein starkes Gefühlsleben ohne Verstandeskontrolle kann gefährlich sein. Weiß der Null-Mensch sich aber zu beherrschen, dem Gefühl nur dort freien Lauf zu lassen, wo es angebracht ist, wird er sehr glücklich sein.

Die Kontaktfreudigkeit hat er ebenfalls mit dem AB-Typ gemeinsam. Doch weiß er hier stärker seinen Willen zur Geltung zu bringen. Er paßt sich nicht immer an, sondern erwartet dies oft genug auch vom Partner.

Diese Art, schnell Kontakte zu finden, bringt im Zusammenhang mit dem stark vorhandenen Willen viele Geschäftsleute hervor. Auffallend viele Männer und Frauen, die es im geschäftlichen Bereich weit gebracht haben, sind Null-Typen. Man sieht, Null bedeutet hier keineswegs „nichts“ oder „wenig“, sondern ganz im Gegenteil: sehr viel.

Manche Stars von Film und Fernsehen sind Null-Menschen, da sie nicht nur künstlerisches Talent – was seltener entdeckt auch bei anderen Bluttypen oft schlummern mag –, sondern auch das Durchsetzungsvermögen haben, ohne das Erfolg sich nicht erringen läßt. Der Spürsinn für Erfolg verläßt die Null-Menschen nie, sei es im künstlerischen oder im geschäftlichen Bereich.

Die oft unheimlich anmutende Aktivität der Null-Menschen hat in diesem Streben nach Erfolg ihre Wurzel. Sie sind immer in Bewegung, lassen keine

Ruhe, bis die nächste Stufe des Erfolges erreicht ist, sei es im persönlichen Bereich, im Finanziellen oder auch – bei Prominenten – wenn es darum geht, sich ins Rampenlicht der Öffentlichkeit zu stellen.

*Energisch und aktiv*

Auf dem Weg zum Erfolg sind die Null-Menschen beeinflußbar. Doch ihr Ziel verlieren sie nie aus dem Auge und machen diesem alles andere dienstbar. So ist es entscheidend, welches Ziel sich der Null-Mensch gesetzt hat. Im Guten wird er erfolgreich sein; er kann aber auch, wenn er sich dem Schlechten zuwendet, viel Unheil anrichten, da er hier genauso konsequent und meistens erfolgreich ist.

Seine Energie scheint in beängstigendem Maß unerschöpflich zu sein. Er gibt nie auf. Wenn er seinen „guten Tag" erwischt hat, scheint er vor Aktivität zu platzen und schafft in kürzester Zeit dasselbe, wofür andere lange Zeit brauchen. Doch kann der Null-Mensch auch in lange Pausen des Nachdenkens versinken, und er scheint dann seine Grundeigenschaften zu verleugnen. Aber hier täuscht der äußere Eindruck. Der Null-Mensch lädt nur neue Energie auf! Wenn er wieder „losgelassen" wird, muß seine Umwelt mit einer „Explosion" seiner Energie rechnen.

## Wesensart nach den Planeten

Die Kosmobiologen auf der einen Seite und die Ärzte, Physiker und Astronomen auf der anderen Seite – oder zumindest manche von ihnen – streben seit einigen Jahren eine Angleichung der Standpunkte, eine Annäherung ihres Denkens an. Kann es eines Tages dahin kommen, daß, nach einer Revision gewisser Fehlerquellen, die zur Zeit als Astrologie oder Kosmobiologie bezeichneten Lehren „salonfähig" werden? Heute gelten sie als Grenzwissenschaften, von denen wir allerdings ahnen, daß sie altes Erkenntnisgut in sich bergen, das unter der kritischen Lupe der Wissenschaft nicht anerkannt und bejaht wird, weil der Erkenntnis letzte Logik fehlt. Die Frage lautet schließlich, ob gewisse Planeten das menschliche Individuum soweit beeinflussen können, daß sich daraus je nach dem Geburtsdatum eine bestimmte charakterliche Einfärbung und Verhaltensform ergibt. Menschen und Früchte reifen auf dieser Welt mit den Jahreszeiten und den Jahresabläufen.

Biologen und Physiologen wissen, daß kosmische Strahlungen die Ursachen von Mutationen in der organischen Natur sind.

Werden aber in der organischen Natur Mutationen durch Höhenstrahlungen verursacht, weshalb soll dann nicht bei Strahlungseinfall unter einem bestimmten Winkel, der z. B. durch die Jahreszeit bedingt sein kann, die „Markierung" eines werdenden Lebens erfolgen, die sich diesem Wesen für das ganze spätere Dasein einprägt?

Jeder Tag bringt durch den Ablauf der Jahreszeiten, durch die Umdrehung der Erde und die Position der Sonne zur Erde andere Einstrahlungsverhältnisse und damit auch andere Beeinflussungen im Sinne der Mutationen.

Ist es denn so erstaunlich, wenn ein Menschenkind, das im Mai zur Welt kommt, von anderer Art ist als ein Kind, das im Dezember geboren wurde? Wir wissen heute, daß unser Denken, unser Fühlen und die Gesamtheit unserer Fähigkeiten im Grunde genommen nichts anderes sind als ein bestimmter elektrischer Spannungszustand in den Zellen unseres Körpers, die Stück für Stück kleine Elemente darstellen.

Wir erleben, daß wir alle mehr oder weniger wetterabhängig sind. Auch das ist nichts anderes als die Erkenntnis von Beziehungen zwischen kosmischen, sich auf unser Wetter auswirkenden Vorgängen und uns krank machenden Abläufen, die sich aus der Großwetterlage ergeben.

## Im Zeichen der Planeten?

Die Urvölker haben die periodische Gesetzmäßigkeit kosmischer Abläufe frühzeitig erkannt. Diese Erkenntnisse der himmlischen Ordnung (und ihrer Einflüsse) haben Babylonier, Ägypter, Römer und Griechen übernommen. Nach Bildern, die man in den Sternzeichen zu sehen glaubte, gab man den zusammengehörenden Sterngruppen Namen und ordnete sie nach Daten, so daß das ganze Jahr in eine Ordnung gebracht wurde, die die Astrologen folgendermaßen aufbauen:

| | |
|---|---|
| Widder | 21. 3. – 20. 4. |
| Stier | 21. 4. – 20. 5. |
| Zwillinge | 21. 5. – 21. 6. |
| Krebs | 22. 6. – 22. 7. |
| Löwe | 23. 7. – 23. 8. |
| Jungfrau | 24. 8. – 23. 9. |
| Waage | 24. 9. – 23. 10. |
| Skorpion | 24. 10. – 22. 11. |
| Schütze | 23. 11. – 21. 12. |
| Steinbock | 22. 12. – 20. 1. |
| Wassermann | 21. 1. – 19. 2. |
| Fische | 20. 2. – 20. 3. |

Das Jahr beginnt im Sinne der Tierkreiszeichen nicht mit dem Januar, sondern mit dem Erwachen des Frühlings, mit dem Aufsteigen der Sonne. Wie werden nun in den Tierkreiszeichen die einzelnen Menschentypen charakterlich dargestellt? Inwieweit ist es möglich, aus dem Geburtsdatum in etwa den Charakter „ersehen“ zu können?

*Widder* (21. 3. – 20. 4.)

Cholerisch. Aber dennoch gutmütig, hilfsbereit, fast immer daseinsfreudig, ehrgeizig und sehr willensstark, meist optimistisch, auch wenn oft Aufgaben übernommen werden, die das Maß der eigenen Kräfte überschreiten. Im negativen Sinn zeigen sich Ungeduld, Unruhe und Veränderlichkeit, Jähzorn und Rechthaberei, unablässiges Bestreben nach schnellen Resultaten.

*Stier* (21. 4. – 20. 5.)

Melancholisch. Heiterkeit, Gerechtigkeitssinn, Zuverlässigkeit und Ausdauer treten als wichtigste Eigenschaften deutlich hervor. Die Ausdauer kann aber zur Starrköpfigkeit, die Treue zur Eifersucht, die Zuverlässigkeit zum Dogmatismus und die Besitzliebe zum Geiz werden. Häufig liegt starkes Mißtrauen vor, das nicht immer durch Diplomatie gut getarnt wird. Kleinlichkeit kann oft den Umgang mit diesem Typ schwierig werden lassen.

*Zwillinge* (21. 5. – 21. 6.)

Sanguinisch. Schnelle Auffassungsgabe, geselliges Wesen, große Anpassungsfähigkeit, Unternehmungslust, Klugheit und Mutterwitz lassen den Umgang mit diesen Menschen angenehm erscheinen. Aber es kommt darauf an, Flüchtigkeit und Oberflächlichkeit zu vermeiden, den Lerneifer nicht in Neugier umschlagen zu lassen, nicht durch jede Kritik den Mut zu verlieren, nicht sprunghaft oder unaufrichtig zu sein. Leichtsinn und Begeisterungsfähigkeit wohnen in diesen Menschen nahe beieinander.

*Krebs* (22. 6. – 22. 7.)

Phlegmatisch. Wichtig ist, daß der Krebs-Geborene häufig in irgendeiner Art und Weise gelobt werden möchte. Er prüft sich selbst gern im Spiegel dessen, was er geleistet hat, glaubt nur zu leicht den Schmeicheleien, die man ihm sagt, und ist leicht gekränkt und nachtragend. Aber an sich ist dieser Typ mit einem starken Sinn für vorgeschriebene Bahnen ausgezeichnet, zeigt viel menschliche Wärme, ausgeprägten Schönheitssinn und starken Drang, sich immer weiter zu entwickeln und lernend vorwärtszuschreiten.

*Löwe* (23. 7. – 23. 8.)

Cholerisch. Die Tugenden sind schnell genannt: Großmut und Loyalität, das Bestreben, Schutz zu gewähren und noble Gesinnung immer wieder an den Tag zu legen, Abneigung gegen alles Gemeine und Ehrlose, Herzlichkeit und Streben nach Freiheit als höchstes Ideal. Aber die Autorität kann den Menschen grausam hart und rücksichtslos machen. Aus dem Gutmütigen wird jemand, der in seinen Ehrbegriffen unerträglich empfindlich ist und aufbrausend und jähzornig den Boden verliert.

*Jungfrau* (24. 8. – 23. 9.)

Melancholisch. Zwischen Reinheit, Taktgefühl, feinem Empfinden, Bescheidenheit, Logik, Gewissenhaftigkeit und Selbstverleugnung auf der einen Seite und Kritiklust und Kleinlichkeit auf der anderen Seite schwanken die Menschen dieser Gruppe hin und her. Jeder Rückschlag führt zur Niedergeschlagenheit. Aus der Gewissenhaftigkeit und der Selbstverleugnung wird Pedanterie und überspannte Empfindsamkeit.

*Waage* (24. 9. – 23. 10.)

Sanguinisch. Wir sehen Selbstlosigkeit und Lebenskunst, Heiterkeit und Sinn für Harmonie gepaart mit einer verbindlichen Natur mit meist starken künstlerischen Befähigungen. Andererseits aber sind Leichtsinn und Unzuverlässigkeit, Großsprecherei und Gedächtnisschwäche aus psychologischen Gründen, Bequemlichkeit bis zur Faulheit und Weichheit bis zur seelischen Labilität zu beobachten, wenn die negativen Seiten, die in jedem von uns schlummern, das Übergewicht erlangen.

*Skorpion* (24. 10. – 22. 11.)

Phlegmatisch. Das Verantwortungsgefühl steht an erster Stelle. Klugheit und Konsequenz, Ernst und Strebsamkeit, Lerneifer und meist große Selbstbeherrschung sind die positiven Seiten dieses Typs. Aber auf der anderen Seite erleben wir Rücksichtslosigkeit und Engherzigkeit, Selbstzerfleischung und Widerspruchsgeist, Rachestreben und Fanatismus verbunden mit Verschlossenheit. Unter diesen Voraussetzungen wird es schwer, mit dem Skorpion-Mensch auf die Dauer zu einem Einvernehmen zu gelangen.

*Schütze* (23. 11. – 21. 12.)

Cholerisch. Ein starkes Rechtsempfinden, Nachsicht und Geduld, Milde und Güte, Wohltätigkeitssinn und das Streben nach Sicherheit sind die guten Seiten. Brechen aber die negativen durch, dann sind Prahlerei und Blendertum, Übertreibungen und Ruhelosigkeit, Torheit und Aberglauben die hervorstechendsten Eigenschaften.

*Steinbock* (22. 12. – 20. 1.)

Melancholisch. Immer finden wir bei diesen Typen ausgeprägten Fleiß, Unermüdlichkeit, die Fähigkeit tiefer Einsicht, Weitblick und Gründlichkeit, einen sehr starken, ausgeprägten Formensinn bei betonter Verläßlichkeit. Aber wehe, wenn diese so wertvollen Eigenschaften in das Gegenteil ausschlagen! Denn dann sehen wir einen Menschen vor uns, der hart und melancholisch, mürrisch und launenhaft, argwöhnisch und verschlossen durchs Dasein geht. Er versucht, eine Scheinwürde zu wahren, verschließt sich jedem Kontakt mit der Welt und ist unerbittlich in seinem Argwohn und in seiner Verneinung der Welt und der Menschen.

*Wassermann* (21. 1. – 19. 2.)

Sanguinisch. An erster Stelle steht der gesunde Menschenverstand. Der Wille zur Aufopferung, zur rasch entschlossenen Tat, zum höchsten Heldentum bei nobelster Gesinnung – wahr oder falsch – ist immer gegeben. Taktgefühl und kühle Zurückhaltung, Überschwang und Gewissenhaftigkeit wohnen hier nahe beieinander. Aber sie überschneiden sich oft mit Unberechenbarkeit und Ungeduld, Rücksichtslosigkeit und Selbsttäuschung.

*Fische* (20. 2. – 20. 3.)

Phlegmatisch. Gutmütigkeit und Hilfsbereitschaft gehören zu den hervorragendsten und selbstverständlichsten Eigenschaften der Fisch-Geborenen. Sie können sehr zärtlich und feinfühlend sein, sie sind immer liebenswürdig, herzlich und eindrucksfähig. Aber bei dieser Einstellung zur Umwelt müssen Unzufriedenheit, Zwiespältigkeit und Unruhe, Launenhaftigkeit und manchmal auch Überspanntheit sowie echte Hochgestochenheit der Ansprüche die Umwelt bisweilen erschrecken.

## Der menschliche Charakter nach dem „neuen Horoskop“

Seit längerem behaupten manche Astrologen, daß die bisher verwendeten Daten für die Tierkreiszeichen „nicht mehr stimmen“; sie seien „ungenau“, da sich – um es vereinfacht auszudrücken – die Sterne seit der ursprünglichen Fixierung und Bestimmung der Daten bewegt haben. Das mitunter als „geheimes Horoskop“ bezeichnete neue Horoskop entsprechend den Planetenverschiebungen ergibt datenmäßig ein neues Bild, aus dem sich für die einzelnen Tierkreiszeichen andere, neue Charakterzüge ergaben.

### *Wesensart anders als bisher behauptet*

*Widder* (14. 4. – 14. 5.)

Der Widder-Geborene lebt in der Gegenwart. Er handelt unter der Eingebung des Augenblicks, neigt zur Liebe auf den ersten Blick. Er ist aber nicht unempfänglich für Schmeichelei.

*Stier* (15. 5. – 13. 6.)

Der Stier-Geborene ist konservativ und materialistisch eingestellt. Er liebt ein gutes Leben, versteht es zu Geld zu kommen und ist als Liebhaber von beneidenswerter Qualität.

*Zwillinge* (14. 6. – 15. 7.)

Der Zwilling-Geborene versucht stets, zwei Dinge gleichzeitig zu bewältigen. Er ist nervös, beweglich und klug und übt als Gefährte oder Liebhaber einen erfrischenden Einfluß aus.

*Krebs* (16. 7. – 15. 8.)

Der Krebs-Geborene fühlt sich leicht verletzt, er liebt sein Heim, fühlt sich als Beschützer der Familie, ist sehr besonnen, empfindsam und scheu. Seine Leidenschaften sind gutes Essen und Sex.

*Löwe* (16. 8. – 16. 9.)
Der Löwe-Geborene besitzt eine starke persönliche Anziehungskraft. Er ist vertrauenswürdig, attraktiv, warmherzig, ehrlich und sympathisch. Er sehnt sich nach Liebe und schätzt Erotik.

*Jungfrau* (17. 9. – 16. 10.)
Der Jungfrau-Geborene neigt zur sexuellen Enthaltsamkeit. Er ist vorsichtig und praktisch veranlagt, strebt jedoch nach Vollkommenheit. Er ist durchschnittlich intelligent, bescheiden und höflich.

*Waage* (17. 10. – 15. 11.)
Der Waage-Geborene sieht gut aus und ist leicht erregbar. Er ist kompromißbereit, empfindsam, charmant, leicht zu beeinflussen und verspürt den Drang, jedermann zu gefallen.

*Skorpion* (16. 11. – 16. 12.)
Der Skorpion-Geborene ist ein großer Liebhaber, da er dem erotisch stärksten Zeichen im ganzen Tierkreis angehört. Er wird von starken Gefühlen bewegt und neigt in vielen Dingen zum Extrem.

*Schütze* (17. 12. – 14. 1.)
Der Schütze-Geborene ist ein ruheloser Reisender, ein ewiger Spieler. Er liebt den Reichtum und ist von Ungeduld erfüllt. Alles Alltägliche langweilt ihn. In der Liebe zeigt er ein gesundes Verhalten.

*Steinbock* (15. 1. – 13. 2.)
Der Steinbock-Geborene zeigt sich zumeist vorsichtig, abwägend und mitunter sparsam bis zum Geiz. Er ist hochintelligent und gehört zu einem der stark von der Liebe bewegten Zeichen im Tierkreis.

*Wassermann* (14. 2. – 15. 3.)
Der Wassermann-Geborene ist ein Individualist. Er liebt es aber dennoch, sich mit anderen zusammenzuschließen. Er besitzt feine Geistigkeit, ist überempfindlich. Der Erotik bringt er kein allzu großes Interesse entgegen.

*Fische* (16. 3. – 13. 4.)
Der Fische-Geborene ist tolerant, sympathisch, liebenswürdig und romantisch. Er besitzt starke Intuition und wirkt fast immer anziehend. Er vermag Erfahrungen in der Behandlung anderer zu sammeln, um die ihn die Welt beneidet.

## Idealkonstellationen nach den neuen Tierkreisdaten

Wer Kontakte beruflich oder in der Liebe anstrebt, sollte nach dem „neuen Horoskop" die folgenden Angaben berücksichtigen. Für jedes Tierkreiszeichen sind die nachstehenden Tierkreise für Bindungen besonders gut geeignet.

| | | |
|---|---|---|
| *Widder* (14. 4. – 14. 5.) | mit Zwillinge | (14. 6. – 15. 7.) |
| | mit Löwe | (16. 8. – 16. 9.) |
| | mit Schütze | (17. 12. – 14. 1.) |
| | mit Wassermann | (14. 2. – 15. 3.) |
| *Stier* (15. 5. – 13. 6.) | mit Krebs | (16. 7. – 15. 8.) |
| | mit Jungfrau | (17. 9. – 16. 10.) |
| | mit Skorpion | (16. 11. – 16. 12.) |
| | mit Steinbock | (15. 1. – 13. 2.) |
| *Zwillinge* (14. 6. – 15. 7.) | mit Löwe | (16. 8. – 16. 9.) |
| | mit Waage | (17. 10. – 15. 11.) |
| | mit Wassermann | (14. 2. – 15. 3.) |
| | mit Schütze | (17. 12. – 14. 1.) |
| *Krebs* (16. 7. – 15. 8.) | mit Krebs | (16. 7. – 15. 8.) |
| | mit Jungfrau | (17. 9. – 16. 10.) |
| | mit Steinbock | (15. 1. – 13. 2.) |
| | mit Fische | (16. 3. – 13. 4.) |
| *Löwe* (16. 8. – 16. 9.) | mit Waage | (17. 10. – 15. 11.) |
| | mit Schütze | (17. 12. – 14. 1.) |
| | mit Wassermann | (14. 2. – 15. 3.) |
| | mit Zwillinge | (14. 6. – 15. 7.) |
| *Jungfrau* (17. 9. – 16. 10.) | mit Jungfrau | (17. 9. – 16. 10.) |
| | mit Skorpion | (16. 11. – 16. 12.) |
| | mit Krebs | (16. 7. – 15. 8.) |
| | mit Stier | (15. 5. – 13. 6.) |
| | mit Fische | (16. 3. – 13. 4.) |
| *Waage* (17. 10. – 15. 11.) | mit Zwillinge | (14. 6. – 15. 7.) |
| | mit Löwe | (16. 8. – 16. 9.) |
| | mit Schütze | (17. 12. – 14. 1.) |
| | mit Wassermann | (14. 2. – 15. 3.) |
| *Skorpion* (16. 11. – 16. 12.) | mit Steinbock | (15. 1. – 13. 2.) |
| | mit Fische | (16. 3. – 13. 4.) |
| | mit Jungfrau | (17. 9. – 16. 10.) |
| | mit Stier | (15. 5. – 13. 6.) |
| *Schütze* (17. 12. – 14. 1.) | mit Wassermann | (14. 2. – 15. 3.) |
| | mit Widder | (14. 4. – 14. 5.) |
| | mit Zwillinge | (14. 6. – 15. 7.) |
| | mit Löwe | (16. 8. – 16. 9.) |
| | mit Waage | (17. 10. – 15. 11.) |

| | | |
|---|---|---|
| *Steinbock* (15. 1. – 13. 2.) | mit Stier | (15. 5. – 13. 6.) |
| | mit Krebs | (16. 7. – 15. 8.) |
| | mit Skorpion | (16. 11. – 16. 12.) |
| | mit Steinbock | (15. 1. – 13. 2.) |
| *Wassermann* (14. 2. – 15. 3.) | mit Wassermann | (14. 2. – 15. 3.) |
| | mit Widder | (14. 4. – 14. 5.) |
| | mit Löwe | (16. 8. – 16. 9.) |
| | mit Waage | (17. 10. – 15. 11.) |
| | mit Schütze | (17. 12. – 14. 1.) |
| *Fische* (16. 3. – 13. 4.) | mit Krebs | (16. 7. – 15. 8.) |
| | mit Jungfrau | (17. 9. – 16. 10.) |
| | mit Skorpion | (16. 11. – 16. 12.) |
| | mit Steinbock | (15. 1. – 13. 2.) |

## Was sagen Sie angesichts Ihres neuen Tierkreiszeichens?

Wer nun den Daten der Tierkreise nach dem „neuen Horoskop“ aufmerksam gefolgt ist, der muß plötzlich entdeckt haben, daß sich manches völlig verändert hat. Besonders überraschend muß diese Entdeckung für jene ausfallen, deren Tierkreiszeichen sich nun auf einmal geändert hat.

Plötzlich sind nun manche nicht mehr Zwillinge, sondern Stiere. Ehemaliger Schütze ist jetzt auf einmal Skorpion, ein vermeintlicher Wassermann jetzt Steinbock!

Der Selbstgefällige, der in „seinem“ Tierkreiszeichen immer etwas Besonderes sah (etwas Hervorragendes oder besonders Gutes) und nun auf einmal in ein bisher stets geringschätzig behandeltes Tierkreiszeichen „abrutschen“ sollte, wird zur Ansicht neigen: Ich glaube nicht an dieses „neue Horoskop“. (Aber er glaubt an das „alte“!) Wer damit einen von ihm als günstig erachteten Wechsel mitmacht, wird schon eher geneigt sein, an das „neue Horoskop“ zu glauben. Und es wird auch genug Menschen geben, die sagen werden: Gehüpft wie gesprungen! Die letzteren sind Pessimisten oder – zu bescheiden. Ganz abgesehen von jenen, die von Tierkreiszeichen überhaupt nichts halten.

Vergessen wir nicht: Die Erkenntnisse der Astrologie nach ihrem heutigen Stand sind, wie gesagt, wissenschaftlich nicht anerkannt und im einzelnen reichlich umstritten. Es handelt sich dabei bestenfalls um eine vorwissenschaftliche Strömung (die allerdings schon uralt ist) – wie etwa seinerzeit die Alchemie im Verhältnis zur modernen Chemie oder die spiritistisch angehauchte frühe Seelenforschung im Verhältnis zur modernen Psychologie und Parapsychologie.

Es ist jedoch durchaus möglich, daß die Erkenntnisse der Astrologie eines Tages im Lichte einer neuen Wissenschaft ausgebaut, erhärtet und ein völlig neues Gewicht haben werden. Dessenungeachtet sind natürlich die Beschreibungen zu den einzelnen Tierkreiszeichen – nach den alten und neuen Daten – jedenfalls nur als Schemata für grundsätzliche Anlagen anzusehen und für den einzelnen nicht wörtlich zu nehmen.

Die eingangs geschilderten Reaktionen unserer Mitmenschen angesichts des „neuen Horoskops" (die selbstverständlich nicht aus der Luft gegriffen, sondern getestet und als empirische Erfahrungen zu werten sind) erhellten allerdings eine wichtige Tatsache: daß nämlich die Menschen Menschen sind und als solche sehr subjektiv urteilen. Im besonderen wird daraus auch klar, wieviel Subjektivität beim Glauben an Tierkreiszeichen und Horoskope im Spiel ist: Selbstgefälligkeit und optimistische Selbstüberschätzung ebenso wie Skepsis und pessimistische Unterschätzung! Vor beiden Extremen müssen wir uns hüten, wenn wir zu einer richtigen Beurteilung der Persönlichkeit unserer Mitmenschen – und unserer eigenen Wesensart – gelangen wollen.

## Die Bedeutung von Muttermalen und Leberflecken

In der ärztlichen Definition ist ein Muttermal (Naevus) eine angeborene, fleckförmige Hautveränderung. Sie kann infolge verstärkter Pigmenteinlagerung dunkel sein, sie kann aber auch eine feuerrote Farbe haben. Meist ist das Muttermal flach, zuweilen ragt es auch über die Haut hervor. Moderne Dermatologen, die sonst mutig alle nur erdenklichen Hautfehler behandeln, lehnen es mitunter ab, sogenannte Muttermale zu operieren. Erfahrungsgemäß haben sich oft Komplikationen eingestellt, und zwar an ganz anderen Körperzonen.

Interessant ist in diesem Zusammenhang, daß die chinesische Akupunktur, das heißt die Behandlung von Krankheiten durch das Einstecken silberner und goldener Nadeln, den Muttermalen besondere Aufmerksamkeit zuwendet. Auch sonst wird in älteren, zumal sich auf die Astrologie berufenden Quellen die Auffassung vertreten, daß ein Muttermal je nach der Lage schicksalweisend sein kann oder aber eine besondere Anfälligkeit eines bestimmten Körperteils oder eines inneren Organs kennzeichnet.

Muttermale haben seit jeher die Aufmerksamkeit des Menschen erregt. Man nennt sie auch Leberflecken, obwohl sie mit der Leber gar nichts zu tun haben. Man hielt Muttermale schon vor Jahrtausenden für Schicksalszeichen, zumal schon damals ihre Entstehung in eine Zeit verlegt wurde, zu der der spätere Träger des Mals noch nicht geboren war.

Auch heute noch schreibt man häufig im Volksmund die Entstehung eines Muttermals einem plötzlichen Schock, einem Schreck zu, den die werdende Mutter erlitten haben soll. Und manche Menschen sehen in den Muttermalen nicht nur Erbzeichen, sondern halten sie für zukunftsweisend. Man mißt den Muttermalen – je nach der Stelle, an der sie auftreten – klar umschriebene Bedeutung bei. Inwieweit diese Erkenntnisse sich im Alltagsleben bestätigen – das zu ermitteln bleibt jedem überlassen, der selbst ein Muttermal hat oder ein solches bei seinem Nächsten entdeckt.

## Wie auf einer Landkarte registriert

Wir folgen bei den nachstehenden Ausführungen den Aufzeichnungen des Astrologen Richard Sanders, der im 17. Jahrhundert lebte. Er stützte sich anscheinend auf alte arabische Aufzeichnungen und auf Dokumente, die ihm aus Ostasien zugegangen waren. Wir geben seine Notizen so wieder, wie er sie selbst zusammenstellte.

*Ein Muttermal bedeutet:*

- *auf dem Scheitel und im Genick:* gute geistige Gaben, aber wenig finanziellen Erfolg;
- *auf der Stirn:* Fleiß und Erfolg beim Mann, Fruchtbarkeit bei der Frau;
- *auf der linken Wange:* Leiden, Sorgen, Einschränkung der persönlichen Freiheit;
- *auf der Oberlippe:* großen Erfolg, Geldgewinn, aber auch die Möglichkeit, auf Abwege zu geraten;
- *auf der Lippe:* große Beredsamkeit;
- *am Kinn:* Reichtum in späteren Jahren;
- *am Hals:* Kraft und Gesundheit, meist auch Geldgewinn;
- *auf beiden Seiten des Halses, einander gegenüberliegend:* Lebensgefahr, der man entgehen kann;
- *nur an der linken Seite des Halses:* Quetschungen, Prellungen und Unfall beim Mann, Gefahren durch Wasser für die Frau;
- *am rechten Arm:* beim Mann Neigung zum Glücksspiel, bei der Frau Reichtum durch Erbschaft;
- *am linken Handgelenk:* Herzenskummer, aber verbunden mit äußerem Reichtum;
- *am Nacken:* große Widerstandskraft und Erfolg in gewagten Unternehmungen;
- *am Rücken:* Reichtum durch Protektion;
- *am oberen Teil der linken Rückenhälfte:* beim Mann lange Reisen, aber auch Gefahr, in Gefangenschaft zu geraten; bei der Frau Reise in ein weit entferntes Land;

- *am rechten Schulterblatt:* Gesundheit, Entschlossenheit, Unternehmungslust beim Mann; bei der Frau große Erfolge in der Liebe und in geschäftlichen Unternehmungen;
- *auf der linken Brustseite:* Fehlschläge für den Mann, vor allem durch vorgesetzte Personen; bei der Frau Geldverlust durch Nachlässigkeit;
- *an den Fußgelenken oder den Füßen:* Mut beim Mann, Zurückhaltung bei der Frau;
- *im Bereich der Knie:* großes Ansehen in der Welt, innerer Reichtum, einwandfreie Lebensführung beim Mann; bei der Frau großer Kindersegen.

## Von kosmobiologischen Forschern bestätigt

Die modernere Strömung der Kosmobiologie ist den alten astrologischen Behauptungen kritisch nachgegangen. Manche Kosmobiologen glauben heute sagen zu können, daß eine Bewertung der Muttermale je nach ihrer Lage möglich sei. Sie schreiben, um bei den Muttermalen des Gesichts zu bleiben, diesen je nach der Lage folgende Bedeutung zu:

- *an den Schläfen:* Glück und Reichtum durch eine gute Ehe. Sie ist anfangs glücklich und verklingt später enttäuschend;
- *unterhalb des Auges:* Verleumdungen, Schwierigkeiten durch neidische Personen, Gefahr durch Verletzungen;
- *auf der rechten Wange:* Erfolg bei allen geschäftlichen Unternehmungen, überhaupt bei allen Dingen, die mit Vorbedacht und kluger Planung unternommen werden;
- *auf der linken Wange:* längere Erkrankung, Gefahren durch Wasser und Feuer, große Betrübnis durch Todesfälle;
- *an der rechten unteren Wange im Bereich des Kinns:* langes Leben, Wertschätzung durch die Umwelt, große Erfolge bei kleinem Risiko;
- *an der Oberlippe bzw. Unterlippe nahe den Mundwinkeln:* große Intelligenz, sehr gute Beziehungen zu hochgestellten Personen, Erbschaft, glückliche Ehe;
- *am Kinn, rechts oder links:* Erfolge auf Reisen, ständig wachsender Lebensstandard, ausgezeichnete Kontakte mit Persönlichkeiten der großen Welt, vor allem in der Politik;
- *an der linken Wange im Bereich des linken Mundwinkels:* Schwierigkeiten durch Liebesaffären, in späteren Jahren Gefahr, in Skandale verwickelt zu werden;
- *an der Kinnspitze:* erst Gewinn, dann Verlust an Gut und Geld, Schwierigkeiten mit einflußreichen Personen, Ärger in der Liebe.

## Was man in Tibet von den Muttermalen weiß

Aus dem uralten Wissensgut tibetischer Mönche und Astrologen geben wir nachstehend eine Übersicht wieder, die die Muttermale gleichfalls nach ihrer Lage bewertet. In vielen Fällen überschneiden sich die in den tibetischen Aufzeichnungen gemachten Angaben mit den Ermittlungen von Astrologen und Kosmobiologen unserer Zeit.

Es sei erwähnt, daß die Muttermale auch bei der Erkennung der Wiedergeburt des Dalai Lama eine Rolle spielten, wenn in früheren Zeiten (also vor der Vertreibung des letzten Dalai Lama durch die Chinesen im Jahre 1959) die Mönche nach dem Ableben eines Dalai Lama auszogen, um den Nachfolger zu suchen und – zu finden. Dieser mußte nicht weniger als vier Muttermale an ganz bestimmten Stellen des Körpers aufweisen.

Die tibetische Liste der Deutung der Muttermale besagt:

- *an der linken Halsseite bei Männern:* Sturz aus großer Höhe, körperlich und symbolisch verstanden, aber auch Gefahr durch Wasser; bei einer Frau Lebensgefahr durch Geburten, aber sonst ein sorgloses Leben;
- *bei Männern unterhalb des Kehlkopfes:* Todesgefahr durch Erwürgen oder Erhängen;
- *im Genick:* Lebensgefahr in mittleren Jahren;
- *zwischen Nacken und linker Schulter:* Verfolgungen, längerer Aufenthalt im Gefängnis, große finanzielle Sorgen;
- *auf der rechten Schulter bei Frauen:* Habgier, aber auch Wahrscheinlichkeit, eines Tages von einem reichen und geistig hochstehenden Mann geliebt zu werden;
- *an der linken Brustseite bei Männern und Frauen:* viele Herzensabenteuer, aber Gefahr durch Jähzorn und Liebesaffären;
- *unter der rechten Brust:* größere unerwartete Erbschaft, vor allem Grundstücke und Häuser;
- *am Oberschenkel an der Vorderseite rechts oder links:* wachsender Wohlstand;
- *am rechten oder linken Knie:* weite Reisen, unter Umständen eheliche Verbindung mit einer Person eines anderen Landes;
- *an den Waden bei Männern:* Erfolg im Beruf, hochgestellte Position; bei Frauen sehr gute Ehe und bestes Einvernehmen.

## Nach chinesischer Deutung

Leberflecken und Muttermale können überall am Körper, vornehmlich jedoch im Gesicht, auftreten. Nach alten chinesischen Lehren haben diese Male je nach ihrer Position eine besondere zukunftsträchtige oder schicksalhafte Bedeutung. Wir reproduzieren nachstehend aufgrund einer alten chinesischen Vorlage eine Übersicht zum Thema der Bedeutung der Muttermale und Leberflecken je nach ihrer Lage. Ob dabei ursprüngliche Erkenntnisse der Akupunktur Chinas mitsprachen, ist kaum noch zu erkennen. In der Akupunktur versucht man durch das Anstechen von Ganglionen-Nervenknotenpunkten mit goldenen oder silbernen Nadeln Krankheiten, die in ganz anderen Körperzonen ihren Sitz haben, zu beeinflussen.

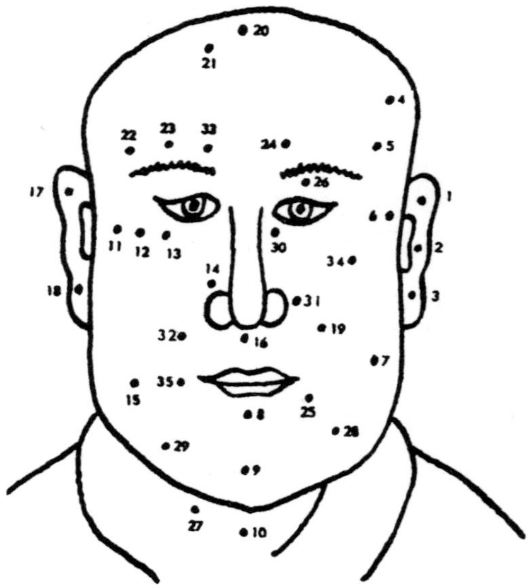


*Abb. 199*

1. Glück in Geschäften
2. Vorübergehendes Unglück
3. Gutes Zeichen für Erfolg im Leben
4. Wenn der Leberfleck rot ist: Vorsicht mit Feuer
5. Viel Geld
6. Schwäche für das andere Geschlecht
7. Böses Zeichen für Verheiratete
8. Vorsicht bei Geschäften
9. Entferne dich nicht zu weit von deinem Geburtsort
10. Du hast Glück, wenn du in der Ferne tätig bist
11. Du wirst berühmt und angesehen sein

12. Böses Zeichen für den Sohn oder die älteste Tochter
13. Böses Zeichen für die jüngste Tochter
14. Ernsthafter Zwischenfall
15. Böses Zeichen für Mutter oder Vater
16. Böses Zeichen für die von dir geliebte Person
17. Beförderung und Aufstieg in Sicht
18. Wahrscheinlich droht ein Strafprozeß
19. Für einige Zeit arbeitslos
20. Glück kommt langsam, aber sicher
21. Ehren und Reichtümer
22. Möglicherweise an einer Tragödie beteiligt
23. Kurzes Leben
24. Vorsicht, wenn deine Zunge belegt ist
25. Schwache Gesundheit
26. Anstrengende Tätigkeit mit wenig Befriedigung
27. Vorsicht, nicht den Kopf verlieren
28. Geld in Sicht
29. Harte Arbeit, aber sicherer Erfolg
30. Gefängnis, Verlust der physischen oder geistigen Freiheit
31. Sei vorsichtig mit Geld
32. Interessantes Leben
33. Vorsicht mit der Familie, Unglück in Sicht
34. Langes Leben
35. Glück in jeder Hinsicht, materiell und geistig.

Wenn wir hier diese „alten Weisheiten" fernöstlicher Herkunft interessehalber anführen, so müssen wir natürlich auch sagen, daß wir ihnen, selbstverständlich, nur bedingt folgen können. Sie sollen nicht Anlaß zu ungerechtfertigten Vorurteilen oder – schlimmer noch – zu unzeitgemäßem Aberglauben sein. Auch dies ist Aufgabe eines jeden Menschenkenners: zu erforschen, zu erfahren und zu prüfen, was er glaubt.

## Auch im Zeichen des Blutes – unser Kind

Zum Schluß kehren wir den Leitsatz dieses Kapitels um: im Zeichen der Sterne und unseres Blutes lebt auch – unser Kind. Dazu einige handfeste Tatsachen: Die erreichte Entwicklungsstufe eines heranwachsenden Kindes kann durch wissenschaftlich einwandfreie Beobachtungen klargestellt werden. Die Lebensjahre bilden den Rahmen, in dem sich das durch die Entwicklung Erreichte eingliedern läßt:

*Ein Kind im Alter von 3 Jahren*

muß in der Lage sein, seine Nase, seinen Mund, sein Auge und seine Haare zu bezeichnen, wenn Sie die entsprechenden Worte nennen, einen Satz von wenigstens drei Worten zu wiederholen,

seinen Familiennamen zu nennen,

15 alltägliche Gegenstände zu benennen, die man ihm zeigt, bzw. diese Gegenstände auf Fotos oder gezeichneten Bildern wiederzuerkennen,
zu sagen, ob es ein Junge oder ein Mädchen ist!

*Ein Kind im Alter von 4 Jahren*

muß bis 5 zählen können,

aus dem Gedächtnis ein kurzes Liedchen singen,

von zwei Linien, die parallel auf einem Papier gezeichnet werden, die längere bezeichnen können,

einen Satz von wenigstens sechs Worten zu wiederholen imstande sein.

*Ein Kind im Alter von 5 Jahren*

müßte sein Alter sagen können,

zwischen zwei Paketen klar zu unterscheiden wissen, welches das schwerere ist,

die vier Grundfarben zu unterscheiden in der Lage sein,

mit groben Strichen ein Viereck zeichnen können.

*Ein Kind im Augenblick des Eintritts in die Schule*

müßte imstande sein, bis 10 zu zählen,

mit Bauklötzen ein einfaches Konstruktionsmodell nachzuahmen,

ein kurzes Gedicht oder Lied von sechs bis acht Versen gedächtnismäßig zu verankern,

zwischen rechts und links zu unterscheiden,

die einzelnen Geldstücke zu kennen,

zu beschreiben, was bestimmte Personen auf einem Bild oder einem Foto zu tun im Begriff sind.

Wenn diese Leistungen nicht vollbracht werden, braucht man nicht gleich in Panik zu verfallen. Manches Kind ist ein Spätentwickler und wird mit 12 bis 13 Jahren eventuell denen überlegen sein, die mit drei Jahren Wunderkinder sind. Aber ernste Versager müssen aufmerksam beobachtet werden.

# Schlußwort

## Weiter forschen und fragen

Wir sind am Ende, ohne daß hier je ein Ende erreicht werden könnte. Denn die Varianten, die die Menschen einander in ihrem Verhalten vorspielen, sind unbegrenzt. Die Frage wirft sich auf, ob es nicht übereilt sei, aus dem Wissen um die psychologischen Hintergründe einer Bewegung oder Reaktion „scharfe Schlüsse" zu ziehen.

Der Psychologe Hans Lungwitz erläutert das Thema so: „Ein Menschenkenner kann aus jeder noch so geringen Einzelheit die Eigenart des ganzen Menschen erfassen. Es genügt ihm ein kurzer Blick, um den Charakter in seiner Gesamtheit zu durchschauen. Wie ist das möglich? Wie ist es zu verstehen, daß sich in jeder kleinsten Bewegung der ganze Mensch offenbart?

Das liegt daran, daß der Organismus nicht eine mechanische Zusammensetzung von Teilen, sondern ein aus einer Zelle (der Keimzelle) gewachsenes biologisches Ganzes ist, dessen Teile also entwicklungsmäßig miteinander aufs engste verwandt sind. Die Psychologie hat festgestellt, daß der grundsätzliche Aufbau des Organismus aus den sogenannten Reflexsystemen besteht.

Das sind Nerven, die von den Oberflächen zum Rückenmark und Gehirn führen (zuleitende, sensible Nerven), und solche, die von da zu den Muskeln und Drüsen leiten (ableitende, motorische Nerven). In diesen Reflexsystemen fließt der Nervenstrom. Die Tätigkeit der Muskeln und Drüsen aber ist der Ausdruck des Nervenstroms. Indem nun die einen Organismus bildenden Reflexsysteme entwicklungsmäßig miteinander verwandt sind, ist auch jede Haltung und Bewegung Kennzeichen der Gesamtpersönlichkeit."

Wir haben diesen Ausführungen nur noch hinzuzufügen: Jede Anregung, jeder Hinweis, jede Deutung kann wichtig sein. Deshalb haben wir uns auch nicht gescheut, Sachgebiete und Themen anzuleuchten, die jenseits strenger Wissenschaftlichkeit liegen, aber Teil uralter Weisheit sind oder die – noch jenseits unserer Schulweisheit – als Erkenntnisse bzw. Deutungsmöglichkeiten vorwissenschaftlicher Strömungen zu werten sind. Es geschieht dies, wie gesagt, unter dem Gesichtspunkt: jeder Hinweis kann wichtig sein.

Wir schlagen daher den Lesern dieses Buches vor, Fragen einzureichen, die vom Verfasser gern persönlich beantwortet werden, wenn es sich um Probleme oder Vorgänge handelt, die hier noch nicht behandelt wurden. Auch jede ergänzende Feststellung ist wertvoll.

Denn wir können die Forschungsarbeit auf diesem Gebiet nie abschließen. Schließlich kreist sie um ein Thema, das unerschöpflich ist und jeden Tag neue Fragen aufwirft und in dessen Mittelpunkt das interessanteste Geschöpf zwischen Himmel und Erde steht: *der Mensch*.